中国经济再平衡

迈向成熟的结构转型

吴振宇 著

中国发展出版社
CHINA DEVELOPMENT PRESS

图书在版编目（CIP）数据

中国经济再平衡——迈向成熟的结构转型/吴振宇著．—北京：中国发展出版社，2016.10

（国务院发展研究中心研究丛书．2016／李伟主编）

ISBN 978－7－5177－0530－7

Ⅰ．①中…　Ⅱ．①吴…　Ⅲ．①中国经济—经济均衡—研究　Ⅳ．①F124

中国版本图书馆 CIP 数据核字（2016）第 156459 号

书　　名：中国经济再平衡——迈向成熟的结构转型
著作责任者：吴振宇
出版发行：中国发展出版社
（北京市西城区百万庄大街 16 号 8 层　100037）
标准书号：ISBN 978－7－5177－0530－7
经 销 者：各地新华书店
印 刷 者：北京科信印刷有限公司
开　　本：710mm×1000mm　1/16
印　　张：15.5
字　　数：186 千字
版　　次：2016 年 10 月第 1 版
印　　次：2016 年 10 月第 1 次印刷
定　　价：50.00 元

联系电话：（010）88919581　68990692
购书热线：（010）68990682　68990686
网络订购：http://zgfzcbs.tmall.com
网购电话：（010）68990639　88333349
本社网址：http://www.develpress.com.cn
电子邮件：370118561@qq.com

DRC

2016

国务院发展研究中心研究丛书

编　委　会

总 序

践行五大发展理念 发挥高端智库作用 努力推动中国经济转型升级

2016年是“十三五”开局之年。“十三五”时期是塑造中国未来的关键五年，到2020年能否实现全面建成小康社会的目标，不仅是发展速度快慢的问题，更是决定中国能否抓住转型发展的历史窗口期，跨越“中等收入陷阱”、顺利实现现代化的问题。

2015年10月，党的十八届五中全会通过的《中共中央关于制定国民经济和社会发展第十三个五年规划的建议》确立了“创新、协调、绿色、开放、共享”五大发展理念。2016年3月，十二届全国人大四次会议通过的《国民经济和社会发展第十三个五年规划纲要》明确了新时期发展的总体思路，提出了应对国内外严峻挑战的战略性安排。

毋庸讳言，我国经济社会发展确实面临着一些前所未遇的困难和挑战，诸如：劳动年龄人口绝对量下降，老龄化问题日益显现，传统产业和低附加值生产环节的产能严重过剩，粗放式发展产生的生态环境问题逐渐暴露，以创新为驱动力的新增长动力尚未形成，社会对公平正义的诉求日益增强，等等。但与此同时，也应该客观地看到，我国的发展依然有着巨大的潜力和韧性。城镇化远未完成，欠发达地区与发达地区间存在明显的发展差距。这意味着，在当前和未来相当长的时期内，投资和消费都有很大的增长空间。我国产业体系完备、人力资本丰富、创新能力正在增强，有支撑未来发展的雄厚基础和良好条件。目前经济增长速度呈现的下降态势，只是经济结构转型过程中必然出现的暂时现象，而且这一态势是趋缓的、可控的、可承受的。随着结构调整、经济转型不断取得进展，我国经济将在新的发展平台上实现稳定、持续的中高速增长。

正是基于各种有利因素和不利因素复杂交织、相互影响的大背景，我们认为，中国的现代化已经进入转型发展重要的历史性窗口期，如果不能在窗口期内完成发展的转型，我们就迈不过“中等收入陷阱”这道坎，现代化进程就有可能中断。

中央十分清醒地认识到这一点，并对转型发展进行了周密部署。概言之，未来五年，为了推动经济转型、释放发展潜力，我们将以新的发展理念为统领，依照“十三五”规划描绘的蓝图，通过持续不断地深化改革和扩大开放，建立新的发展方式，形成创新驱动发展、协调平衡发展、人与自然和谐发展、中国经济和世界经济深度融合、全体人民共享发展成果的发展新格局。

推动经济转型升级，形成发展新格局，需要从供给和需求这两侧采取综合措施，在适度扩大总需求的同时，着力加强供给侧结构性改革，转变发展方式，促进经济转型。我国经济发展正处于“三期叠加”的历史性转折阶段，摆在面前的既有周期性、总量性问题，但更突出的是结构性问题。在供给与需求这对主要矛盾体中，当前矛盾的主要方面是在供给侧。比如，在传统的增长动力趋弱的同时，新的增长动力尚难以支撑中高速增长；产业结构资源密集型特征明显，对生态环境不够友好；要素在空间上的流动还不够顺畅，制约了城乡、区域协调发展；对外经济体制不能完全适应国际贸易投资规则变化的新趋势等。因此，去年以来，中央大力推进供给侧结构性改革，重点落实“三去一降一补”五大任务，用改革的办法推进结构调整，提高供给结构对需求结构变化的适应性，努力提升经济发展的质量和效益。“十三五”规划亦把供给侧结构性改革作为重大战略和主线，旨在通过转变政府职能、发展混合所有制经济、增强市场的统一性和开放性、健全经济监管体系等，促进资源得到更合理的配置和更高效的利用，提高生产效率，优化供给结构，为形成发展新格局奠定坚实的物质基础。当然，这里要强调的是，注重供给侧结构性改革，并非不要进行需求管理。我们还将采取完善收入分配格局、健全公共服务体制等措施，推动社会实现公平、正义，并为国内需求的增长提供强力支撑，使需求和供给在更高水平上实现良性互动。

当前，国务院发展研究中心正在按照中央的要求和部署，积极推进国家高端智库建设的试点工作，努力打造世界一流的中国特色新型智库。作为直接为党中央、国务院提供决策咨询服务的高端智库，我们将坚持“唯真求实、守正出新”的价值理念，扎实做好政策研究、政策解读、政策评估、国际交流与合作等四位一体的工作，为促进中国经济转型升级及迈向中高端水平、实现全面建成小康社会的宏伟目标做出应有的贡献。

这套“国务院发展研究中心研究丛书2016”，集中反映了过去一年我们的主要研究成果，包括19种（20册）著作。其中：《新兴大国的竞争力升级战略》（上、下册）和《从“数量追赶”到“质量追赶”》是中心的重大研究课题报告；《新形势下完善宏观调控理论与机制研究》《区域协同发展：机制与政策》等9部著作，是中心各研究部（所）的重点研究课题报告；还有8部著作是中心资深专家学者或青年研究人员的优秀招标研究课题报告。

“国务院发展研究中心研究丛书”自2010年首次面世至今，已是连续第七年出版。七年来，我们获得了广大读者的认可与厚爱，也受到中央和地方各级领导同志的肯定和鼓励。我们对此表示衷心感谢。同时，真诚欢迎各界读者一如既往地关心、支持、帮助我们，对这套丛书以及我们的工作不吝批评指正，使我们在建设国家高端智库、服务中央决策和工作大局、推动经济发展和社会进步的道路上，走得更稳、更快、更好。

国务院发展研究中心主任、研究员 

2016年8月

序言

2008年国际金融危机后，国内外经济运行都出现显著变化。中国经济增速持续下行、外贸增长低迷、投资不振、传统高增长行业经营陷入困难。面对供需条件的基础性变化，中国经济正迎来增长动力和机制重大转换的判断得到广泛认可。该转换恰好发生在景气扩张的结束阶段，周期性与结构性因素叠加，增加了应对的难度。本书想要传递的核心信息是：虽然每次周期性变化都伴随结构调整，但此次大范围的趋势性结构变化及其引起的经济再平衡将推动中国跨过高收入门槛，向成熟经济体靠拢。

2001~2010年，中国经济经历了1978年以来投资增长持续时间最长的扩张期。虽然，2008年的外部冲击带来短暂下行，但由于时间较短，并未对经济形成实质性调整。投资持续高增长迅速推升我国投资率，并使得消费率大幅下降，供需不匹配的矛盾非常突出。此轮扩张实际上与21世纪初美国的宽松货币政策密切相关。2001年以来，大多数中等收入偏上的发展中国家都迎来一轮高增长，且消费率下降幅度与中国接近。2004年，全球GDP增速达到5.4%的高点，2005年，全球资本形成增速达到创纪录的9.2%。这都充分地说明，2008

年之前中国经济的高增长是全球景气影响下的周期性扩张，与1978～2000年之间两个经济周期一样，也必然面临收缩期的经济下行和结构调整。

然而，在面临周期性下行压力的同时，中国经济又迎来一些重大的结构变化。2011年投资率开始从47%的极值点下降；2012年我国劳动年龄人口绝对数量首次下降；2013年服务业占GDP的比重超过工业；此外，城镇化率提升速度近年也有所下降。这些变化很大程度上是不可逆的，反映着中国从高速追赶的结构正逐步转型为中高速增长的结构，同时也正在向成熟经济体的结构靠拢。

发达国家的消费率通常在75%左右，随着我国投资率从最高点下降，消费率正在逐步回升。从历史经验看，未来我国均衡消费率不低于1978～2000年平均63%的水平，但向高收入国家消费水平转换需要较长的时间；发达国家工业化占GDP的比重在20%～30%，我国向此水平逐步过度也需要较长时间；虽然我国劳动年龄人口占比已经开始下降，但其绝对值仍处于高位。随着老龄化程度提高，其下降速度可能较快。人口年龄结构变化和经济增长速度下降会影响到城镇化速度，但与发达国家相比，我国城镇化率提升空间仍较大。这些重要结构性指标的变化，都反映着中国经济追赶阶段发生变化，未来会形成与成熟经济体相似的结构特征与增长特点。在此过程中，投资消费结构、产业结构、人口结构、城乡结构都会调整并达到新的平衡。

本书主要围绕上述结构调整议题展开分析，方法上重点强调历史和国际的视野，同时也借助面板数据分析、投入产出分析和计量模型等工具。本书的前三章，分别从消费率、进出口、投资率和产业结构的角度分析了结构变动的规律和趋势。第四章、第五章分别就高增长时期主导产业的变化和服务业占比上升对经济的影响展开分析。第六章对比了若干经济体在增速转换过程中的结构变化和宏观表现。第七章分析了需求侧总量和结构变化对未来经济增长的影响。第八章利用历史数据分析了所有制优化对宏观经济运行的影响。第九章分析了劳动年龄人口占比变动对经济增长速度转换的影响。第十章研究了工业化过程中中间部门扩张带来投资扩张效应，并分析了其在工业占比下降时带来的负向作用。第十一章、第十二章总结前面各章的重要观点，分析了经济再平衡对经济增长和宏观经济调控的影响，并提出相关政策建议。

目录

第一章

我国消费率变动的阶段性特征、驱动机制和未来走势

投资和消费比例是宏观经济结构平衡的核心环节。从短期看，投资在经济结构变动中起着主动性作用。企业和政府根据经济景气状况，调整生产性和公共投资强度，从而影响到投资率，进而带动消费率和外贸盈余占 GDP 比重的变化。然而，从中长期看，消费却对我国经济结构的平衡起着基础性作用。当投资增长超过消费所能支撑的水平时，供需结构就会通过宏观经济的衰退实现强制性平衡。由于外贸盈余占 GDP 比重通常较低，实际上，消费率决定了经济体可持续的投资率。此外，消费升级带来供给结构变化，影响到资本有机构成，也会对投资率带来趋势性影响。我国仍处于后发追赶的中高速增长阶段，消费升级和产业结构变化迅速，从中长期视角观察宏观经济结构变动，消费率是一个重要的切入点。

我国消费率变动过程大体可划分为四个阶段。从新中国成立之初到 1978 年改革开放前，消费率呈现快速下降的趋势，反映出计划经济时期偏重积累的主导思想。改革开放后，1978～2000 年消费率基本稳定，并无明显趋势性变化。在这一时期，我国经济运行经历了两个完整的经济

周期，经济增速上行期消费率下降，经济增速下行期消费率上升。通过跟随宏观景气状况的调整，消费、投资结构总体保持了相对平衡。2001~2007年，我国经历了改革开放后持续时间最长的经济扩张期，消费率持续下行。2008年国际金融危机爆发后，政府出台了以扩大投资为主的一揽子刺激政策，在稳定经济增长的同时，进一步拉低了我国消费率。2001~2010年，消费率年均下降约1个百分点。在此期间，工业化和城镇化拉动投资的高增长、外贸顺差占GDP比重的提高，共同弥补了消费率下降带来的需求缺口。然而，依靠投资和出口高增长支撑的需求并不稳定，当遭受到内、外部需求冲击时，产能过剩凸显、企业投资意愿下降，宏观经济结构被迫进行强制性调整。2010年之后，我国消费率逐步回升，进入向历史上中长期均衡位置回归的第四阶段。

在我国消费率变动的过程中，结构性和周期性、内需和外需等多种因素交织在一起。比如，既有工业化导致高投资低消费的结构效应，也有景气变化导致投资率波动的周期性效应；又比如，内、外需的不平衡，既会掩盖也会凸显消费和投资结构的不平衡。正确研判我国未来消费率的变动趋势及其影响，需要在结合历史规律和国际经验的基础上，综合分析各方面的信息。

一、如何认识我国消费率所处水平及其变动过程

（一）我国消费率总体显现出高向低变动的过程，但存在明显阶段性特征

从1952年有统计数据以来，我国消费率总体显现下降态势。1970年之前，我国消费率主要在70%~80%之间波动；近10年，消费率大约在50%，下降超过20个百分点。过去60余年的时间里，我国消

费率变动过程大体可以分为 4 个阶段，其中第一阶段（1952 ~ 1978 年）、第三阶段（2001 ~ 2010 年）消费率的降幅最大（见图 1 – 1）。

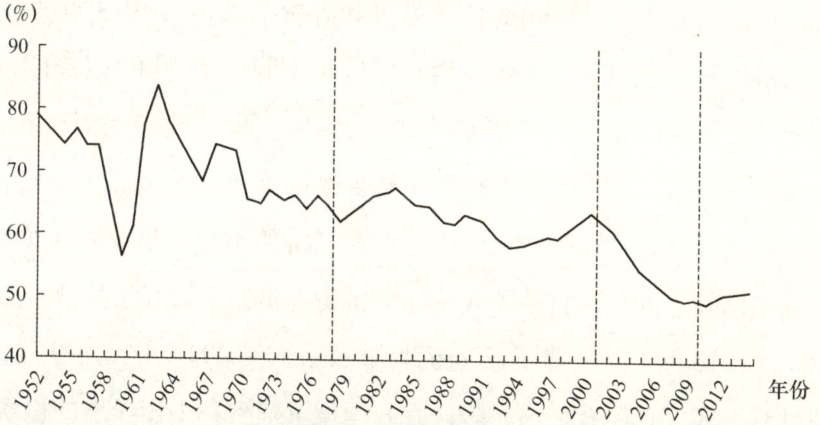

图 1 – 1　　中国消费率变动趋势及四个阶段（1952 ~ 2014 年）

资料来源：Wind 资讯。

——第一阶段为 1952 ~ 1977 年，受政治、经济等因素影响，消费率大幅波动，平均值快速下降。在此阶段的 26 年间，消费率平均值大约为 71%，但低至 57%、高到 84%，波动幅度较大。平滑短期波动的影响，该阶段消费率大约下降 12 个百分点（见表 1 – 1）。消费率快速下行，反映了计划经济时期社会剩余经济资源优先向生产领域集中的发展取向。

——第二个阶段为 1978 ~ 2000 年，消费率总体平稳，平均值约为 63%。在 23 年中，期末与期初的消费率之差仅有 2 个百分点，波动幅度也仅为 9 个百分点（见表 1 – 1）。此阶段，中国经济增长经历了两个完整的周期，平均增速达到 9. 8% 的高水平。当经济增速处于上升阶段时，消费率下降；当经济增速处于下降阶段时，消费率上升。每个周期的结束阶段，消费率基本会恢复到周期开始时的水平。这一阶段，代表着高增长时期我国的均衡消费率水平。在进出口保持平衡的情况下，如果未来经济增速低于此水平，则均衡消费率应比此阶段的平均水平要高。

——第三个阶段为2001～2010年，投资、消费不平衡矛盾持续累积。伴随工业化、城镇化的快速推进和外贸盈余占GDP比重的提升，在经济扩张的影响下，此阶段消费率持续下降，年均降速大约为1个百分点。10年间，消费率平均值为54%，最低值为49%（见表1－1）。在此期间，宏观经济运行虽然保持了较高速度，但最终消费拉动的投资在总投资中占比越来越低，经济的不稳定性增强。2008年爆发的国际金融危机打破了我国经济平衡，供需矛盾开始显现。然而，以扩大投资为主的一揽子反危机刺激政策，使2009年、2010年消费率继续下降。总体看，这一阶段是我国投资消费不平衡矛盾的积累期。从历史变化规律看，虽然这一阶段消费率降幅较大，但周期性因素仍是导致结构不平衡的主要力量。

——第四阶段是2011年之后消费率的企稳回升期。2014年，我国消费率从2010年的最低点上升了2个百分点，达到51%（见表1－1）。但从长周期看，此值仍处于历史低位。由于消费对生产吸纳能力有限，这样的消费率难以支撑投资和经济的高增长，我国的产能过剩情况凸显，经济增速持续下降。这种情况符合增速下降阶段消费结构变动的一般规律，未来消费率仍将持续上升。

表1－1　　我国消费率变动的阶段性特征　　单位:%

区　间	平均值	波动范围	期初与期末之差（三年平均）
1952～1977年	0.71	0.57～0.84（0.27）	0.12（0.77～0.65）
1978～2000年	0.63	0.58～0.67（0.09）	0.02（0.64～0.62）
2001～2010年	0.54	0.49～0.62（0.13）	0.10（0.60～0.50）
2011～2014年	0.51	0.50～0.51（0.01）	—

注：期初与期末之差为三年间算术平均值之差。

资料来源：Wind资讯、作者计算。

（二）我国消费率水平及其变动符合国际上后发追赶型国家的一般规律

利用国务院发展研究中心中长期经济增长课题组国际比较数据库，选择1960年以来有代表性的30个国家进行研究。为便于比较，将这些国家按世界银行的标准划分为高收入国家、中等偏上收入国家、中等偏下收入国家3个组别进行分析①。在对比分析中，既考虑各国消费率当前水平，也考虑其历史变动情况；既考虑消费率自身变动，也考虑其与经济增长的互动关系。不同收入水平国家消费率波动情况有以下基本规律。

一是国际上不同国家消费率与发展水平的相关性不高，没有数据显示消费率随发展水平提高而上升的确定趋势。全球不同发展水平国家的消费率平均在75%左右。从2000～2008年的平均值看（选择平均值进行比较是为了平滑景气因素对消费率的影响），高收入、中等偏上收入、中等偏下收入国家的消费率分别为78%、72%、75%，差距较小（见表1－2）。2000～2008年恰好是我国经济高速增长阶段，该时期我国的消费率比全球平均水平大约低20个百分点。

二是1960～2000年全球政府消费率存在稳定上升的趋势，不同收入水平国家政府消费率存在明显差距。一国人均收入水平越高，政府消费率就越高。高收入国家一般可以达到接近20%的水平，中等偏上收入国家接近15%，中等偏下收入国家在10%左右。我国政府消费率平均大约为15%（2000～2008年均值），处于全球中等水平，与自身

① 以2008年人均GDP为依据，根据世行在当年的标准，按11905美元、3856美元的划分标准，将30个国家分为高收入国家：荷兰、美国、法国、德国、英国、意大利、日本、西班牙、葡萄牙、捷克、韩国、匈牙利、波兰；中等偏上收入国家：俄罗斯、委内瑞拉、墨西哥、智利、罗马尼亚、哈萨克斯坦、阿根廷、马来西亚、巴西、南非、哥伦比亚、秘鲁、泰国；中等偏下收入国家：中国印度、菲律宾、印度尼西亚。

表 1-2　　不同发展水平国家消费率平均值的变动情况　　单位：%

国家分类	消费率			政府消费率			居民消费率
	1960～1969年	2000～2008年	平均值（1960～2008年）	1960～1969年	2000～2008年	平均值（1960～2008年）	平均值
高收入	76	78	77	13.9	18.6	16.6	60
中等偏上	77	72	75	9.8	13.7	12	63
中等偏下	85	75	78	8.4	10.0	9.6	69
中　国	76	54	65	7.5	14.8	12.1	53

资料来源：国务院发展研究中心中长期经济增长课题组数据库。

发展阶段基本适应。在过去几十年间，不同收入水平国家都经历政府消费率提升的过程，发展水平越高，提升幅度越大。高收入国家政府消费率从20世纪60年代的13.9%，提升到21世纪初的18.6%，提高约5个百分点。同期，中等偏上收入国家政府消费率提高约4个百分点，中等收入偏下国家政府消费率提高约2个百分点（见图1-2）。如果以政府支出占GDP的比重作为政府力量强弱的评判标准的话，过去的几十年各国政府作用都是在加强的，而且发展水平越高的国家，其政府相对力量越强。

三是各国消费率与经济增速波动均存在明显反向调整关系。从13个发达经济体的历史数据看，其消费率在过去近50年里波动基本稳定，平均值大约为77%。而在1960～1973年间，其平均消费率持续下降，同时，这一段时间也是高收入国家经济平均增速较高的时期。2000年之后，高收入国家的经济平均增速与之前相比有所下降，其平均消费率与之前相比，略有上升（见图1-3）。总体看，经济增速较快的时期，消费率比较低；经济增速放缓的时期，消费率则有所上升。

四是追赶型经济体高增长阶段消费率大约在60%，考虑到近期周期性因素影响，我国基本符合上述规律。图1-4列出了几个追赶型经

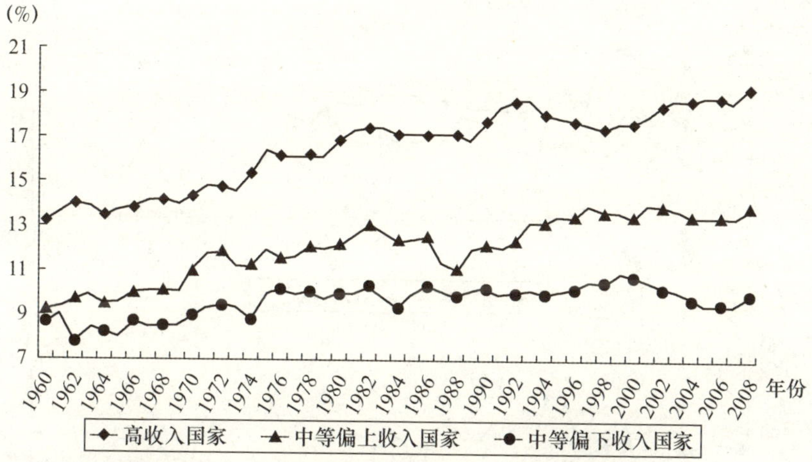

图 1-2　不同收入水平国家政府消费率变动情况

资料来源：Wind 资讯。

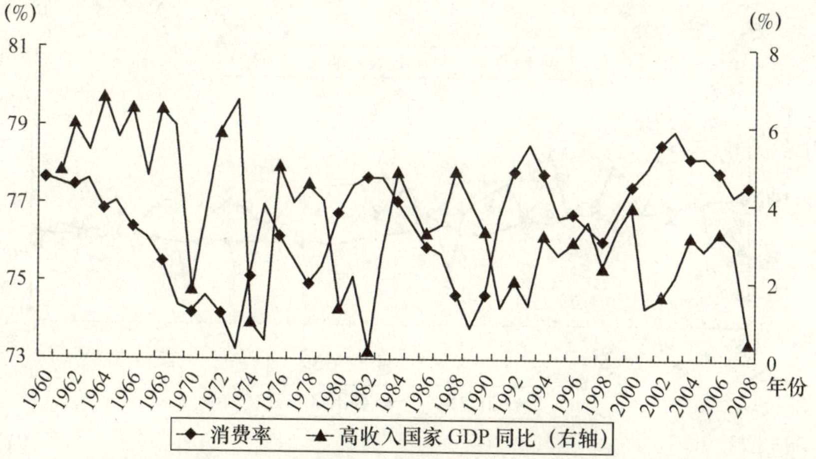

图 1-3　高收入国家消费率与经济增长速度对比

资料来源：Wind 资讯。

济体高增长阶段消费率的波动情况。1992 年之前，日本消费率在 65%左右波动，并短暂低于 60%。韩国高增长阶段，消费率持续下降，曾长期保持在 65%左右的水平。印尼高增长时期，消费率保持在 60%～70%的水平（进入高增长之前，印尼的消费率曾短暂超过 100%）。我国在 2000 年之前，消费率长期保持在 60%～65%的水平。2000 年

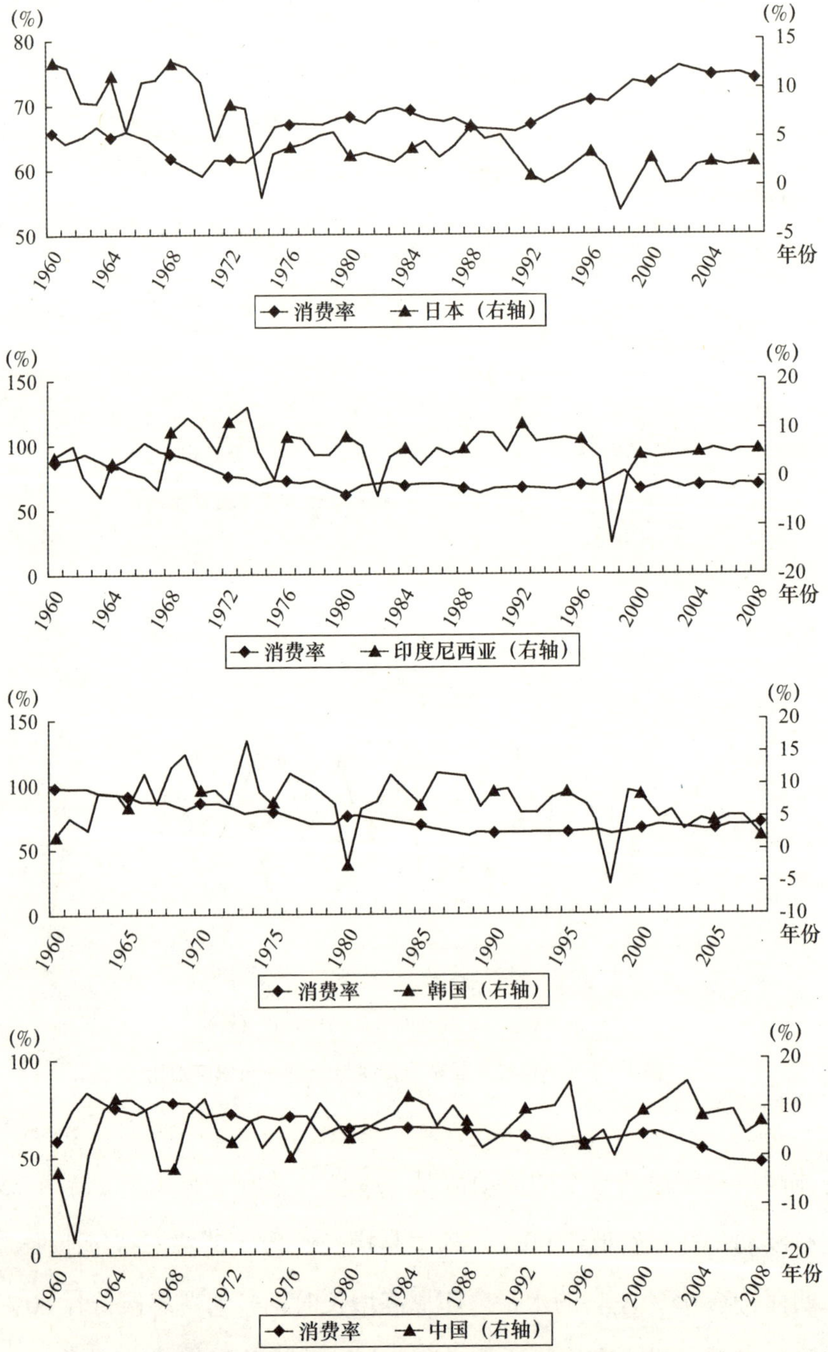

图 1－4　追赶型经济体的消费率和 GDP 增速

资料来源：Wind 资讯。

之后，受高增速和产业结构调整的影响，消费率快速下降；2011 年以来，随着增长速度的放缓，消费率正逐步上升。如果只是将视野集中在最近 10 年间，则容易低估我国消费率的水平。2001 年以来的经济周期仍处于发展进程中，当前的消费率主要是周期性因素的影响。即便不采取严格的结构性政策，我国消费率随着景气复苏也将恢复到正常水平。

五是 2000～2007 年大多数中等偏上收入国家都经历了一个消费率下降过程，中国的变化体现了全球的变动趋势（见图 1－5）。在所分析的数据样本里，14 个中等偏上收入国家，除了委内瑞拉、墨西哥、俄罗斯、泰国、马来西亚等 5 个国家外，其余的 9 个国家均经历了消费率下降的过程，平均降幅 6 个百分点，下降幅度与中国相当。在此期间，包括中国在内的中等偏上收入国家的 GDP 增速快速提高。这说明，受美国低利率政策影响，全球经济进入扩张期，中等偏上收入国家均经历了高增长和结构调整，中国是该现象的重要组成部分和具体反映。

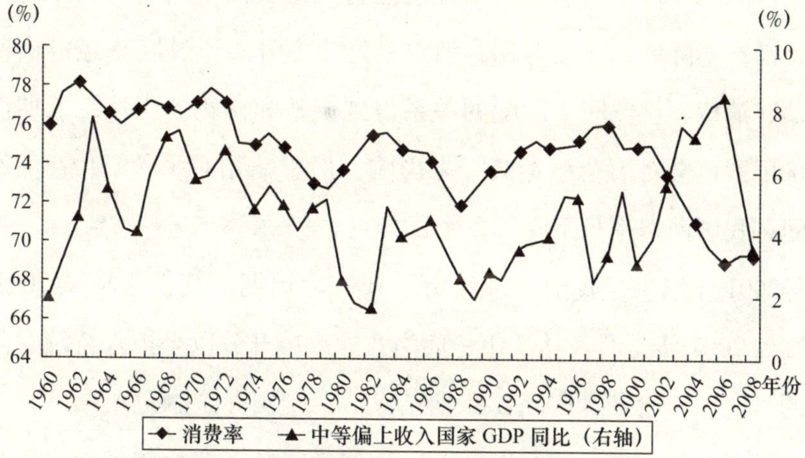

图 1－5　中等偏上收入国家的消费率变动情况

资料来源：Wind 资讯。

从国际比较看，过去几十年间，中国消费率低于全球平均水平约15~20个百分点。总消费率与东亚追赶型国家在高增长时期的水平基本相当；政府消费率与处于同等发展阶段的国家基本相当。2000年以来我国消费率快速下降与同时期国际上许多中等收入国家投资率提升、消费率下降的趋势是一致的，反映了以周期性因素为主导的变动过程。

二、影响我国消费率及其结构变动的主要机制

在计划经济时期，受特定政策影响，我国消费率持续走低。改革开放后，1978~2000年我国消费率总体保持基本稳定。2001~2010年是新中国成立后，消费率下降持续时间最长的阶段，其间显现的规律将对近年消费率恢复进程起到重要参考作用。

（一）宏观经济波动是消费率调整的基础性机制

1978~2000年，我国宏观经济运行经历了两个周期。在经济扩张期，消费率降低；在衰退期，消费率逐步上升。通过宏观经济周期性波动，消费、投资间不匹配的关系得到调整和修正。当然，长期性的结构因素也会对消费率走势带来影响，但影响相对平缓。1978~2000年间，我国消费率只下降了2个百分点。

2001年以来，我国经济经历了新一轮周期，其扩张期从2001年持续到2007年，时长达7年，成为我国改革开放以来扩张持续时间最长的时期。2008年，经济扩张期结束后，受国际金融危机影响，为了稳定经济增长，中央政府出台了一系列稳定经济增长的措施，核心还是通过扩大投资拉动经济增长。在此背景下，消费率延续了之前的下

降态势。消费率持续下降反映居民需求吸纳新增产能的能力下降。然而，2001～2010年间，房地产和基础设施建设提速、外贸盈余占GDP的比例快速提高，为新产能找到了需求渠道，在一定程度上平衡了积累与消费的矛盾。金融危机后，外贸盈余占GDP的比重快速下降、房地产供求形势变化和政策调整使掩盖的供需矛盾显现，经济以过剩产能出清、投资增速下降的形式实现积累与消费的强制平衡。

（二）第二产业占比提高是近年消费率走低的重要结构性原因

消费率下降是结构性因素与周期性因素结合的结果。从结构性因素看，2002年之后我国第二产业占比持续提高，2009年占比开始下降。与此同时，消费率从2002年的61%下降到2009年的49%，2010年后开始回升（见图1－6）。消费率变动与第二产业占比变动有很强的负相关性，但在时间上并非完全契合。工业或第二产业占比①反映的是产出的流量，产量的扩张需要有更多资本投入作为支撑。在第二产业占比提升的过程中，往往伴随着投资率的上升与消费率的下降。

此外，工业占比提升会导致整个生产体系膨胀，这一过程也需要更多的投资作为支撑，从而促进投资增速提高。利用投入产出表测算，我国工业占比提高1个百分点，可以带动中间部门产值占总产出比重提高1.08个百分点。而中间部门生产能力扩张需要更多投资作为支撑。

当工业占比处于高位时，虽然整个生产体系不再扩张，但消费率仍不会很快恢复到之前的均衡位置。这主要是由于扩张期资本投入较多，资本收益占GDP的比重上升，而同时劳动者报酬占比下降，进而在一定程度上抑制了消费率的恢复。2012年以来，随着我国第二产业

① 第二产业占比与工业占比波动规律基本一致，除特别指出，本章将不再区分两者。

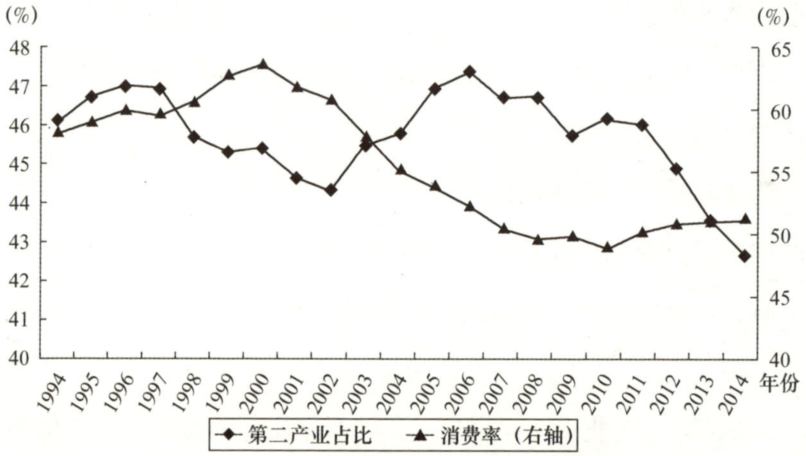

图 1－6　第二产业占比与消费率波动关系

资料来源：Wind 资讯。

占比快速下降，消费率也在逐步提升。然而，由于消费的提升取决于劳动者报酬在 GDP 的占比变动情况，而其占比的变动受制于资本与劳动间的比例关系以及服务业发展情况，所以消费率的回升将会滞后于第二产业占比的变动。

（三）城镇化率持续提高带动消费率内部结构发生变化

1. 政府消费相对稳定，消费率走势主要取决于居民消费

随着工业化的发展，我国总消费率持续走低。然而，城乡消费差异从内在结构上重新塑造着我国的消费率。

政府消费在总消费支出中的占比基本保持稳定。改革开放前，1952～1978 年政府消费率平均值为 12%，绝大多数年份保持到11%～13%之间。1978 年以来，其平均值为 14%，波动不超过 4 个百分点，多数年份都在平均值附近波动。总体来看，改革开放后政府消费支出占比有明显上升。

居民消费率结构显现典型城镇化特征，城镇居民消费率持续提

高。1978 年改革开放以来，全体居民消费在 GDP 的占比从超过 60% 下降到 50% 左右，下降约 10 个百分点。但是，城镇居民消费在 GDP 中的占比从接近 20% 上升到 30% 左右，上升约 10 个百分点；农村居民消费占 GDP 的比重从 30% 下降到不足 10%，下降约 20 个百分点（见图 1 –7）。近年，在人口年龄结构和城乡劳动收入差距变小等因素共同影响下，农村劳动力向城镇转移的速度放缓。受此影响，城镇消费率提升速度可能放缓，这就对投资、消费平衡关系提出新挑战。尽快释放已进入城市但尚未真正市民化的农民工群体的消费潜力，是缓解投资、消费结构矛盾的重要抓手。

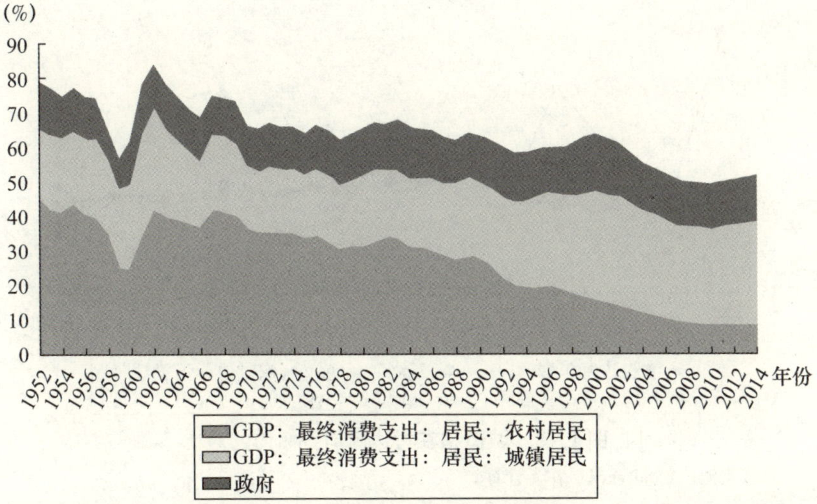

图 1 –7　消费率变动的结构特征

资料来源：Wind 资讯。

2. 城镇居民人均消费能力是农村居民的 3 倍，城乡结构转换是城镇居民消费率提升的主要原因

城乡居民边际消费倾向无明显差异，收入差距是影响消费能力的主要原因。利用城镇和农村家庭的收入和支出数据可以大致估算农村和城镇居民的边际消费倾向（新增家庭消费支出/新增家庭收入）。从计算的情况看，我国农村与城镇居民边际消费倾向基本相当，所以城乡结构转换带来的消费扩张效应主要体现在收入差异上，而不是消费倾向上。2010～2014 年，城镇和乡村边际消费倾向均值均为 0.55（见图1－8）。1994 年之后，我国城镇居民人均消费是乡村人均消费的 3.3 倍；同期，城镇居民家庭人均收入平均约为农村家庭人均收入的 2.25 倍。考虑到农村居民家庭在食品、交通、居住支出方面要大幅度低于城镇居民，从上述两个数据中，可以看到收入差异是城乡居民人均消费支出差异的主要原因。

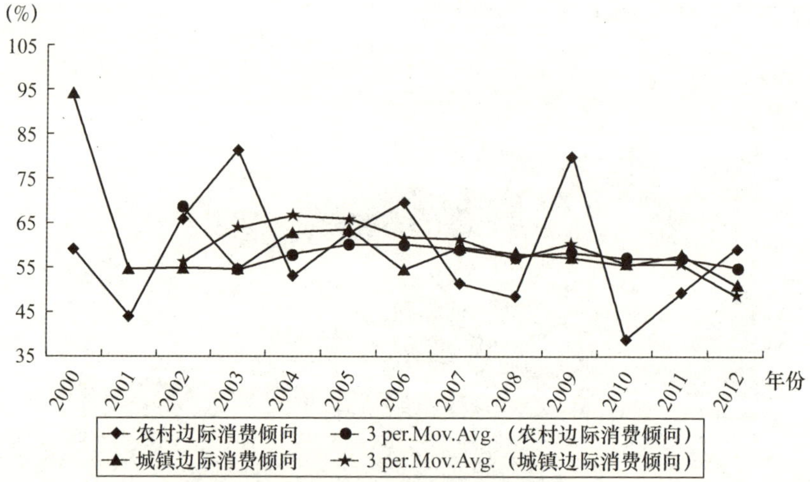

图 1－8　城镇和农村边际消费倾向的对比

资料来源：Wind 资讯，作者计算。

城市化率提高是城镇居民消费率快速提升的主要原因。1949～1960 年，我国城镇化率从 10% 左右快速上升到 17% 左右；1960～1978 年，我国城镇化率大体保持稳定。1978 年改革开放后，城镇化率持续提升。在 1978～1997 年，20 年的时间里，年均提高 0.7 个百分点。1998～2014 年，年均提高约 1.26 个百分点（见图 1－9）。随着大量人口从低产值的农业生产转向工业生产，其收入迅速增长，相应的消费能力也大幅增强，使得城镇居民在消费中的总占比以及城镇消费率明显提升。

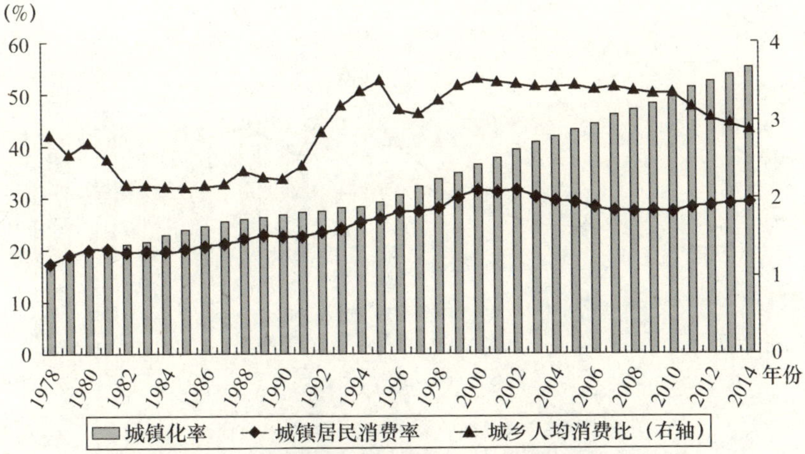

图1－9　城镇化率与城镇居民消费率对比

资料来源：Wind资讯，作者计算。

三、我国居民消费产品结构变动的趋势和特点

（一）社会消费品零售总额在最终消费中的占比提升，但其增速与收入增速一致性变差

社会消费品零售总额在最终消费中的占比明显提升。改革开放前，此比例大约在61%。1978～2007年，此比例大约在70%，2008之后，社会消费品零售总额的占比明显提高，2014年达到83%左右。虽然从数量上看，社会消费品零售总额代表性在增强，但是实际上，由于统计和价格平减的问题，其与GDP同比增速对应关系出现较大转折（见图1－10）。

社会消费品零售总额增速与GDP平均增速一致，但2008年以来该趋势出现较大变化。从中长期看，收入增长仍然是消费增长的决定性因素，消费增长与经济增长基本同步。1953～1977年，GDP增速平均值为6.48%，而同期社会消费品零售总额实际增长6.38%；1978～

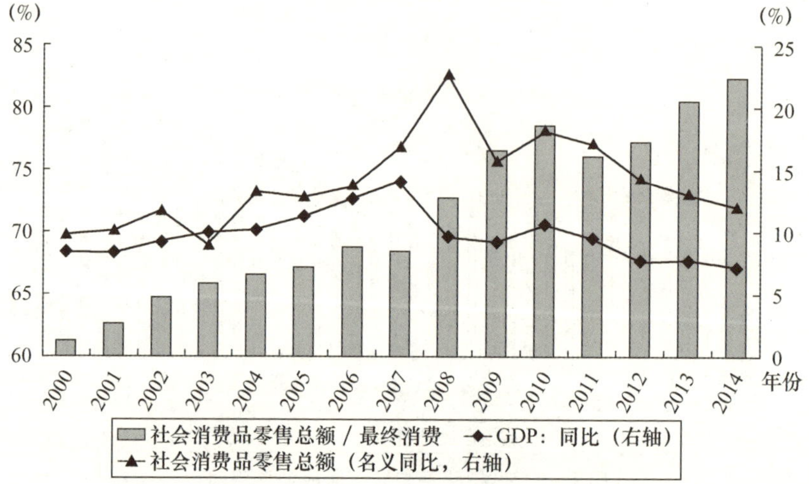

图1－10　社会消费品零售总额在最终消费中占比

资料来源：Wind资讯，作者计算。

1988年，GDP增速平均值为10.51%，而同期社会消费品零售总额实际增长10.24%；1989～2007年，GDP平均增速为9.91%，而同期社会消费品零售总额实际增长9.5%（见图1－10）。在表1－3的4个时间段[①]，前3个时间段社会消费品零售总额与GDP的增长都保持了非常强的一致性。但2008年以来，社会消费品零售总额增速明显高于GDP的增速。这说明居民的消费与收入已经出现一定程度的分离，其中既有统计原因，也可能受长期收入预期的影响，消费增速波动会低于收入增速短期的波动。

表1－3　消费增长与GDP增长的对比　单位：%

	1953～1977年	1978～1988年	1989～2007年	2008～2014年
社会消费品零售总额平均增速实际同比	6.38	10.51	9.50	12.91

① 1978年作为改革开放的首年划分了第一个时间段，后面的阶段划分以GDP增速阶段性低点为节点。

续表

	1953～1977年	1978～1988年	1989～2007年	2008～2014年
GDP平均增速	6.48	10.24	9.91	8.56
最终消费支出实际同比	4.85	10.28	8.27	8.91
社会消费品零售总额平均增速名义同比	7.05	16.32	14.21	15.47
最终消费支出名义同比	5.54	14.95	15.35	13.48
社会消费品零售总额占最终消费的比重	61	72	67	77

注：第四个阶段，社会消费品零售总额实际增速、最终消费支出实际同比、GDP增速平均值为2008～2015年值。

资料来源：Wind资讯。

（二）消费结构变动缓慢，交通通信、医疗、教育是近年消费新热点

图1－11为我国近年居民消费结构的变动情况。统计口径变化使2013年、2014年数据与之前历史数据不能简单可比。为简化分析，我们研究2013年之前消费结构的变动情况。1993～2012年，衣、食、住

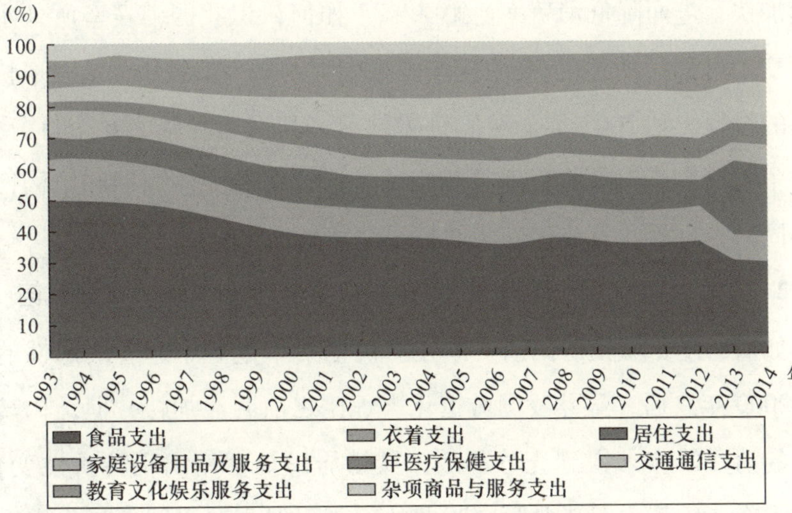

图1－11　居民消费在各行业上的分布情况

资料来源：Wind资讯，作者计算。

3项占比下降15个百分点，家庭设备用品占比下降2个百分点。而在此期间，交通、通信占比上升11个百分点，医疗占比上升3个百分点，教育占比上升3个百分点。从总体看，服务性消费占比在过去近10年整体上升较快。然而，受总量因素影响，每年新增消费量排在前列的仍是食品、交通和通信业。

四、国际金融危机前后消费率变动的原因及未来走势

（一）2000年以来，消费率快速下降是国内外宏观因素和结构调整共同作用的结果

1. 2000年以后全球GDP进入扩张期，新兴市场经济国家普遍经历了消费率降低的过程

如前所述（见图1－2），2000年之后，受美国宽松货币政策影响，全球都经历了一个扩张期。该扩张期的典型表现是国际贸易增速快速上升，受益于此，中等偏上收入国家制造业快速增长，引起投资增速加快，进而降低消费率。第一节“如何认识我国消费率所处水平及其变动过程”所述的30个样本国家中大约2/3都经历了消费率快速下降的过程。到2007年金融危机爆发前，其平均降幅为6个百分点。这与中国消费率下降的程度是相当的。这说明在关注周期和结构性因素的同时，也需注意我国经济增长受全球景气状况的影响情况。

2. 劳动者报酬占比下降是2000年以来消费率下降的直接原因

如前所述，城镇居民消费率在居民消费率走势中起着决定性的作用。2000年之后，虽然我国城镇化进程比之前明显加快，但结构转换带来的消费效应未得到充分释放，城镇居民消费率出现转折性变化，开始下降。这其中有消费倾向减弱的因素，但主要原因还是收入在国民经济中的总占比下降引起的。图1－12为各省汇总的劳动者报酬占

GDP 的比重。数据清晰地显现出 1999 年之后，劳动者报酬占比开始下降，两年之后的 2001 年，城镇居民消费率开始下降。

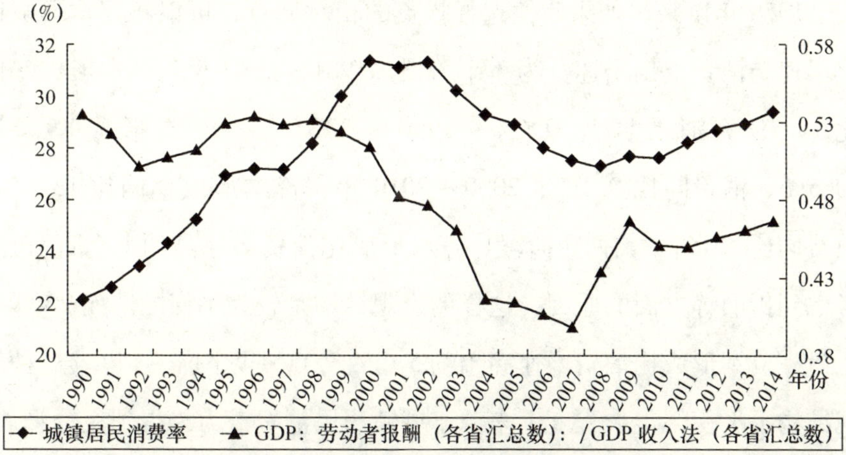

图 1－12　劳动者报酬占比与城镇居民消费率

资料来源：Wind 资讯。

从 2003 年以来的城镇居民人均可支配收入与季度 GDP 增速的比较看，GDP 增长明显快于收入增长的情况。佐证了消费率下降主要是由于劳动者报酬在国民收入中份额下降（见图 1－13）。

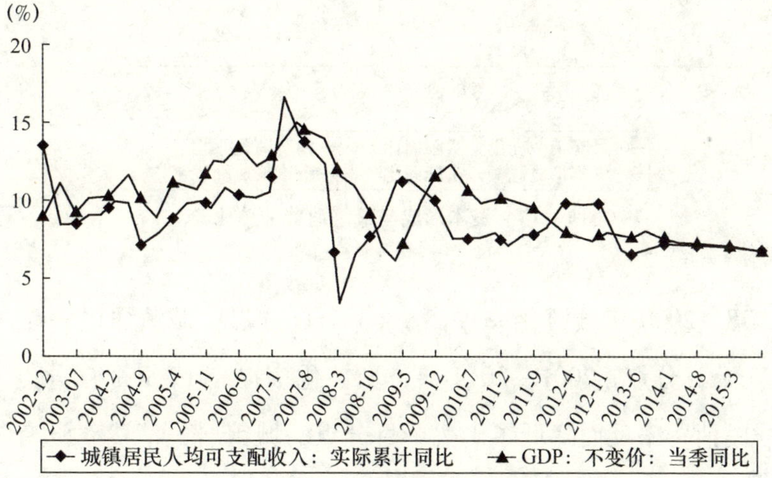

图 1－13　收入与 GDP 实际增长的情况比较

资料来源：Wind 资讯。

3. 2000年以来，城乡结构转换对消费的促进不足，投资消费结构不协调程度加大

1978年以来，如果我们选择投资的相对低点，可以将资本形成同比增速与消费支出增速分为3个阶段。1981～1989年，资本形成率同比10.7%，消费同比9.6%；1990～2000年，资本形成率同比10.5%，消费同比9.1%；2000～2010年，资本形成率同比13.5%，消费同比8.1%；前两个阶段，资本形成比消费增速高约1个百分点，考虑到折旧等方面的原因，这样的宏观结构是较为平衡的。而2000年之后，资本形成比消费增速高出约5个百分点（见图1－14）。这种宏观结构不平衡，很大程度上来源于城镇居民消费潜力未得到充分释放。

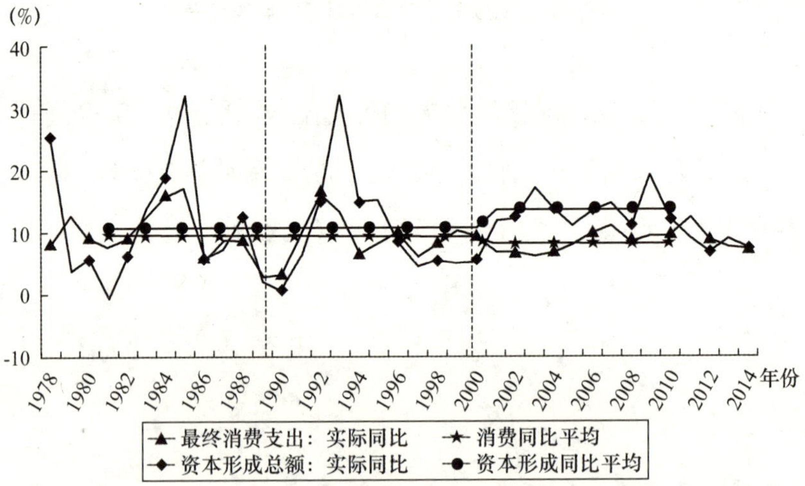

图1－14　资本形成与最终消费增速比较

资料来源：Wind资讯，作者计算。

1978～2000年城镇化率提高18.3个百分点，城镇居民消费率提升12.9个百分点；2001～2014年，城镇化率提高17.1个百分点，但城镇居民消费率反而降低了1.7个百分点。城镇居民消费率没有随着城市人口增加、收入增加而同比例上升。城乡结构优化所蕴藏的消费升级的潜力并没有得到体现，消费率特别是占决定性力量的城镇居民消费率没有得到相应的提升，经济增长的内生动力和潜力未能释放。

（二）后发追赶型国家增速转换后消费率一般会上升，但不同国家差异较大

处于后发追赶阶段的经济体，投资优先增长带来生产能力快速扩张，在宏观结构上就表现为投资率上升和消费率下降。特别是工业化迂回生产带来中间部门扩张，使上述结构调整效应表现得更为充分。与此对应，在追赶的后期经济增速放缓，投资率下降，消费率上升。大多数处于追赶期的经济体都符合上述规律，但受经济外向度、经济结构影响，上述规律有不同表现。

1. 日本在高速追赶结束后，消费率持续回升，最终稳定在75%左右的水平

为便于分析，可研究日本经济增长中三个时期的消费投资变动情况，第一个时期为1960～1973年，第二个时期为1974～1991年，第三个时期为1992～2007年。

1973年之后，日本高速增长期结束，经济增长再也没有回到7%以上的水平，只有个别年份冲高到5%或者6%。增速下落的第一个阶段（1974～1991年），GDP平均增速下降到3.73%，投资率下降4.4个百分点，消费率上升3.9个百分点。增速下降的第二个阶段（1992～2007年），GDP平均增速进一步下降到1.26%，投资率下降5.5个百分点，消费率上升4.9个百分点。在这两个增速回落的阶段，平均消费率都有明显上升，累计上升约10个百分点（见图1-15、表1-4）。

日本在整个经济增速下降阶段，其贸易盈余对宏观经济平衡的影响不是很大。这与经济体量相对较小、更加依赖外需的韩国形成鲜明对比。中国经济体量比日本更大，长期大规模的顺差对全球经济平衡

和地缘政治会带来较大冲击，所以贸易盈余对宏观经济平衡的作用空间有限。

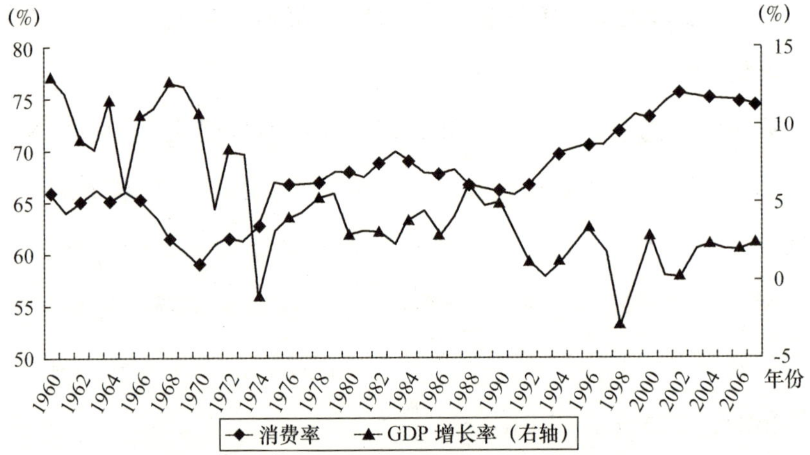

图 1－15　日本增速转换过程中的消费率变动

资料来源：Wind 资讯。

表 1－4　　1960～2007 年日本宏观经济结构　　单位：%

增长阶段	GDP 增速	消费率	资本形成率	贸易盈余占比
1960～1973 年	9.93	63.3	35.9	0.71
1974～1991 年	3.73	67.2	31.5	1.34
1992～2007 年	1.26	72.3	26.0	1.51

资料来源：国务院发展研究中心中长期经济增长课题组数据库，Wind 资讯，作者计算。

比较日本和中国在高增长时期的结构可以看到，2000 年之前中国消费率与日本高增长时期基本相当；2000 年之后，在高投资率和贸易盈余占比提升的共同作用下，中国的消费率快速下降（表 1－5）。

1970～1976 年、1991～2003 年是日本消费率的上升阶段。在这两个阶段，其消费率分别从 59.1% 上升到 66.8%、从 65.6% 上升到 75.5%，平均增幅分别为每年 1.1 和 0.8 个百分点。从增速和消费率变动的形态上看，日本 20 世纪 70 年代初增速转换和消费率变动的趋势与中国当前面对的情况相近。2000 年以来，中国消费率下降速度也大约为每年1个百分点的水平，预期未来消费率上升速度也大约为每年1个百分点。

表1－5　　中国和日本在高增长阶段消费率的对比　　单位:%

增长阶段		GDP平均增速	消费率	资本形成率	贸易盈余占比
日本	1960～1973年	9.93	63.3	35.9	0.71
中国	1978～1989年	9.73	64.7	35.0	0.0
	1990～1999年	10.0	60.3	38.0	2.0
	2000～2011年	10.3	54.7	41.0	5.0

资料来源：国务院发展研究中心中长期经济增长课题组数据库，Wind资讯，作者计算。

2. 贸易盈余在韩国增速回落期起到了缓冲器的作用，消费率无明显的回升

1997年亚洲金融危机之后，韩国的经济增速从平均8%～9%下降到平均4%～5%的水平。经济增速转换后，伴随投资率下降，消费率或外需占比会有一定程度的提高。由于在经济增速转换之前，韩国消费率已经在高位，增速转换后，消费率并无明显的上升。而其贸易盈余占比平均提高了约3个百分点，对宏观经济平衡起到了重要的支撑作用（见表1－6、图1－16）。

表1－6　　1960～2011年韩国宏观经济结构　　单位:%

增长阶段	GDP增速	消费率	资本形成率	贸易盈余占比
1960～1979年	8.9	84.7	23.6	－8.3
1980～1997年	8.2	66.2	35	－0.1
1998～2011年	4.4	65.9	31.3	2.9

资料来源：国务院发展研究中心中长期经济增长课题组数据库，Wind资讯，作者计算。

3. 其他亚洲追赶型国家增速转换后消费率的变动情况

表1－7列出了3个亚洲发展中国家增速转换前后宏观结构变动的情况。一个显著的特点是，增速转换后投资率都有一个明显的下降，

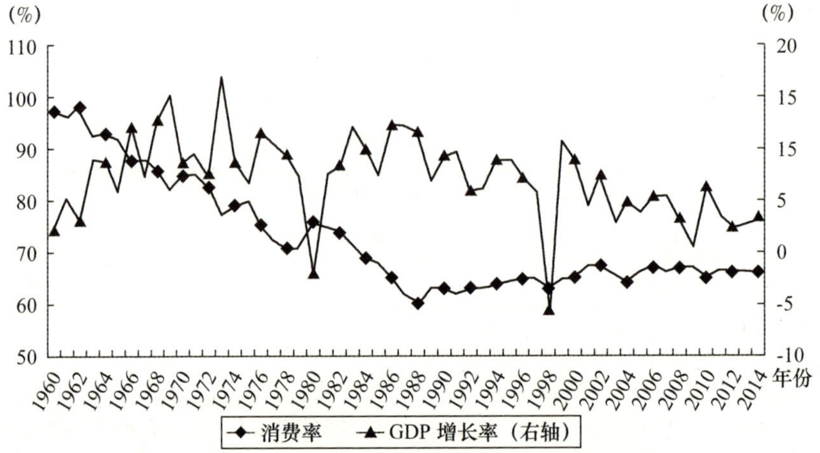

图 1－16　韩国增速转换后消费率的变动情况

但消费率的变动却存在差异。泰国消费率在增速转换前后基本一致，增速转换后投资率下降的需求缺口通过贸易盈余填补。马来西亚增速转换后消费率进一步下降，消费率、投资率下降的缺口同样由贸易盈余填补。印度尼西亚增速转换后，消费率略有回升，同时贸易盈余也对宏观平衡起到了一定的作用。

表 1－7　　东南亚追赶型国家增速转换后结构变动①　　单位：%

增长阶段		GDP 增速	消费率	资本形成率	贸易盈余占比
泰国	1960～1984 年	7.03	78.9	24.3	－3.2
	1985～1997 年	7.53	67.0	36.3	－3.3
	1998～2007 年	4.2	67.9	25.0	7.2
马来西亚	1960～1997 年	7.7	75	28.3	－3.5
	1999～2008 年	4.7	68	25.8	5.8
印度尼西亚	1968～1981 年	7.96	76	20.1	3.2
	1983～1997 年	6.6	68	30	1.2
	1998～2007 年	4.7	71	23	6

资料来源：国务院发展研究中心中长期经济增长课题组数据库，Wind 资讯，作者计算。

① 泰国为国务院发展研究中心中长期经济增长课题组数据库数据，马来西亚和印度尼西亚为 Wind 数据库数据。

（三）我国未来消费率的均衡水平及其调整速度

1. 根据前30多年经验数据，我国未来均衡消费率不低于63%

1978～2000年反映了市场经济条件下我国均衡消费率水平。在此阶段，我国经历了两个完整的经济周期，虽然周期过程中消费率有一定程度的波动，但周期结束后均回归到均衡水平上。在此阶段，消费率平均值为63%，第二产业占比平均为44.7%。2001～2015年，我国第二产业占比平均为45.2%，与1978～2000年相比仅差0.5个百分点，产业结构对消费率的影响较弱。

2001～2010年消费率快速下降，是周期性因素为主，结构性因素为辅的变动。2001～2007年，我国消费率下降与之前周期扩张期的情况一样，2008～2010年在反危机的刺激政策下，投资率上升，消费率继续下降。2001～2010年，第二产业占比从44.7%上升到46.2%，也对消费率的下降起到一定作用，但相比周期性因素来说，只是一个相对次要因素。

2011年以来消费率上升与历史波动情况一致，是周期性因素对投资消费关系的强制调整。2011年，我国经济增速比上年下降1.1个百分点，随后的几年GDP增速逐步下行，经济进入衰退期。与1978～2000年期间的经验一致，当经济增速下行时，消费率进入上升周期。当前，经济增速仍处于低位，消费率则延续回升势头。

受服务业占比提高、人均GDP水平上升等因素影响，63%的消费率是我国均衡消费率的低线。1978～2000年我国平均消费率为63%，随着供需结构的逐步平衡，目前的消费率也会上升到之前的均衡水平。与此同时，由于我国服务业占比逐步提高，劳动者报酬在收入中的占比也会上升，同时随着社会保障制度的完善，居民消费意愿提高，消费率会比历史水平稍高，预计最终均衡消费率将高于63%。

2. 受存量因素的制约，消费率上升速度较慢，预计到2020年恢复到接近60%的水平

市场经济条件下，我国有两段持续时间较长的消费率回升期。1978～1983年，消费率从62.1%上升到67.4%，5年时间上升5.3个百分点。1993～2000年，消费率从58.3%上升到63.7%，7年时间上升5.4个百分点。在这两段时间，消费率年均增长在0.8～1个百分点之间。日本在1970～1976年间和1991～2003年间消费率持续上升。在这两段时期，其平均增速为1.1个和0.8个百分点。考虑到我国2000～2010年间，消费率下降较快，年均降幅接近1.5个百分点，如果恢复期消费率年均上涨1个百分点，到2020年消费率可能达到57.4%水平。考虑到目前投资增速快速降低，供给侧改革推进力度加大，结构调整速度可能加快，如果恢复顺利，到2020年消费率可能接近60%的水平。

居民消费率上升是总消费率上升的核心环节，而其又受劳动者报酬在GDP中占比大小的制约。如果经济体系中不能有更多经济剩余被劳动者占据，则整体经济的消费增长仍会受限。危机前，我国投资率过高，资本存量快速扩张。在经济体系中，虽然其资本边际收益逐步降低，但是由于其在生产函数中份额扩大，资本作为投入要素的报酬占比是提升的。要提高劳动报酬占比，实质性问题是要改变资本存量相对于生产体系和劳动供给过量的局面。其方法，一方面是淘汰落后产能，兼并重组，调整存量；另一方面是控制新增投资，优化投资结构。这两种办法都会对短期经济增速带来负面的影响，所以实施和调整过程比较缓慢，这也决定了劳动者报酬的上升，进而消费率难以在短期内大幅提升。

3. 消费增速与GDP增速明显背离，社会消费品零售总额增速可能明显回落

消费的最终驱动力来源于收入增长。从历史数据看，我国消费与收入增长的一致性非常高。经济平稳增长的3段时期，1978～1988年、1990～2003年以及2004～2007年都反映了这一规律。国际比较也显示从均衡增长的角度看，消费实际增长与GDP增长之间需要保持相当的一致性（见表1－8）。

表1－8　居民消费实际增长率与GDP增长率：国际比较　单位：%

1990～2007年	居民消费平均增长率	GDP增长率	增幅差
世界平均	2.9	2.9	0
低收入国家	3.4	4.1	－0.4
中等收入国家	4.6	4.6	0.0
高收入国家	2.6	2.5	0.1

资料来源：Wind资讯，作者计算。

最近几年，我国社会消费品零售总额实际同比增速超过11%，而GDP增速略高于7%，两者之间存在明显的缺口。随着房地产市场带来的杠杆效率效应及其对消费的刺激作用减弱，收入水平下降对消费的影响会进一步显现，中长期看，消费实际增速应该回落到与GDP增速接近的水平。

4. 农民工市民化是促进消费、提高消费率的关键点

由于城镇居民人均消费能力是农村居民的3倍，伴随着城镇化率提高，城镇居民消费率也稳定提升。如前所述，1978～2000年间，我国城镇化率提高18.3个百分，城镇居民消费率提升12.9个百分点。然而，2001～2014年，我国城镇化率提高17.1个百分点，但城镇居民消费率反而降低了1.7个百分点。城镇居民消费率没有随着城市人口增加、收入增加而同比例上升，城乡结构优化对消费升级的贡献没有得到充分体现。这一方面是由于宏观结构不平衡导致劳动者报酬占比过低，居民消费能力增长受限；另一方面也反映2000年以来的城镇化的深化不够，大量常住人口并未真正融入城市生产和消费体系。2015年，我国常住人口城镇化率为56.1%，但户籍人口只有39.9%。随着农民工市民化等政策的推进，城镇居民消费率有望进一步提升，从而释放经济增长的内生动力和潜力。

第二章

我国进出口总量与结构变动规律和趋势

国际金融危机之前，我国出口长期保持超过20%的增速。出口生产可以扩大资本存量、促进技术进步，对经济增长发挥着重要作用。2012年以来，受全球贸易增速下降影响，我国出口增速快速下降，2015年增速更是下跌至 -2.8%。受出口和国内需求增速收缩影响，进口增速也相应大幅下降。

出口增速下降对我国经济运行带来严重冲击。利用投入产出表测算，制造业最终产品中40% ~50%用于出口[①]。出口增速萎缩是产能过剩和投资增速快速下降的重要原因。金融危机后我国制造业投资增速下降大约一半的原因是出口增速下降。在国内调结构、去产能的背景下，国际需求回升带动我国进出口增速恢复是经济增速企稳的重要条件。

由于我国正处于增长阶段转换进程中，结构性与周期性因素结合在一起，进出口增长既受到国际市场需求的影响，也会受到国内增长基础条件改变的影响。分析新常态下我国进出口增长的表现，必须考

① 最终产品是不包括被用于中间投入品的总产出。

虑各方面的综合影响。特别是进出口增长主要取决于全球市场的变动，需要从地域、产业的角度进行深入分析。

一、全球贸易区域分布及其对我国进出口的影响

作为快速成长的经济体，我国出口占全球市场份额持续提升的同时，出口的区域结构也是动态变化的。未来出口增长既取决于重点贸易区域的需求增长，也取决于本国竞争力的变动。同时，进口的增长也同时受到国内需求和各区域经济增长的影响。

（一）国际金融危机后，全球贸易区域结构出现快速变化

1. 欧洲仍是全球最大商品输入和输出地，但亚洲份额正在上升，近中期有可能超过欧洲

从全球出口市场份额看，1995 年欧洲、北美占比为 48% 和 17%，2014 年占比变为 40% 和 15%，分别降低了 8 个和 2 个百分点。也就是说，过去的 20 年，北美和欧洲占全球出口的比重从 65% 下降到 55%，而其下降份额中的 80% 是由欧洲引起的。1995 年，亚洲占全球进口份额为 30%，2014 年上涨为 38%，20 年中增加了 8 个百分点。中南美洲和非洲与 20 年前相比，出口占全球市场的份额各上升 1 个百分点（见表 2－1）。

上述过程反映了过去 20 年间出口市场份额从发达国家向发展中国家转换的历史趋势。在此过程中，亚洲的发展中国家，特别是中国在全球出口市场中新增份额最多，而出让市场份额最多的是欧洲。美国在过去的 20 年里，保持了较强的出口竞争力，市场份额的损失相对较少（详见专栏 1）。

表 2－1　各大洲进出口在全球市场中占比的历史变动　单位：%

年份	进出口	亚洲	欧洲	北美	中南美洲	非洲
1995 年	出口	30	48	17	3	2
	进口	28	46	20	4	3
2000 年	出口	30	44	20	3	2
	进口	26	43	26	3	2
2007 年	出口	33	46	14	4	3
	进口	28	45	20	3	3
2014 年	出口	38	40	15	4	3
	进口	36	38	19	4	4

注：大洋洲在全球市场占比较低，且历史数据缺失，暂未计算在内。

资料来源：世界银行统计。

从全球进口市场份额看，1995 年欧洲、北美占比分别为 46% 和 20%，2014 年占比为 38% 和 19%，分别下降 8 个和 1 个百分点。过去的 20 年间，北美和欧洲占全球进口的比重从 66% 下降到 57%，而下降份额中大约有 90% 是由欧洲贡献的。1995 年，亚洲占全球出口的份额为 28%，2014 年上涨为 36%，20 年中增加了 8 个百分点。同期，中南美洲进口份额保持不变，非洲进口份额与 20 年前相比上升了 1 个百分点。欧美的进口份额减少略低于其出口份额的变化，亚洲进口份额变化与出口一致。

2. 国际金融危机以来，全球进出口市场份额大幅调整，亚洲对全球商品的吸纳能力快速提升

从市场份额变动的历史过程看，2007 年之前，全球出口份额在各洲间的比例变动不大。1995～2007 年的 12 年时间里，亚洲出口市场份额仅上升 3 个百分点，同期中南美洲和非洲也各上升 1 个百分点。而全球进口市场份额，1995～2007 年在各大洲之间基本没有发生变化。

全球进出口份额的大幅变化发生在2007年之后，并且主要发生在亚洲与欧洲之间。2007～2014年，从出口占比方面看，欧洲份额快速下滑6个百分点，亚洲份额上升了5个百分点，北美上升了1个百分点。中南美洲和非洲份额持平。从进口占比方面看，亚洲进口份额上升了8个百分点，弥补了欧洲和北美份额的下降，其对全球市场的吸纳能力快速上升。欧洲进口占比下降高达7个百分点，美国仅下降了1个百分点（见图2－1）。

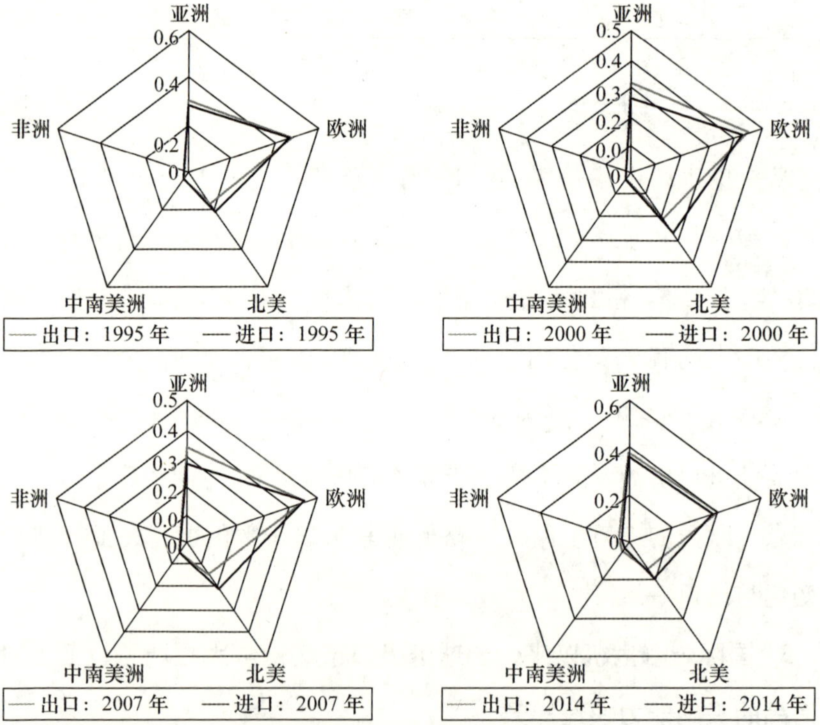

图2－1　全球进出口匹配及其历史变动情况

资料来源：Wind资讯。

从全球进出口区域特征变动的情况看，欧洲进口占比的快速收缩明显改变了原有的贸易格局。由于亚洲市场占全球市场份额已经快速上涨，后期进一步上涨的空间不足。欧洲市场将是全球贸易增速恢复的主要环节。

3. 国际金融危机后，区域进出口不匹配程度降低，北美依然是全球最主要的商品净流入区域

欧洲的进出口市场份额占比基本匹配。1995～2014 年，欧洲的贸易出超一直维持在全球贸易总量 1%～2% 的程度。金融危机之后，其出超比金融危机前的 2007 年增加了 1 个百分点。

亚洲是全球主要的商品净输出地。2007 年，亚洲贸易出超占全球贸易总量达到 5% 的水平。金融危机后，随着全球贸易不平衡程度减弱，亚洲贸易出超程度下降，2014 年，其贸易出超占全球贸易总量大约为 2%。

北美是全球主要商品净流入地，金融危机后进出口不匹配程度降低。2000～2007 年，北美的外贸入超占全球贸易总额的比例高达 6%，金融危机后，其贸易的不平衡程度降低，2014 年的外贸入超占全球贸易总额的比例为 4%。

总体看，金融危机后全球贸易不平衡的程度下降，在北美、亚洲和欧洲都存在调整，亚洲出超占比下降，欧洲出超占比略有上升，北美入超占比下降。亚洲和北美贸易的不平衡程度都有所下降，但欧洲贸易不平衡程度在上升，主要是由于进口增速收缩快于出口。

（二）我国出口区域变动的历史规律和特点

1. 中国出口的区域结构显现阶段性特征，当前出口增速快速收缩与危机前欧洲市场快速扩张相关

我国出口区域的历史变动存在明显的阶段性特征。1995 年以来，我国出口区域结构变化可以分为三个阶段。

第一阶段，欧洲和北美的市场快速扩张，亚洲市场相对萎缩。1995～1999 年，我国向亚洲各国出口占全部出口的比例下降了 9 个百分点。而在同期，向欧洲和美国的出口占比上升了3个百分点和5个百分点（见图2-2、表2-2）。此变化显示了我国在发达国家市场份额扩大的趋势。在此阶段，北美进口在全球进口份额中是扩张的，而欧洲进口在全球进口份额中是收缩的。此背景下，中国向欧洲出口占总出口比例上升，说明我国产品的国际竞争力在提升。

第二阶段，欧洲市场快速扩张，亚洲和北美市场份额相对收缩。从1999~2007年，我国出口到欧洲的市场份额增长了6个百分点，到北美市场的份额收缩了2个百分点，到亚洲的市场份额下降了5个百分点（见图2-2、表2-2）。同期，欧洲进口在全球进口市场中的份额并没有发生明显变化，美国在全球市场中的份额下降。认为危机前中国出口对美国经济失衡带来影响的观点只看到我国在美国市场上份额的上升，没有看到实际上向美国出口在中国总出口中的占比下降的事实。在此阶段，中国出口增长的重点方向已经转向欧洲。

第三阶段，金融危机后，我国向欧洲和北美市场出口的份额快速收缩，对亚洲、非洲和拉丁美洲的出口份额上升。2007~2015年，我国对欧洲的出口下降了6个百分点，对美国出口下降了2个百分点。而同期，对亚洲、非洲和拉美的份额分别上升3个百分点、2个百分点和2个百分点（见图2-2、表2-2）。

总体来看，由于金融危机后欧洲和北美经济不景气，其在全球市场中份额下降，中国对其出口份额也有所下降。2015年，中国对亚洲市场的出口占到全部出口的五成，而亚洲市场只占全球市场的33%，说明中国对亚洲市场的回归是一种暂时性现象。从1995年以来，我国向北美市场的出口占比与其在全球市场中的份额基本一致。当前，我国出口增速快速收缩一定程度上是由于金融危机前向欧洲的出口占比

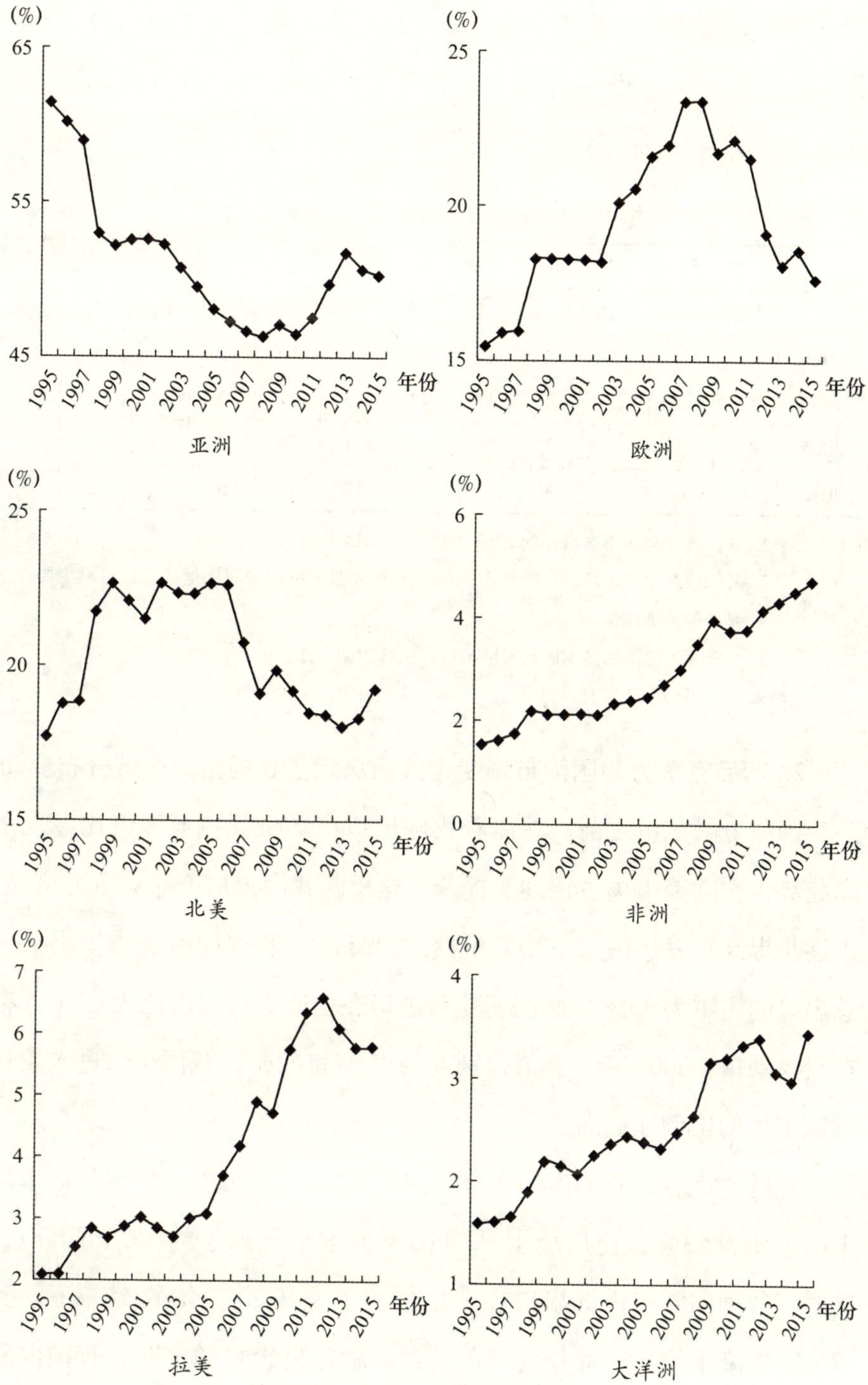

图 2－2　我国出口区域份额变化

资料来源：Wind 资讯。

攀升较快，而危机后欧洲市场恰好是相对收缩最快的市场。2015 年欧洲市场占全球市场份额为 36%，而我国向其出口只占总出口比例的 18%，长期来看，提高欧洲市场仍有很大的空间。

表 2－2　　中国出口区域份额与全球市场份额变化比较　　单位：%

年份	亚洲		非洲		欧洲		北美		拉美		大洋洲	
	中国	全球	中国	全球	中国	全球	中国	全球	中国	全球	中国	全球
1995	62	27	2	2	15	44	18	19	2	3	1	—
1999	53	23	2	2	18	44	23	21	3	3	2	—
2007	47	27	3	3	24	43	21	19	4	3	2	—
2015	50	33	5	3	18	36	19	17	6	4	2	—

注：1. 各区域在全球市场占比的 2015 年数据为 2014 年值。
2. 各区域在全球市场占比数据中，拉丁美洲数据为中南美洲数据的值，差异主要在于是否包括墨西哥。
3. “全球”栏指的是本区域吸纳出口在全球中的占比。

资料来源：Wind 资讯，作者计算。

2. 产品竞争力和国际市场变化共同决定了我国出口区域分布变动

国际金融危机之前，总体看我国出口市场份额在亚洲占比显现下降趋势，在欧美市场占比逐步提升。这反映我国出口产品竞争力增强，正逐步提高在发达国家市场的份额。1995 年，我国向欧美市场出口占总出口的比重为 33%，而同期欧美进口在全球进口的占比为 63%，存在较大缺口。2007 年，此值分别变为 45% 和 62%，我国出口进入发达国家市场的比例在提高。

金融危机后，欧美市场在全球占比下降。2015 年，其在全球市场上的占比为 53%，比历史上平均 63% 的水平下降了约 10 个百分点。同时，我国向欧美市场出口在总出口的占比从 2007 年的 45% 下降到 37%，下降了约 8 个百分点。在受到金融危机影响的同时，我国向欧美市场出口的相对份额仍略有提高。

欧美市场增速放缓，促使我国在全球其他市场扩展出口空间。与2007年相比，我国在拉美、非洲和亚洲市场出口占总出口的比重均明显提高。

3. 我国出口传统优势区域在亚洲，未来市场空间主要在欧洲

图2-3动态显现了我国对5个主要区域出口占全部出口的比重以及这几个区域进口占全球进口的比例。从图示情况看，我国优势区域仍在亚洲。我国向亚洲出口占全部出口的比重远高于亚洲在全球市场上的占比，这一方面反映了我国与亚洲区域内国家如日本、韩国间的产业内贸易较为发达，另一方面，也说明我国出口占优势的仍是在中低端市场。

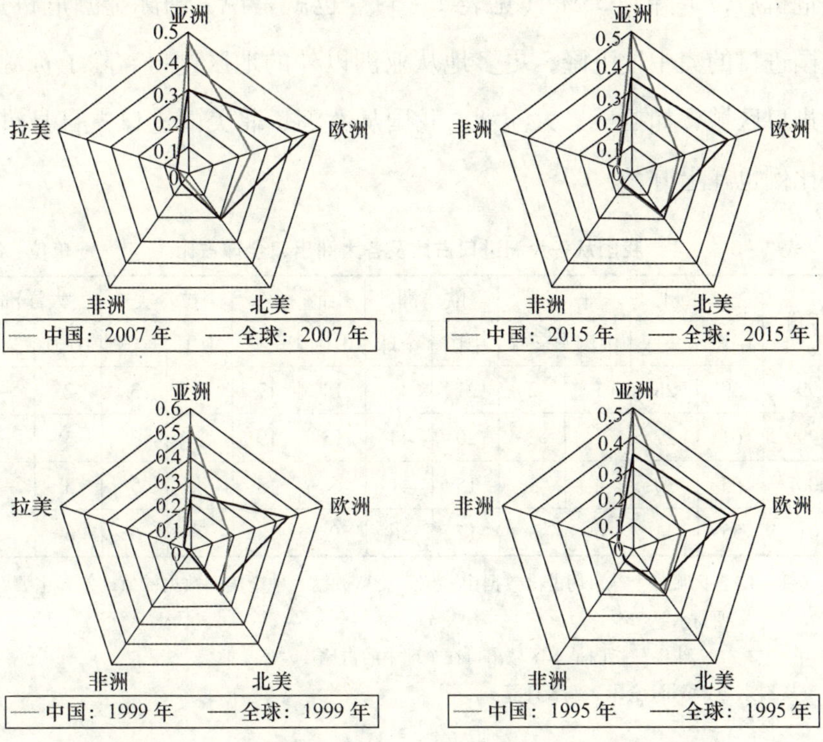

图2-3 中国出口区域分布与各大洲在全球市场上占比

资料来源：Wind资讯。

欧洲一直是全球最大的市场，金融危机前其在全球市场上的占比大约为44%，金融危机后占比下降到36%。2015 年，我国向欧洲出口只占我国出口的16%。而我国向美国的出口占全部出口的比重与美国全球市场占比在过去的20 年内基本保持一致。从长期看，我国未来出口的重点发展方向应该是欧洲。

（二）我国进口区域变动规律和特点

亚洲是我国主要的商品进口区域，且占比远超过其在全球出口中的份额。中国从亚洲市场的进口占比平均为60%左右。1995 年，我国从亚洲进口占总进口的比例为59%，到2007 年此值上升为65%，金融危机后，下降到55%（见表2－3）。也就是说，国际金融危机后，我国进口的集中度下降，更多地从亚洲以外的地区进口。除了资源性的进口区域，如拉美、大洋洲，我国从欧洲、北美的进口占自身进口的比例也在上升。

表2－3　　我国从各大洲进口占比及各大洲出口全球占比　　单位:%

年份	亚洲		非洲		欧洲		北美		拉美		大洋洲	
	中国	全球	中国	全球	中国	全球	中国	全球	中国	全球	中国	全球
1995	59	28	1	2	21	45	14	17	2	3	2	—
1999	61	27	1	2	20	44	13	19	2	3	3	—
2007	65	30	4	3	15	41	8	13	4	5	3	—
2014	55	34	6	3	17	36	9	13	7	6	6	—

注：1. 各区域在全球市场占比数据中，拉丁美洲数据为中南美洲数据的值，差异主要在墨西哥。

2. “全球栏”指的是本区域出口在全球中的占比。

资料来源：Wind 资讯，作者计算。

金融危机后，我国进口与世界市场出口份额的变化相反，也与我国进口市场变化的历史规律背离。1995～2007 年，我国从亚洲的进口占比一直处于上升状态，而从北美和欧洲的进口处于下降状态。中国从欧洲和北美的进口占本国进口的比重，也远远低于上述两个地区出口在全球市场中的份额。金融危机后，亚洲出口占全球比例是上升的，欧洲和北美出口占全球比例是下降的。但是我国从亚洲的进口下降，同时却从欧洲和北美的进口增加，这综合反映了产业内贸易、汇率以及国内消费升级的综合影响（见图2－4）。

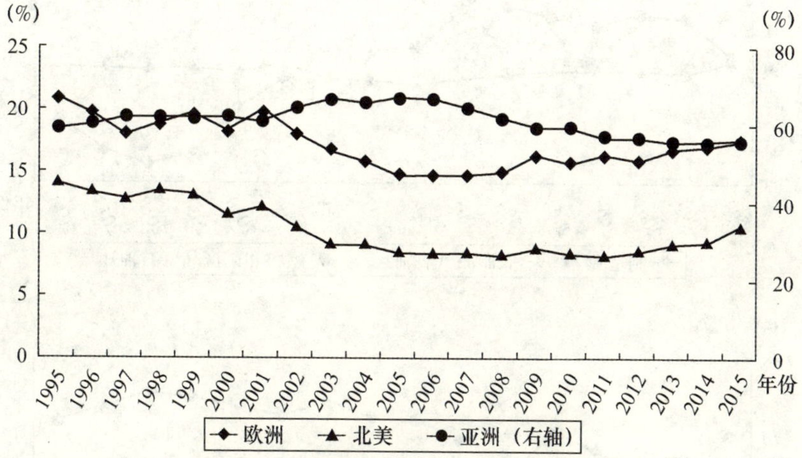

图2－4 中国进口区域占比变动情况

资料来源：Wind。

二、国际金融危机后商品贸易结构变化及其对我国的影响

（一）全球商品贸易结构变化的特点

1. 全球进出口贸易商品占比变动情况

制造业占比显现持续下降态势，但仍是全球贸易的主体。制造业出口占所有商品出口的比重接近70%，是全球贸易的主要部分。以2014年为例，全球商品贸易中制造业产品占比为66.2%，而同期燃料

和矿物出口占比为 20.5%，农产品出口占比 9.5%。与 1995 年的 76.5% 相比，制造业出口占全部商品出口比重下降了约 10 个百分点（见图 2－5）。

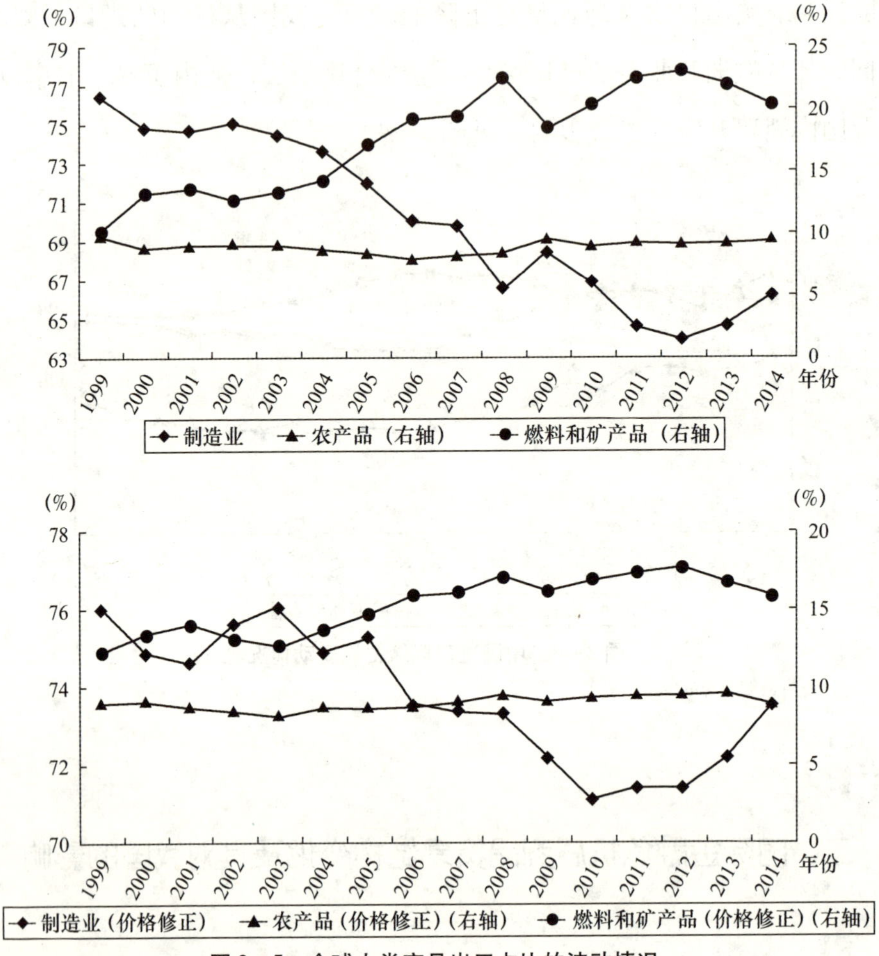

图 2－5　全球大类产品出口占比的波动情况

资料来源：Wind 资讯。

农产品占全球贸易的比重相对稳定，燃料和矿产品占比显现逐步提高的趋势。按名义或实际价格计算，农产品在全球贸易中的占比都稳定在 9%～10% 之间。按名义价格计算，燃料和矿产品占比从 1995 年的 10% 上升到 20%，上升了约 10 个百分点。即便利用美国相关价格指数[①]对上述比例进行修正，其占比也上升了约5个百分点。全球贸易中燃料和矿产品占比是上升的，反映了发展中国家工业化进程对能源、资源需求量的增加。

金融危机后，制造业、燃料和矿产品占比变动出现与之前不同的特点（见图2－5）。1999～2008年，制造业在全球贸易中的占比从76.5%下降到66.5%，降幅达到10个百分点。与此同时，矿业占比从10.2%上升到22.5%，上升达到12.3个百分点。金融危机之后，经过两年盘整，矿业与制造业在全球贸易中的占比出现新的变动。2012年以来，制造业在贸易中的占比上升约2个百分点，矿业下降约2.5个百分点。从经济价格修正的全球商品贸易量出口结构变动情况看，2012年之后，制造业增速要高于燃料和矿产品增速，所以制造业的占比略有上升。由于在经济周期中，初级产品贸易的波动强度高于制成品，制造业贸易占比提升可能是一种短期现象。随着全球经济恢复，制造业占比在全球市场中的份额可能仍处于下降态势。

2. 全球制造业产量与贸易增速同比例下降，而农产业和矿产品制造产量增速下降快于贸易增速

2008年国际金融危机后，全球不同种类产品的产量增速均有一定程度的下降。其中制造业产量平均增速由1995～2007年的6.6%下降到2009～2014年的3%，同期，农产品的产量增速从4.1%下降到3.0%，燃料和矿产品产量增速从4.5%下降1.1%。在产量增速变化的同时，不同产品的贸易增速也随之改变。其中，制造业贸易增速也从3.54%下降到1.72%，降幅与产量增速相当（见表2－4）。由于制造业占全球贸易比重接近70%，其贸易增速下降直接接动全球贸易的

① 利用美国农产品、燃料和矿产品、制造业贸易指数对全球贸易的情况进行价格修正。

增速下降。与制造业不同的是，农产品和矿产品贸易量增速变化不大，反映从长期看其国际需求的弹性较低。

表 2-4　　大类产品产量与贸易量情况　　单位：%

	农产品		燃料与矿产品		制造业	
	产量增速	出口增速	产量增速	出口增速	产量增速	出口增速
1995~2007年	4.07	2.83	4.5	1.65	6.62	3.54
2008~2014年	3.0	2.07	1.07	1.29	3.0	1.72

资料来源：Wind 资讯，作者计算。

（二）国际金融危机后我国进出口贸易结构变化的特点

1. 制造业、燃料与矿产品出口增速下降较多，农产品出口增速降幅较低

我国农产品出口危机前平均增速在 8% 左右，金融危机后降低到平均 5% 左右的水平。燃料与矿产品出口增速随经济周期波动较大，危机前平均增速 17.4%，危机后下降到平均 8.9% 的水平（见图2-6、表2-5）。

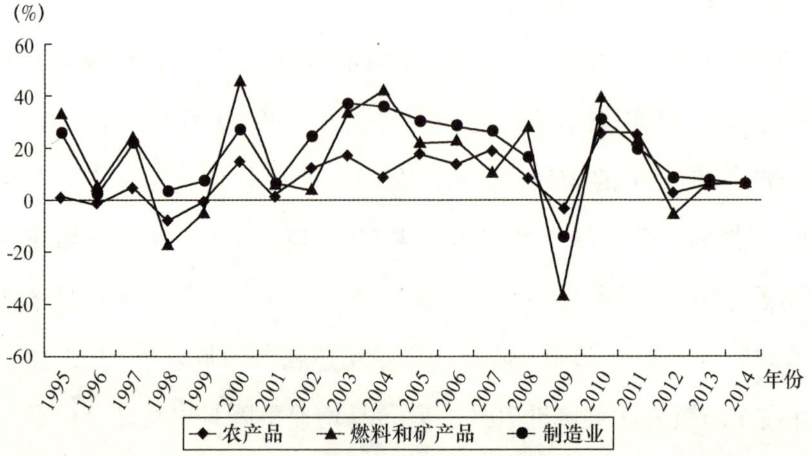

图 2-6　中国大类产品出口增长情况

资料来源：Wind 资讯。

表 2－5　　中国大类产品出口增长情况　　单位:%

	农产品		燃料与矿产品		制造业	
	增速	占比	增速	占比	增速	占比
1995～2007 年	8.1	6	17.4	5	21.2	89
2008～2014 年	10.2	3	8.9	3	10.7	94

资料来源：Wind 资讯，作者计算。

与全球市场的变化趋势相同，金融危机后我国制造业的平均增速出现明显下降。1995～2007 年，制造业增速平均为 21.2%，但危机后平均增速仅为 10.7%。虽然制造业增速下降，但制造业出口在我国商品出口中的占比继续提高。2008～2014 年，其占出口总额的比例平均为 94%（见表 2－5）。

2. 制造业、燃料与矿产品进口增速明显下降，农产品进口增速保持稳定

我国对农产品的进口有一定的刚性，1995～2007 年进口平均增速为 17.2%，金融危机后，增速略有所下降，但仍达到 16.1%。燃料与矿产品的进口增速在金融危机前平均高达 31.7%，危机后增速下降为 16.7%。制造业进口在危机前十年平均增速为 16.7%，2008～2014 年平均增速为 8.8%，下降约 8 个百分点。制造业进口在我国进口商品中的占比在危机前平均为 78%，危机后占比明显下降，2008～2014 年平均为 63%。(见表 2－6、图 2－7)。

表 2－6　　中国大类产品进口增长情况　　单位:%

	农产品		燃料与矿产品		制造业	
	增速	占比	增速	占比	增速	占比
1995～2007 年	17.2	9	31.7	14	16.7	78
2008～2014 年	16.1	8	16.7	28	8.8	63

资料来源：Wind 资讯，作者计算。

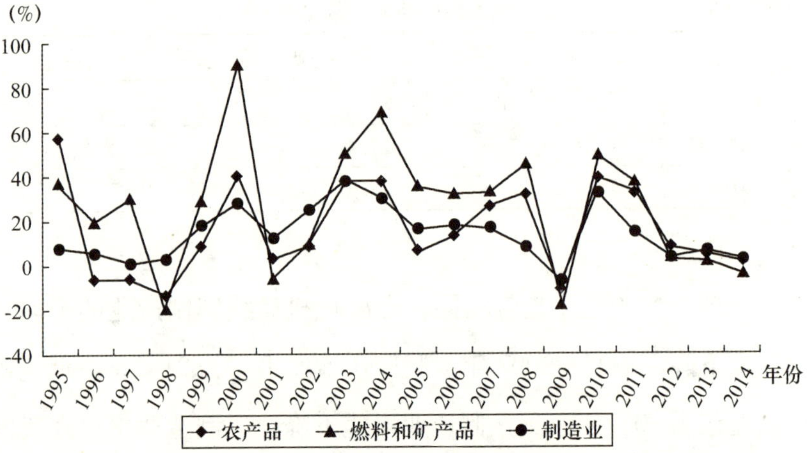

图 2－7　中国大类产品进口增长情况

资料来源：Wind 资讯。

三、全球贸易总量波动特征和危机后我国进出口增长新特点

（一）随着危机影响逐步消退，全球贸易深化过程仍将持续

过去几十年里，不同发展水平的经济体都经历了贸易强度提升的过程，全球出口占 GDP 的比重未来仍将持续提升。

全球商品和服务出口总量占 GDP 的比重从 1960 年以来持续提升。1960～1970 年此值为 12%，到 2000～2009 年此值增长为 27%，金融危机后，此值稳定在 31% 左右的水平，2014 年下降为 30%。从过去 50 年的经验看，全球化水平伴随着通信、运输技术的进步逐步深化，出口占 GDP 的比重也持续上升。当前，互联网技术大幅降低信息传递成本、运输效率仍在提升，资金、货物、人员的国际流动更加频繁，促进贸易强度提高的有利因素仍在增加。金融危机后，贸易占 GDP 比重下降的情况是短期现象。随着全球经济的逐步恢复，贸易在 GDP 中的占比仍将持续上升。

不同发展水平的国家，都经历了出口依存度提高的过程，中等收入国家出口依存度提升幅度较快。过去几十年，不同收入水平的国家贸易都在深化（见图2－8）。金融危机后，主要是中等收入国家，特别是中等偏上收入国家的商品和服务出口占GDP比重下降较快，拖累了全球出口占GDP的比重。从其绝对值看，中等偏上收入国家出口占GDP比重仍低于高收入国家。随着经济发展水平提高，有更多国家进入高收入行列，此值仍将会上升，同时也将会提高全球出口占GDP比重。

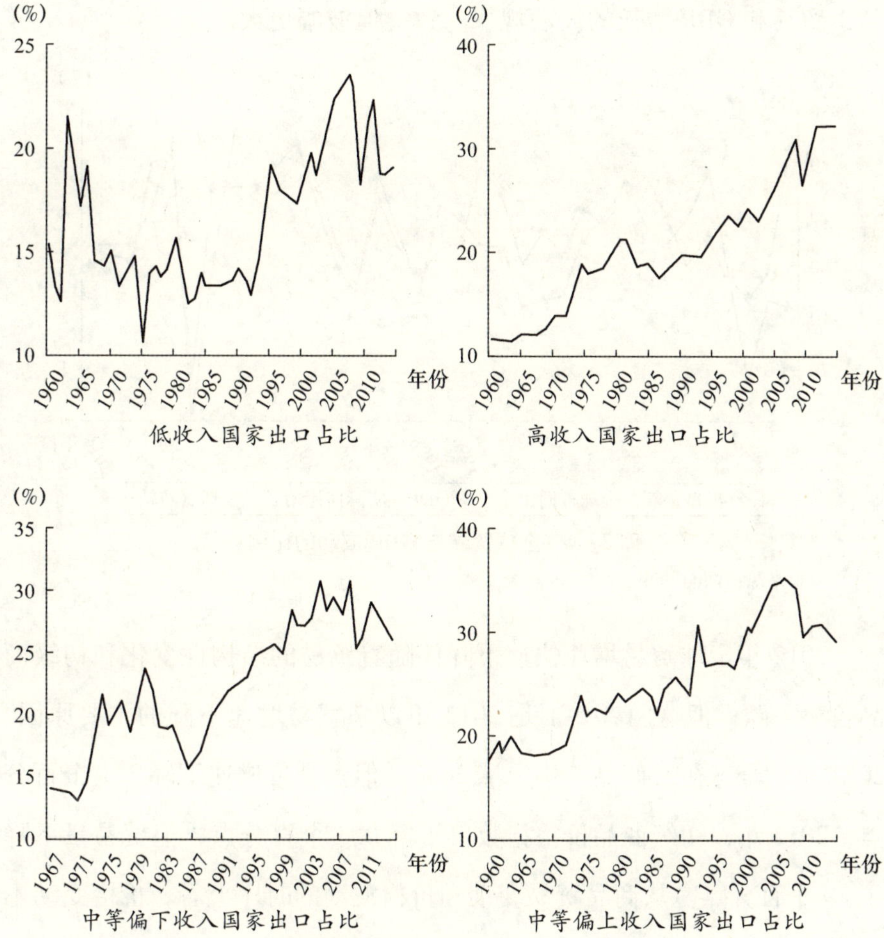

图2－8　不同发展水平国家商品服务出口占GDP比重

资料来源：Wind资讯。

（二）商品贸易波动大于 GDP 波动是全球经济运行中的规律性现象

全球商品贸易增速波动大于 GDP 波动的主要原因在于可贸易品（包括原材料、资本品以及耐用消费品等）对 GDP 波动的弹性高于与居民基本生活相关的衣食住行等非贸易品。当 GDP 增速回升时，可贸易品需求快速扩张，拉动全球贸易增速高涨；当 GDP 增速下行时，可贸易品需求低迷，拖累全球贸易增速收缩。从图 2－9 可以清晰地看到，贸易和 GDP 增长的波动规律一致，但波幅更大。

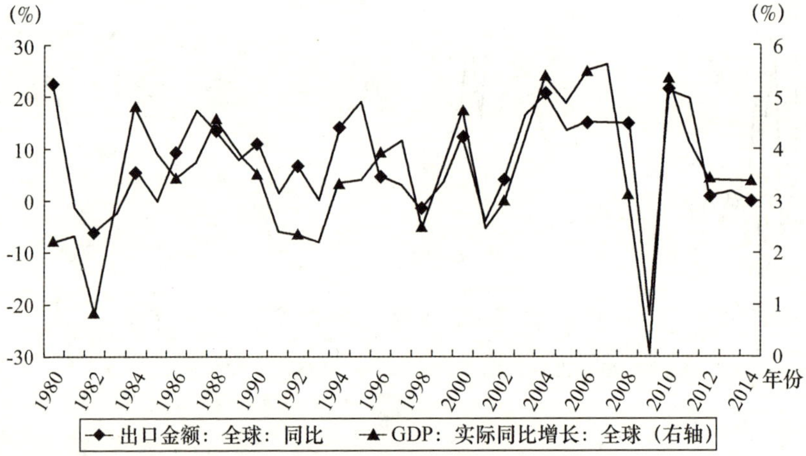

图 2－9　全球贸易与 GDP 波动的比例

资料来源：Wind 资讯。

2012 年全球贸易增速快速下降伴随着贸易的结构性变化和初级商品价格下跌。但这两者并不是 2012 年以来贸易增速下降的主要原因。2011 年，全球初级商品价格上涨 26%，但贸易量增速下降 2.1 个百分点。2012 年，初级商品价格指数仅下降 0.3 个百分点，但贸易量下降了 19 个百分点。从商品贸易变动和价格波动的时序上看，价格变动不是贸易变动的主要原因。

近年，服务贸易在全球贸易中的占比略有提高，但其对商品贸易增速下降的影响有限。与商品贸易的情况一样，全球服务贸易的增速也在2012年快速下降。其占比上升，不足以改变贸易增速快速下降局面。与以前历次的波动情况一样，随着GDP增速恢复，全球贸易仍有可能恢复到较高增速。

（三）发达经济体仍是全球主要买家，但吸收出口的能力快速下降

2014年，发达经济体进口商品占全球贸易商品的69.4%，是全球商品的主要买家。然而，这一比例与2000年相比已经下降了约11.4%。与此同时，发达经济体占全球GDP的比重也从2000年的81.8%下降到67.8%，下降了14个百分点（见图2－10）。发达经济体商品贸易增速下降的幅度快于其在全球GDP中占比下降的幅度。如果从2008年计算，出口和GDP占比分别下降5.4和8.6个百分点。

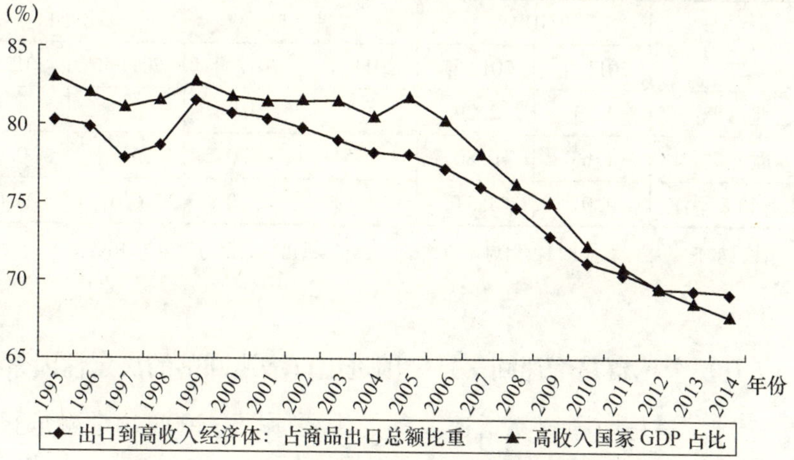

图2－10　高收入国家在GDP和全球进口中的占比

资料来源：Wind资讯。

（四）欧洲经济下行是危机后国际贸易增速快速下降的触发因素

金融危机后，全球贸易增速在短暂下探后快速恢复。2011年，贸

易增速仍然运行在19.9%的高位，2012年全球出口和进口增速大幅下降。全球出口增速下降为0.86%，进口增速下降为1.13%。由于全球产业内贸易程度较高，进出增速下降主要取决于最终产品需求增速的变动。对比几个大经济区GDP增长情况，可以看到，2012年北美、东亚和太平洋GDP增速相比于2011年均有所提高，而欧元区GDP增速负增长0.86%，降幅达2.4个百分点（见表2－7）。显然，2012年全球需求紧缩主要来自于欧洲经济的紧缩。这一点可以从主要区域进口增速的变动上看到，虽然北美和亚洲进口增速也有一定程度的下降，但是降幅最大的仍是欧盟的进口。由于其在全球进口市场上的占比在危机前相当于亚洲和北美的合计值。其增速负增长对全球出口增长带来极大的负面冲击，并通过产业链收缩影响到其他国家的进出口。

表2－7　　2011～2012年主要区域的增长与贸易　　单位：%

	GDP		进　口		出　口	
	2011年	2012年	2011年	2012年	2011年	2012年
北　美	1.71	2.29	4.5	3.0	6.5	4.5
欧元区	1.63	－0.86	2.5	－2.0	5.5	0.5
东亚和太平洋	4.01	4.31	6.5	3.0	6.6	3.0

注：东亚和太平洋进出口数据为亚洲数据。欧元区进出口数据为欧盟27国数据。

（五）全球贸易增速回落是中国进出口增速回落的决定性因素

全球贸易是中国贸易增速波动的主要原因。2008年金融危机后，我国出口增速大幅回落，表现出与前些年完全不同的增长趋势。虽然政府出台了相关扶持政策，但效果不明显。出口增速快速回落，促使人们将更多注意力投向全球市场需求。图2－11显示了全球出口增长与我国出口增长的情况。我们可能看到，我国出口波动与全球出口增长有高度的一致性。这与我国是全球最大制造品生产国、最大的出口国和贸易国的地位是相一致的。这也说明，中国出口实际上是全球进口和贸易增长情况的反映，在全球贸易没有明显改善的情况看，中国进出口增速难以有明显改观。

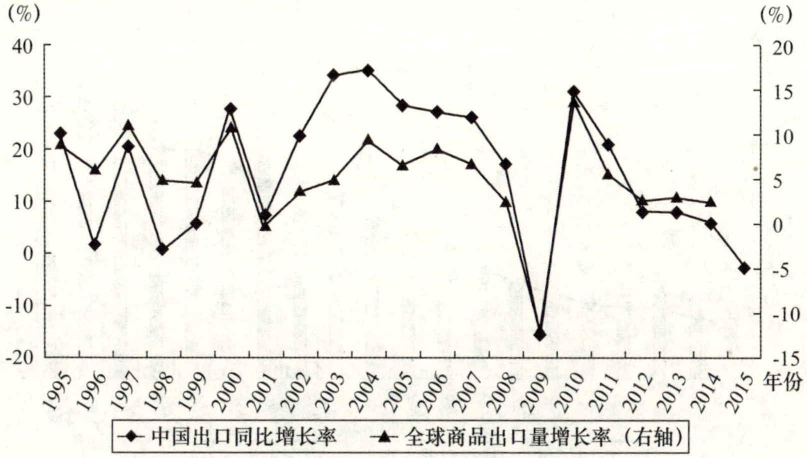

图 2-11　中国出口与全球出口增长波动情况

资料来源：Wind 资讯。

（六）金融危机后，我国出口在全球市场上占比仍继续提高

虽然中国出口增速波动受到全球市场的影响而波动，但在全球市场上的份额却显现出持续提高的趋势。即便是在金融危机之后，中国在几大贸易区域中的表现依然是比较抢眼的。表 2-8 列出了全球金融危机期间，重点区域出口增速的变动情况。我们可以看到，截至 2014 年我国出口增速仍高于主要区域的出口平均增速，我国在全球市场上的份额仍在持续地提升（见图 2-12）。

表 2-8　金融危机前后主要区域出口增速变动情况　单位：%

时　间	全球	中国	亚洲	北美	欧洲	独联体	日本
2006～2008 年	5.5	16.2	10.2	5.2	3.9	5.0	7.3
2009 年	-12	-10.5	-11	-15	-14	-5	-25

续表

时　间	全球	中国	亚洲	北美	欧洲	独联体	日本
2010～2013年	5.0	10.2	7.5	5.7	4.0	2.0	4.8
2014年	4.0	7	4.5	4	1.5	0.0	0.5

资料来源：Wind资讯。

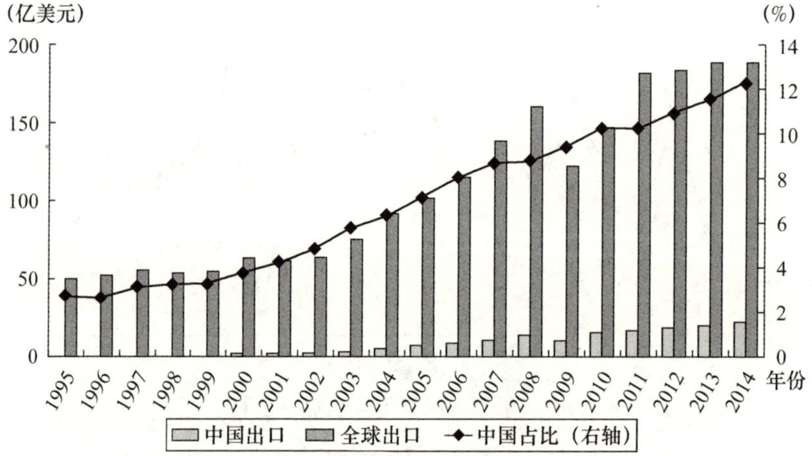

图2－12　中国在全球市场上的占比

资料来源：Wind资讯。

四、全球贸易重要变化以及我国出口增长前景

全球贸易总量、结构、区域变动的特征以及中国在对应领域的变动趋势，对我国未来贸易增长走势有以下启示。

1. 欧洲经济回暖是全球贸易增速恢复的关键变量

2014年，欧洲占全球出口和进口的比重分别为40%和38%，均高于亚洲市场，远高于北美市场。从2007～2014年，其在全球市场上进口占比收缩了7个百分点，而同期美国只收缩了1个百分点，亚洲进口扩大了8个百分点。从总量和收缩的程度看，欧洲都是全球贸易增速下行的主要原因。

分析此轮全球贸易增速下行发生的时间顺序，可以观察到2012年在北美、亚洲GDP增速均上升的时候，欧洲的GDP降幅达到2.4个百分点，进口下降4.5个百分点，进入负增长区间。由于全球贸易互相依赖，欧洲需求的快速萎缩传导到整个贸易体系，全球贸易增速大幅下降。

从欧洲在全球贸易中的重要性及其在危机中的表现看，全球贸易增速回升仍然取决于欧洲经济复苏。由于欧盟内部货币一体化与财政和政治一体化进程不协调，结构性矛盾突出，在短期内，此情况难以改善。欧洲经济复苏的进程可能较为缓慢，全球贸易增速恢复期可能比历史上其他时期要长，预计可能要到2020年左右才能恢复到相对稳定的状态。

2. 未来全球出口占GDP比重仍将持续提升，但贸易增速将低于之前的水平

全球商品和服务出口总量占GDP的比重从1960年以来一直持续提升。金融危机后，此值稳定在31%左右的水平，2014年下降为30%。从过去50年的经验看，全球化水平伴随着通信、运输技术的进步而逐步深化，出口占GDP的比重也持续上升。当前，互联网技术大幅降低信息传递成本、运输效率仍在提升，资金、货物、人员的国际流动更加频繁，促进贸易强度提高的因素仍在增加。

从结构上看，不同收入水平的国家贸易强度都在深化。金融危机后，主要是中等收入国家，特别是中等偏上收入国家的商品和服务出口占GDP比重下降较快，拖累了全球出口占GDP的比重。随着全球经济的逐步恢复，贸易在GDP中的占比仍将持续上升。

2002～2008年是全球过去30多年GDP和贸易增速最高的时期。这时期的全球景气，一方面受到美国宽松货币政策和低利率的影响，另一方面也受中国高速增长的影响。随着中国经济增长阶段的转换，短期内难以预见全球经济和贸易会再次恢复到危机前的高水平。

3. 全球制造业出口占比持续下降将对我国出口增长带来压力

制造业出口占全部商品出口的比重大约在70%，是全球贸易的主要部分。1995年，制造业出口占全部商品出口比重为76.5%，到2014年此值下降了约10个百分点，降幅明显。另一方面，随着服务贸易占比的提升，商品贸易在全球贸易中的占比同时也会下降。制造业出口是我国出口的主体，2008~2014年其占比高达94%。全球制造业在贸易中占比下降的趋势，将对我国未来出口的增长带来压力。

4. 我国未来均衡贸易增速将低于危机前水平，但贸易占GDP的比重仍将提升，对外贸易的相对重要性上升

金融危机后我国出口在全球市场上的份额一直在提升，反映我国仍保持国际竞争力，出口增速快速回落主要是全球贸易增速回落带来的结果。从全球GDP相对份额和出口相对份额过去20余年的变化看(见专栏1)，我国在未来面临的国际竞争将明显大于金融危机前。我国与20世纪90年代日本占据全球第二大经济体时的情况类似，但我国的GDP增速明显高于当时的日本，未来将对全球经济格局带来大的调整；我国出口占全球的份额也高于当时日本，面临的国际市场竞争也会更强。随着我国经济总量和出口占比进一步提高，扩大市场的压力将更大。

从后发国家增速转换前后的进出口增速变化的经验看，未来我国出口增速将会明显低于高增长阶段，但无论是进口还是出口，在GDP中的占比都将提升，对外贸易对经济增长的相对重要性提高。这一规律在典型的追赶型经济体——日本、韩国、印度尼西亚和我国台湾地区都得到明显的体现。

5. 金融危机以来，我国出口回归亚洲是一种暂时性现象，未来对外贸易的重点方向仍在欧洲

国际金融危机前，我国对欧洲市场出口的份额持续上升。1999～2007年，我国向欧洲出口占总出口的比例上升了6个百分点，而同期向北美出口占总出口的比例收缩了2个百分点，向亚洲出口占总出口比例下降了5个百分点。即便如此，2007年我国向欧洲出口占到我国的出口比重为24%，而同期，欧洲在全球进口中的比例为43%。也就是说，与欧洲在全球市场上的重要性相比，我国向其出口是偏低的。

金融危机后，我国向欧洲出口占比下降、向亚洲出口占比增加是暂时性现象，不符合过去20年我国逐步扩大发达国家市场的历史趋势。随着全球经济形势好转，扩大我国向欧洲出口的份额仍有空间，也与我国产业升级、提高出口产品附加值的大趋势是一致的。

【专栏1】　　全球经济和贸易相对份额变动与中国的角色

各国经济增长离不开全球增长的大背景。由于自身经济增长已经包含了全球经济成长带来的基础性贡献，绝对增速间的比较会带来一定误导。比如，某经济体GDP增速为5%。该绩效是在全球增长2%的条件下取得的或是在全球增长5%的条件下取得的，其效果完全不同。将全球各国相关经济指标的变动放在一起观察，可以更加清楚地了解现实和潜在的竞争对手。然而，同时观察超过100个国家难以得到精炼信息。进行对比的关键环节是如何简化问题。幸运的是，全球经济集中度很高。2014年，GDP排名前十的国家占全球GDP份额达到68%，出口排名前十的国家占全球出口份额达到75%。研究此10个最重要国家相对份额的历史变化，就可提炼出最主要的信息。

2010年，我国成为全球第二大经济体，2013年我国成为最大商品贸易进出口国，在关注我国经济变动的同时，只有同时了解其他国家的变化情况，才能理解我们取得的成绩，并对未来发展的趋势得到合理预期。

一、全球主要经济体 GDP 相对份额变动和启示

1990年全球前十大经济体占全球经济的份额达到74%，到2014年此值变为68%。前十大经济体份额的变动最集中地体现了经济总量变化的宏观图景。为了便于分析，我们考查十大经济体内部份额的变动情况。图1直观地显现了过去25年间全球经济格局的变动情况。

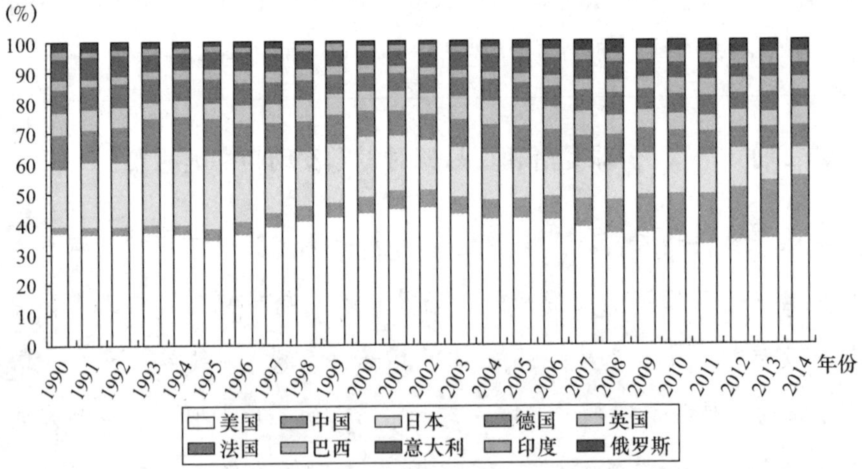

图1　十大经济体 GDP 份额的变化（1990～2014年）

注：各国的占比是在前十大经济体经济总量中的占比。

资料来源：世界银行。

过去25年间，中国在前十大经济体中份额增长最快。1990年，我国在前十大经济体中的份额仅占2%，到2014年达到21%，净增19个百分点。更需注意的是，中国份额的扩张主要是出现在2000年之后。

过去25年间，日本是份额损失最快的国家。1990年，其在前十大经济体中的份额达到19%，到2014年仅为9%，份额损失达到10个百分点。

发展中国家在前十大经济体中份额占比上升。除了中国份额大幅净增，印度从2%上升到4%，增长2个百分点；巴西从3%上升到5%，增长2个百分点。1990年，发展中国家所占份额仅为7%，2014年份额达到30%。

过去25年间，欧洲主要国家平均损失2个百分点的份额。欧洲主要国家与日本一起，为中国和其他发展中国家的份额上升提供了空间。

过去25年间，美国在十大经济体中份额下降了2个百分点，但是相对于其超过35%的占比，份额损失的比例相对很少。美国仍是发达经济体中竞争力最强的国家。

与日本成为第二个大经济体时相比，中国将面临更强的国际竞争。1990年，日本是全球第二大经济体，但是其平均增速已经下降到4%左右的水平，其在十大经济体中占比也只有19%。2014年，中国是第二大经济体，预期未来平均增速仍在6%~7%之间，且对应的占比已经达到21%，以这样的速度发展，必然会对全球经济格局带来较大的冲击。

二、全球主要经济体出口相对份额占比变动和启示

2013年，出口占全球前十的经济体占全球商品和服务出口的比重达到74.9%，在1990年，这些国家出口占全球出口的比重为60%。出口排在前十的经济体主导着全球贸易的变动。图2列出了这些经济体在过去24年里出口相对份额变动的情况。

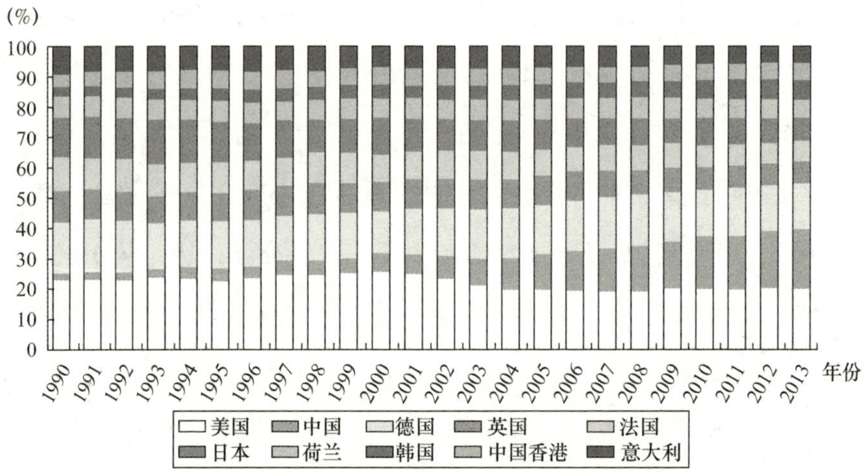

图2 出口排名前十的经济体出口相对份额变动（1990～2013年）

注：相对份额为各国在十大出口国总出口中的占比。出口包括商品和服务。

资料来源：世界银行。

中国是过去24年间出口相对份额增长最快的国家。2013年，在十大经济体中出口份额为19.7%，而1990年，此值仅为2.4%，提高约17.3个百分点。

日本是过去24年间出口相对份额损失最多的国家。2013年其份额为7.1%，而在1990年，此值为13.3%，下降了6.2个百分点。

意大利、英国、法国等欧洲国家在过去24年里平均降低出口份额3个百分点，同日本一起，为中国、韩国相对份额的扩大提供了空间。

美国在过去24年里，出口相对份额只下降了1.8个百分点，相比其超过20%的份额，下降幅度相对较小。美国在出口市场上一直保持着较高的竞争力。

第三章

我国投资率和产业结构变动规律与趋势

投资增速波动幅度大、变化节奏快，是影响经济增长最活跃的因素。从短期看，市场预期变化、宏观政策调整都会影响到投资增长。然而，从中长期看，终端需求的变化、产业结构调整等才是决定可持续投资增速的根本原因。追赶型国家的一般规律显示，增长阶段转换后受劳动年龄人口、工业化、城镇化等因素的综合影响，投资增速和投资率都将发生转折性变化。这其中，工业化水平是决定投资增速最重要的变量。2012 年，我国服务业占比首次超过第二产业占比，这其中既有短期波动的影响，也有趋势性因素的影响。此外，我国外贸部门对投资增长贡献较大，出口增速快速下降，将严重拉低投资的增速。这些变化都反映在周期性因素的背景下，一些根本性的长期结构变化正在发生。

一、我国投资率变动的历史规律及其结构特征

（一）我国投资率变动的特点

1. 投资率总体呈现上升态势，金融危机后出现转折性变化

根据经济运行内在规律，结合消费率的分析，可将我国投资率变

动过程分为四个阶段。第一个阶段为1952~1977年。在改革开放前，我国投资率波动幅度较大，提升速度也较快。26年间，投资率提高了11个百分点，反映了计划经济时期偏重积累的政策取向。第二阶段为1978~2000年。在23年的时间里投资率实际上并无明显提高。将1978~2000年再细分为几个阶段看，投资率随经济周期性波动而波动。在此阶段，中国经济大约经历了两个完整的景气周期①。经济增速上升阶段，投资率上升；增速下降阶段，过高的投资率被强制修正②。第三阶段为2001~2010年，我国投资率显现快速上升的势头，成为新中国成立以来增速最快的阶段。在10年的时间里，投资率平均每年上升约1个百分点。这既有经济周期本身的原因，也有反危机刺激政策的影响。投资率持续上升影响到宏观经济供给与需求的平衡。第四阶段为2011年之后，受出口增速、房地产需求回调的影响，投资率开始下降，消费率逐步回升（见图3-1）。

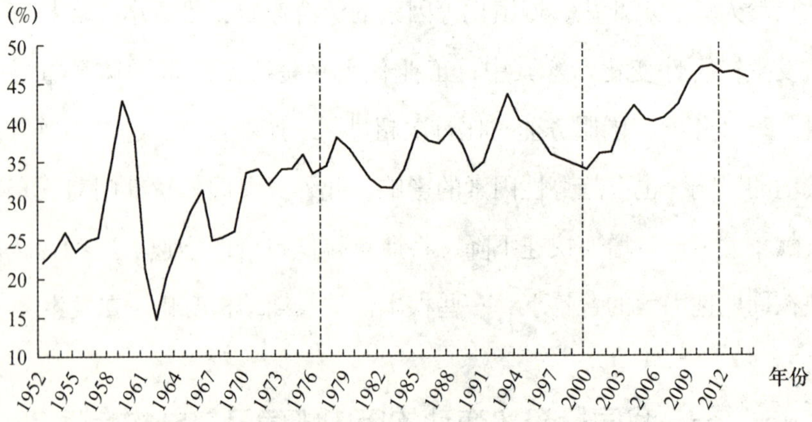

图3-1　我国投资率波动情况

资料来源：Wind资讯。

① 不考虑1978~1980年早期的波动。

② 详见第一章对消费率的分析。

2001～2010年投资率基本一直处于上升态势。在长达10余年的上升过程中，没有实质性景气波动对无效投资进行平抑。到2014年为止，投资率仅从高点47%下降了1个百分点，根据过去20余年波动规律看，投资率仍有进一步降低的空间。

表3－1　我国投资率变动的阶段性特征　单位：%

期　间	平均值	波动范围	期初与期末之差（三年平均）
1952～1977年	29	15～43（28）	11（24～35）
1978～2000年	37	32～44（12）	－2（37～35）
2001～2010年	41	36～47（11）	8（37～45）
2011～2014年	47	46～47（1）	—

注：期初与期末之差，分别为前后三年的算术平均值。

资料来源：Wind资讯，作者计算。

2. 固定资本形成在投资率中起到决定性作用，存货所占比例明显下降

固定资本形成和存货是构成资本形成的主要组成部分。1978～1990年，存货在资本形成中占比平均达到20%。1990年之后，由于整个生产体系效率改进，存货在资本形成中的占比逐步下降。到2000年时，存货在资本形成中的占比稳定在3%～5%的水平。之后，存货占比保持稳定，并无趋势性变化，仅随经济运行周期性波动。

与存货占比下降相联系的是固定资本形成在资本形成中的占比提升。2000年之后，固定资本形成在资本形成中的占比平均在95%左右，基本上决定了投资率的波动情况。

3. 全社会投资与资本形成之间总量和速度差变大，进度数据的代表性降低

固定资产投资形成资本，但并非所有计入投资项下的资金最终都会成为资本，在全社会投资与资本形成总量间存在差异。2000年之

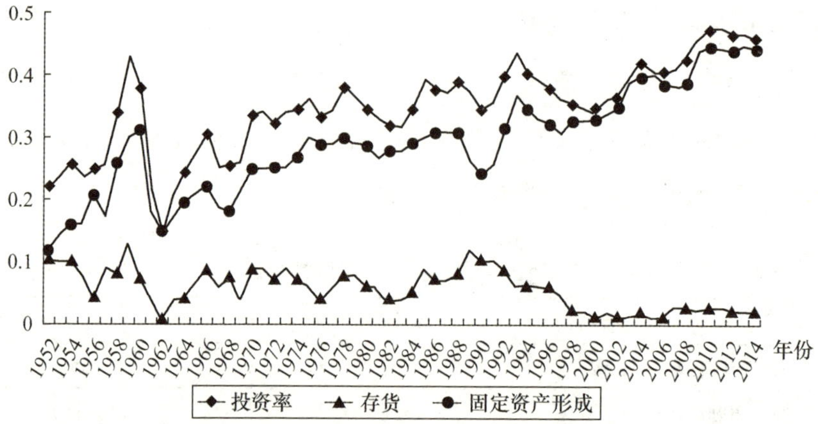

图 3－2　我国投资率主要构成波动情况

资料来源：Wind 资讯。

后，此差异快速扩大（见图 3－3）。从统计口径上看，由于固定资产投资统计包括了土地购置费、旧设备和旧建筑物购置费，而这些投资并不计入资本形成。但是，统计口径不能完全解释这两者之间较大的差异，投资统计数据质量不佳有可能是主要原因。

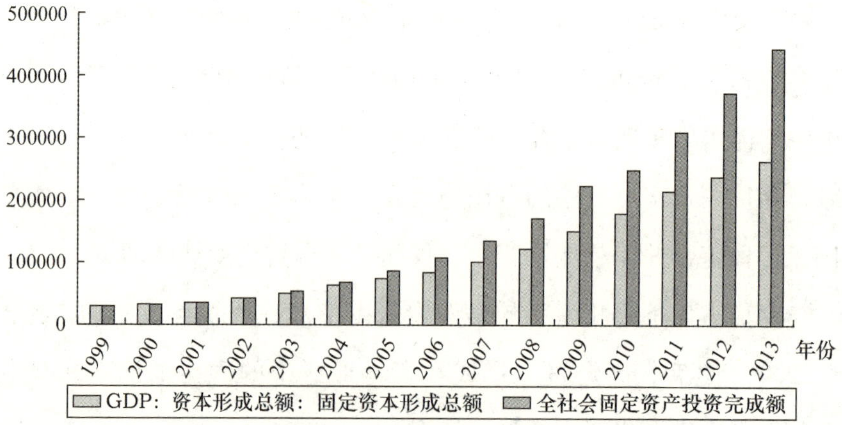

图 3－3　我国资本形成与全社会投资总量和增速对比

资料来源：Wind 资讯。

绝对量上的差异也反映到其增速上，从两者波动的规律看，基本一致，但数值差异较大。2011～2014 年，我国资本形成实际同比增长约 8%，而同期全社会固定资产投资实际增长 17.2%，进度投资数据对资本形成的指示性功能明显下降。

4. 固定资产投资内部结构变动情况

图 3－4 列出了 1995～2015 年我国城镇固定资产投资内部结构变动情况。从 20 余年的波动情况看，2000～2011 年是变动较为集中的阶段。其主要特点如下。

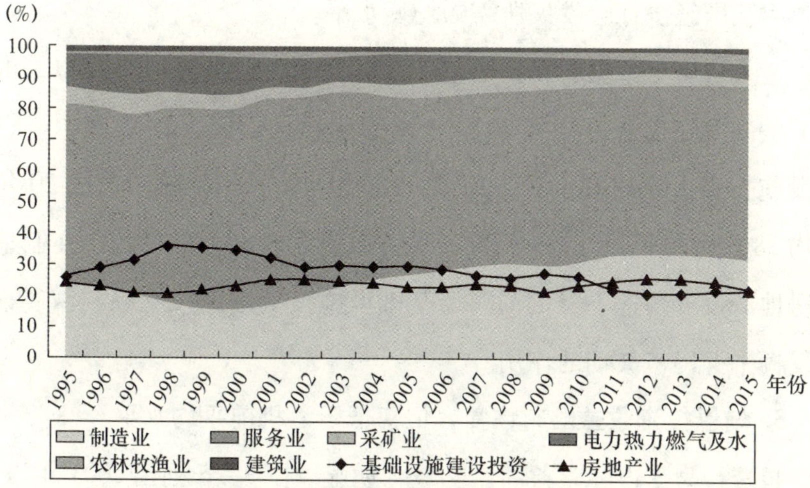

图 3－4　城镇固定资产投资结构变动情况

资料来源：Wind 资讯。

一是制造业投资占比 2011 年达到高点后略有下降。2000 年以来，制造业投资占比快速上升。从 2000 年到 2011 年，制造业投资占城镇固定资产投资的比例从 15% 上升到 34%，提高了 19 个百分点。2011 年之后，制造业投资占比略有下降，2015 年占比为 34%。制造业投资与出口增长的关系密切，2012 年我国出口从过去平均超过 20% 的增速下降为不足 10%，2015 年出口增速进一步下探至 －2.81%。出口增速快速下降，对制造业投资的增长带来巨大压力。制造业投资从危机前后平均 30% 的增速下降到 2015 年的 8.1%。

二是房地产业占比略有下降，但增速快速回落。2013 年我国房地产业投资占比达到阶段性高点 25.6%，2015 年占比回落到 23%。2012

年之前的10年，房地产投资增速平均超过20%，2012年之后房地产投资快速回落，到2015年房地产开发投资增速仅为1%。房地产投资在我国城镇固定资产投资中的占比超过20%，其增速接近于零，拉低了我国固定资产投资增速。虽然城镇居民户均房屋超过1套，但我国仍处于快速城镇化进程中，且城镇化质量不高，当前房地产投资并未反映出我国经济社会发展所需的均衡水平。

三是从历史数据看，我国基础设施投资占比处于1995年以来的低位。基础设施投资占比在2010年之后明显的下降。2013年以来，基础设施投资占比略有上升，2015年达到24%，但仍低于过去20年来平均28%的水平。当前，受制于地方政府财政能力的制约，在制造业和房地产投资快速下降的同时，基础设施投资增速没有顺利恢复，难以发挥平抑经济波动的作用。

5. 增量投资收益略有恢复，但仍低于危机前平均水平

投资行为受边际收益的影响较为明显。图3－5列出2003年以来，增量城镇固定资产投资所对应的增量GDP波动情况[①]。2008年之前，城镇固定资产投资增加1个单位，GDP增加约14个单位。2009～2013年此值平均下降为9个单位，2014年略有回升达到9.9个单位，2015年进一步回升为11.4个单位，但仍低于危机前的平均水平（见图3－5）。

（二）追赶型经济体增速转换阶段投资率变动情况

选取日本、韩国、印度尼西亚和我国台湾地区，比较其在增速转换前后投资和投资率变动情况，可对我国投资变动的趋势提供有益参考。表3－2列出了这些经济体相关指标的变动情况。

① 2003年之后的平均值明显低于之前的数据。考虑到两者价格修正在长时期可能带来误差，同时结构变化也使得数据可比性变差，主要对比最近10年的数据。

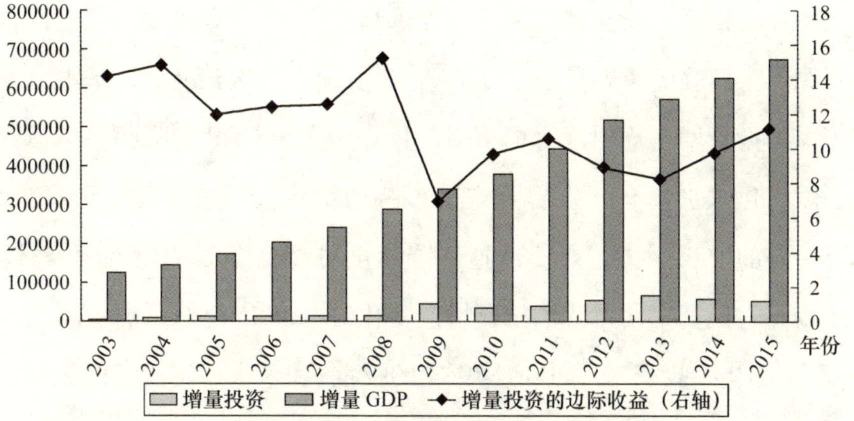

图 3-5　　增量投资的收益波动情况

资料来源：Wind 资讯。

表 3-2　　典型后发国家增速转换前后的投资与投资率　　单位：%

		GDP 增速	投资增速	投资率	投资率极值
日　本	1946～1973 年	9	—	—	36（1973 年）
	1974～1992 年	4	5.6	35	
	1993～2008 年	1	-1.5（算术平均）	29	
韩　国	1960～1997 年	7.8	12.3	—	39.7（1991 年）
	1998～2014 年	3.9	2.3	36	
中国台湾	1952～1997 年	8.6	11.5	—	39（1998 年）
	1998～2008 年	4.6	1.5	38	
印度尼西亚	1968～1997 年	7.4	8.9		16.7（2000 年）
	1998～2008 年	3.1	3.9		

资料来源：国务院发展研究中心中长期经济增长课题组数据库。

我国经济增速转换期，投资率明显高于其他东亚经济体相同阶段的投资率。2011 年我国投资率高达 47.3%，之后进入下降通道。从我国后发优势释放、产业结构变动的情况看，未来我国难以再出现这样高的投资率。47.3% 可能成为我国投资率的极值。该极值要比韩国和中国台湾地区高出约 8 个百分点，比日本高出约 11 个百分点。目前，投资率仍处于高位，也就是说，投资在经济增长中的贡献仍较高。

增速转换后，投资增速下降幅度远高于 GDP 下降幅度，稳定投资是我国未来面临的重要挑战。如表 3－2 所示，增速转换后，基本上所有国家的投资增速均出现大幅下降，且降幅高于 GDP 的降幅。考虑到我国城市化水平仍有一定提升空间，劳动年龄人口占比还处于高位，仍有一定的增长潜力，投资增速下降幅度可能低于表中所列经济体。但是较高的投资率使得我国投资增速变化对 GDP 增速的影响程度加大（投资率相当于投资对 GDP 增速影响的权重）。未来稳定投资仍是稳定 GDP 增长的重要环节。

提高全要素生产率成为解决调结构与保增长矛盾的必然选择。投资率高意味着投资对经济增长权重较大，保持中高速需要一定的投资增长。与此同时，我国又面临投资与消费不相匹配、消费不能吸纳过高投资带来生产能力的局面。经济增长更多依靠消费拉动，则投资必然下降、增速下降；保持经济中高速增长，则结构调整又难以实现。解决这一矛盾，只能通过提高新增投资和存量资本的利用效率，用全要素生产率的提升对冲投资下降对增速的影响，达到保增长与调结构双赢的目标。

二、我国产业结构变动规律和趋势

（一）全球产业结构中长期变动趋势

1. 发达国家去工业化是全球工业增加值占 GDP 比重下降的主要力量[①]

如图 3－6 所示，从 1970 年以来，全球第二产业占比持续下降，

① 本节使用世界银行数据，其工业占比包括了采掘业与制造业数据，实际为第二产业占比。

服务业占比明显上升。其中，去工业化速度最快的阶段是 1980 ~ 2000 年。在全球第二产业占比下降的大趋势下，不同收入水平国家工业占比及其变动趋势又存在显著的差异。

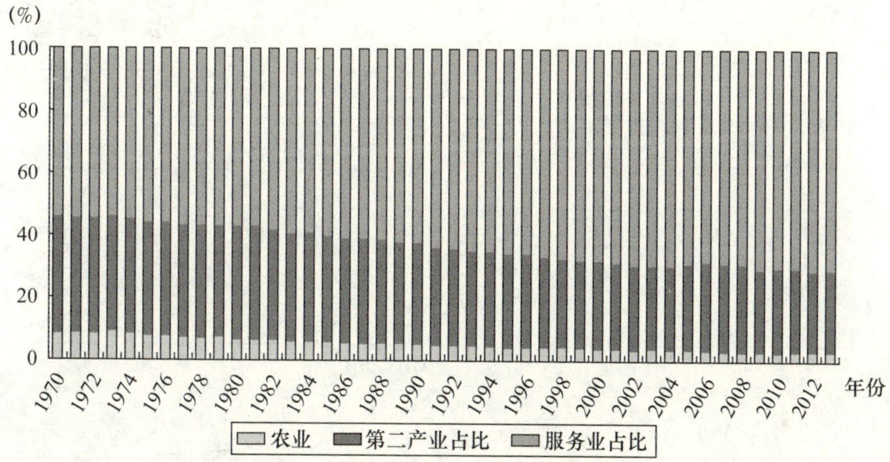

图 3 – 6 全球产业结构变动的情况

资料来源：Wind 资讯。

过去 5 年，高收入国家、中等偏上收入国家、中等偏下收入国家、低收入国家的第二产业占比分别平均为 20. 8%、31. 6%、37. 5%、24. 7%，其分布显现倒“U”形特征，发达国家和低收入国家的第二产业占比较低，中等收入国家占比较高。这反映对大多数国家来说，进入高收入国家行列都需要经历一个工业化的过程。第二产业占比上升到一定程度后，随着服务业的发展，其占比会自然下降。

不同收入水平国家第二产业增加值占比变动趋势走势各异。从表 3 – 3 可以看到，1970 ~ 2013 年高收入国家的第二产业占比下降 14 个百分点。中等收入偏上国家第二产业占比总体保持在 40% 左右的水平，2000 年之后占比有所上升，但金融危机后占比又进入下降阶段。中等偏下收入国家 20 世纪 80 年代之后第二产业占比缓慢上升。低收入国家的第二产业占比仍在低位波动。全球第二产业占比变动的总体情况仍主要受发达国家波动趋势影响（见图3－7）。

表3－3　全球不同发展水平工业占比的长期趋势　　单位：%

低收入国家	1980～2004年：19.3 → 22.9	2005～2009年：22.9 → 19.9	2010～2013年：19.9 → 21.9	
中等偏下收入国家	1967～1980年：20.3 → 29.8	1981～2014年：29.8 → 31.1		
中等偏上收入国家	1965～1980年：32.9 → 41.1	1981～2001年：40.5 → 35.2	2002～2006年：39.7 →	2007～2013年：39.3 →
高收入国家	1970～2013年：38.8 → 24.5			
全球平均	1970～2013年：37.9 → 26.4			

资料来源：世界银行，Wind资讯。

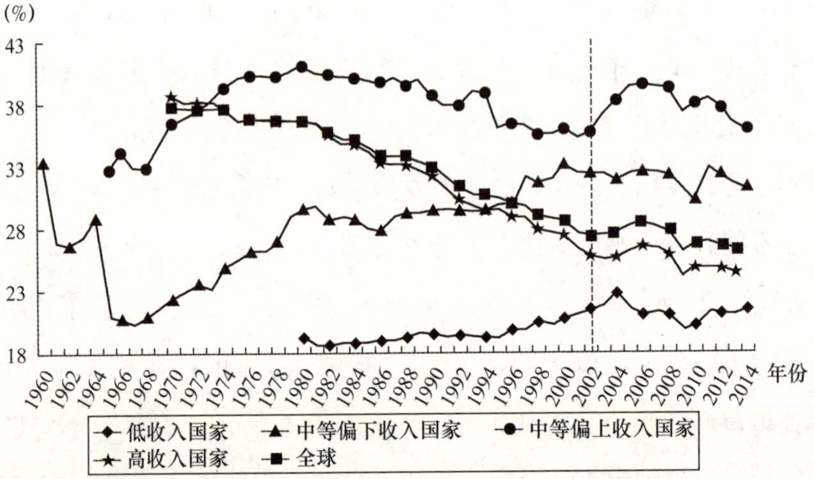

图3－7　不同收入水平国家工业增加值占比的变动趋势

资料来源：Wind资讯。

2. 高收入国家工业占比下降，但仍是决定全球工业生产的关键

全球第二产业占 GDP 的比例从 1980 年的 36.8% 下降到 26.4%，这其中贡献最大的是高收入国家，其第二产业占 GDP 比重从 36.5% 下降到 24.5%。虽然占 GDP 比重明显下降，但是高收入国家在全球工业中的占比仍是最高的。2013 年，高收入国家第二产业占全球的比例为 59.6%，中等偏上收入国家占比为 31.7%，中等偏下收入国家占比为 8.3%。全球工业增长的前景仍然取决于发达工业增长的情况（见表 3-4）。

表 3-4　　不同收入国家 GDP 和工业的全球占比　　单位：%

		低收入国家	中等偏下收入国家	中等偏上收入国家	高收入国家	全　球
工业 GDP 比重	1980 年	19.3	29.6	41.1	36.5	36.8
	2013 年	21.3	31.4	36.4	24.5	26.4
GDP 全球占比	1980 年	0.5	4.6	17.5	78.0	—
	2013 年	0.5	7.4	24.3	67.8	—
工业全球占比	1980 年	0.5	4.6	17.4	77.5	—
	2013 年	0.4	8.3	31.7	59.6	—

资料来源：Wind 资讯。

3. 国际金融危机前，全球工业占比上升主要是经济周期性因素引起的

2002 年，中等偏上收入国家的工业占比扭转过去多年来的下降趋势，开始逐步上升，2004 年高收入国家的工业 GDP 占比开始回升。受此因素影响，全球工业占 GDP 的比重在 2008 年金融危机之前总体显现出上升的态势。同时，全球资本形成总额的同比增长率快速上升。

上述经济扩张和结构快速变化是全球性现象，与美国实行较为宽松的货币政策密切相关。21 世纪初，美国货币供应量的高点和利率低点分别出现在 2001 年和 2004 年。2001～2004 年，全球经济增速从 2.46% 快速上升到5.44%，2005年全球资本形成增速达到超纪录的9.2%，使得全球原材料和资本品价格大幅上涨，国际贸易快速增长（见图3-8）。

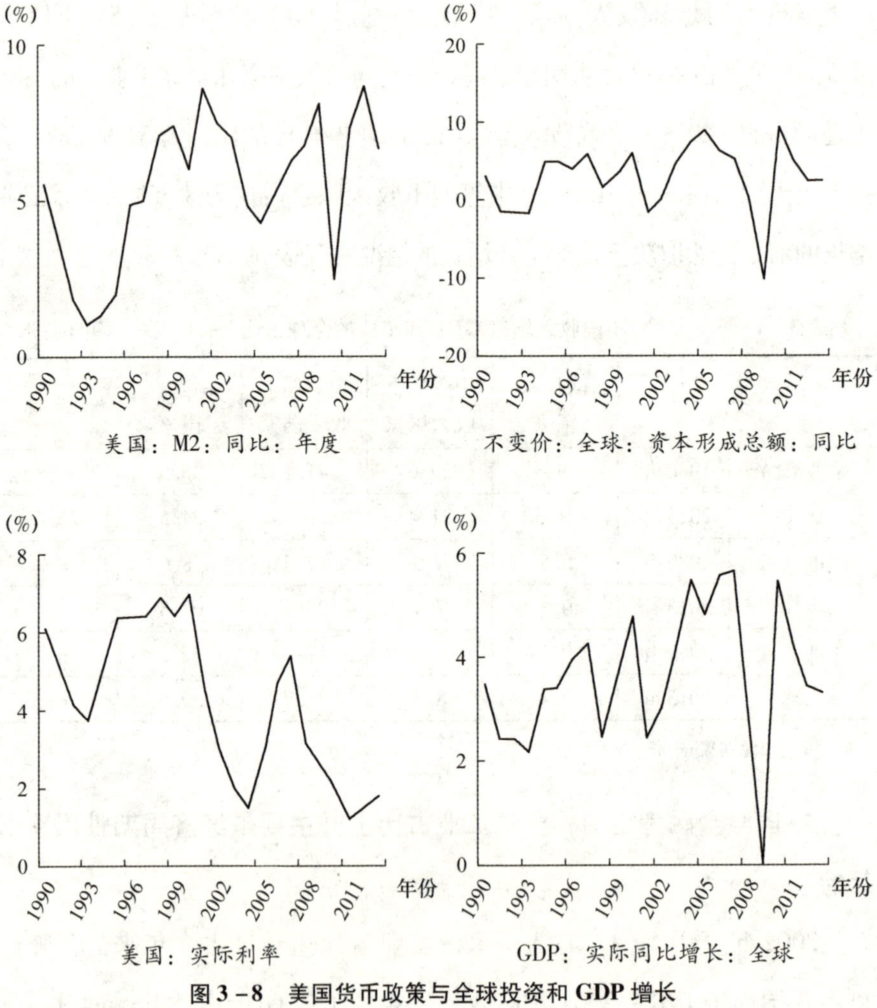

图3-8　美国货币政策与全球投资和GDP增长

资料来源：Wind资讯。

（二）我国产业结构变动的特点和主要趋势

1. 中国在全球第二产业占比下降的同时，其值仍保持在高位

如表3-5所示，1970~2013年，全球第二产业占比持续下降，但是中国第二产业占GDP的比重稳定在45%左右。中国第二产业占比

略高于中等偏上收入国家的水平，但波动规律与中等偏上收入国家情况较为接近。考虑到我国城市化速度较快，出口特别是制造业出口占GDP的比重相对较高，这样的占比情况是合理的。

表3－5　全球工业占比的历史变动情况　单位：%

年份	占比平均下降速度		占比平均值		波动范围	
	全球	中国	全球	中国	全球	中国
1970～1980	－0.17	+0.08	37.1	0.46	37.9～36.6	0.4～0.48
1981～2000	－0.40	－0.005	32.4	0.44	36.6～28.7	0.46～0.45
2001～2013	－0.13	－0.005	27.4	0.45	27.7～26.4	0.45～0.44

资料来源：Wind资讯。

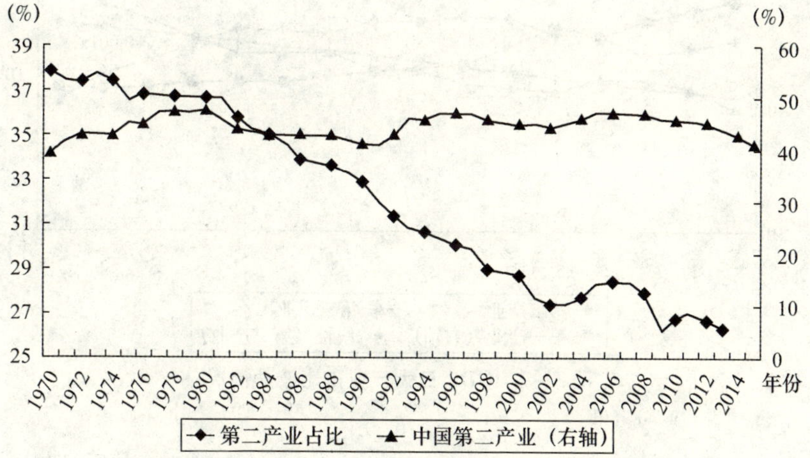

图3－6　中国第二产业占比变动与全球比例的变化

资料来源：Wind资讯。

2. 当前服务业占比快速上升是趋势性因素和周期性因素共同作用的结果

1978年以来，我国服务业占比总体处于上升态势。1979～2015年的37年中，服务业占比与上年相比，上升的有26个年份。2000年以来的16年中，只有3个年份服务业占比是下降的（见图3－7）。服务业占比持续上升符合消费和产业升级的一般规律，也与国际上追赶型国家的经验是一致的。

2000～2011年，我国服务业占比年均上升幅度为0.5个百分点。2012年之后，随着工业增速下降，服务业占比上升速度加快，从2012年的45.5%上升到2015年的50.5%仅用了3年时间，占比平均每年上涨1.5个百分点，是历史趋势的3倍。这在很大程度是由于工业增速快速下降引起的。最近几年，服务业占比快速上升的势头并不具备可持续性。随着工业增速回升，占比提升的速度可能会出现一定程度的回调。

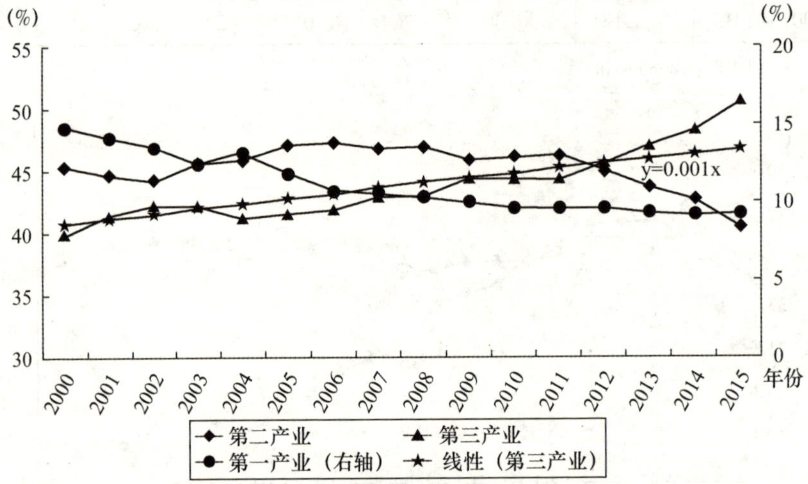

图3－7　GDP三大产业占比波动情况

资料来源：Wind资讯。

3. 服务业占比提升较快的行业主要是生产性服务业和房地产业

服务业包含范围较广，不同行业的生产组织方式、投资强度差异较大。随着服务业占比提升，其内部结构在发生变化，并会对投资增长带来影响。如图3－8所示，2004年以来，服务业内部占比提升最快的是生产性服务业。2004～2013年，金融业提升了2.9个百分点，批发零售业提高了1.9个百分点，房地产业提高了1.6个百分点，租赁和商务服务提高了0.7个百分点，科学研究技术服务业提高了0.6个百分点。

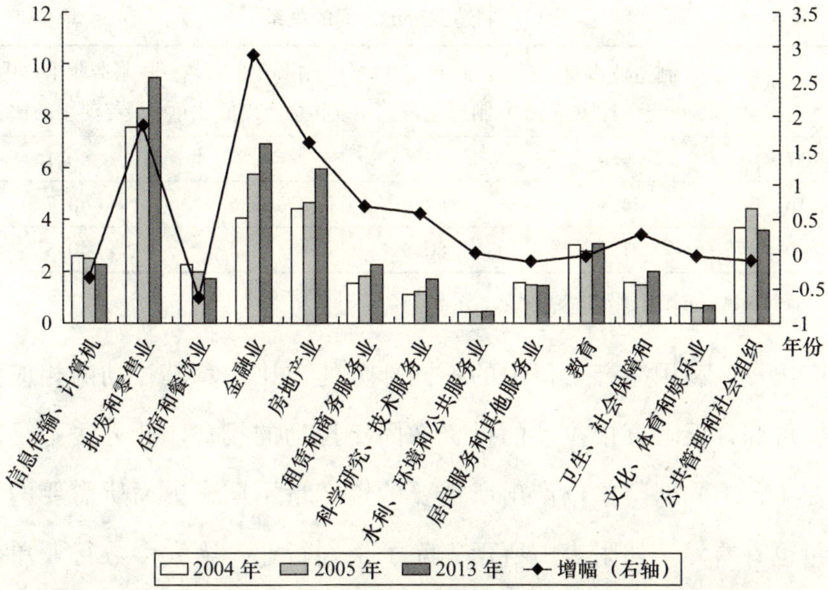

图3-8　服务业内部各行业占比上升的情况

资料来源：Wind资讯。

三、出口增速下降对我国制造业投资的影响

（一）出口是制造业最终产品的重要流向

作为一个制造业大国，我国对外贸易的重点领域是制成品出口。通过最近几年投入产出表的数据，可以估算出口对于制造业投资的影响。如表3-6所示，制造业产出占总产出的比重在50%～60%之间，而出口产品中制造业的比重大约在80%以上，制造业最终产品40%用于出口。制成品出口占比远高于制造业在总产出中占比。

（二）出口对制造业投资增速降幅贡献超过50%

最终使用代表了当年生产体系净的产出量（其与增加值之间的差在于进口和误差项），不考虑周期性因素的影响，投资主要是为保障

表3－6　出口与制造业产出之间的关系　单位：%

年份	制造业占总产出比重	出口产品中制造业占比	制造业出口占其总产出的比重	制造业出口占最终使用的比重
2007年	59.0	84	16.7	50.1
2010年	54.1	82.5	13.6	40.7
2012年	51.1	80.5	13.4	40.5

资料来源：可比价投入产出表系列，作者计算。

净产出量。利用净产出量中的不同部分的占比测算其拉动的相应投资，可综合反映直接拉动的投资和间接拉动的投资。此方法不足之处在于，不同部门单位产出所需要的资产量不同，进而所需要的投资量也有差异。如附表1所示，除了个别行业，绝大多数行业单位产出所需要的资本量是接近的。这也符合经济学行业间利润趋同的基本原理。以2007年、2012年的年投入产出表为基础，结合年度统计数据，可以计算出口对全社会投资和制造业投资的贡献（见表3－7）。

表3－7　出口生产对全社会以及制造业投资的贡献　单位：%

	2012年		2007年	
	出口/最终使用	出口/最终使用（制造业）	出口/最终使用	出口/最终使用（制造业）
出口生产在总投资中占比	20.8	40.5	28.2	50.11
出口对投资增长贡献（百分点）	1.64	3.2	7.3	13
出口对投资增长贡献（占比）	8.1	14.5	29.4	37.4

注：2007年和2012年出口增速分别为26%和7.9%；投资增速分别为24.8%和20.3%，制造业投资增速分别为34.7%和20.3%。

2007年出口增速处于26%的高位，2012年下降为7.9%。出口增速的快速下降使得其对全社会总投资和制造业投资均带来明显冲击。2007年制造业的最终使用从价值量上看，有一半产品均用于出口（制造业生产链条长，最终产品在总产出中占比较低，从总产出看大约为16.7%），到了2012年此值降为40.5%。相应的，出口对全社会投资增长的贡献从7.3个百分点下降为1.64个百分点；特别是对制造业投资增长的贡献从13个百分点下降为3.2个百分点。

也就是说，由于出口增速快速下降，2007～2012年制造业投资被拉低了10个百分点，全社会固定资产投资被拉低了5.7个百分点。以2012年的数据推算，由于2015年出口增速进一步下降到－2.8%，对全社会投资和制造业投资的贡献，在2012年基础上又被拉低了2个和4个百分点。

总体来看，国际金融危机以来，出口增速下降对全社会投资和制造业投资增速下降的影响大约为52%和57%，均超过一半。所以，出口快速收缩仍是我国投资增速下降的最主要原因。

四、服务业占比提升对投资增长的影响

2015年服务业在我国GDP中的占比超过50%，其在固定资产投资中的占比为56%，超出制造业投资占比约20个百分点。在制造业投资乏力、房地产开发投资持续下行的背景下，服务业投资增速的变动是决定投资走势的关键性变量。服务业与制造业在资本构成、生产组织等各个方面均存在广泛差异。服务业占比持续上升，将对投资增长带来显著影响。

（一）服务业单位资产产出与工业基本持平，但行业间差别较大

为进行简单对比，设定工业和服务业各部门固定资产年折旧率均为5%，通过投入产出表可以估算不同行业的总资产，进而计算出单

位资产带来的增加值。以 2012 年投入产出表为基础，测算出 27 个工业部门单位资产的平均产出为 0.56 元增加值，14 个服务业部门单位资产的平均产出为 0.54 元增加值，两者基本相当（见附表 1）。由于单位资产生产增加值基本一致，服务业的占比提高，总体上看对投资不会带来大的影响。但是服务业包含的行业较多，不同行业资产密度差异较大，需要从行业角度分析。

服务业中单位资产产出最高的是金融业。2012 年，金融业万元资产的增加值是 1.93 万。金融业是人力资本密集型行业，其固定资产的占用并不多，该值是较易理解的。此外，单位资产产出较高的部门还有居民服务和修理业、批发零售业、科学研究业，其值分别为 0.97、0.89 和 0.61。居民服务和修理业在服务业中增加值占比仅为 3.4%，行业体量较小。批发零售业在服务业增加值中的占比为 20.7%，是占比最高的行业，其单位资产产出较高，拉低了服务业的资本密集度。科学研究和技术服务业占总增加值的比重仅为 3.8%，对整体资本密集度的影响相对较小。

（二）资本密集度低的服务业发展较快，将拉低投资增速

近年来，服务业占比提升的主要力量是投资需求相对较小的批发零售业和金融业。2005～2013 年，这两个行业在服务业中的占比分别提高了 1.3 个和 7.1 个百分点。与此同时，资产密度较高的交通通信和仓储业占比下降。服务业内部结构的变化，将会降低服务业对投资的拉动程度。我国高增长阶段主要依靠工业化带来的投资高速增长，随着服务业占比上升及其对投资的拉动作用下降，整体投资增速可能逐步下降，进而降低经济潜在增速。

五、我国未来投资率变动趋势及启示

投资率与消费率变动有一定的相关性，通过对历史变动趋势、内部结构变化、后发国家增速转换期投资率变动经验等要素的分析，有以下重要启示。

（一）增速转换阶段的高投资率对我国未来经济增长是双刃剑

2000～2010 年投资高增长的过程中，无实质性波动对无效和低效投资进行淘汰，以修正过高的投资率。2011 年投资率达到 47.3% 的极值点。随后的增长阶段转换是在此基础上寻找新的平衡。这比日、韩等国在增长阶段转换期的投资率明显要高。

我国城镇化水平仍较低，劳动年龄人口还处在高位，第二产业占比也还处于高位，相对较高的投资率有一定的合理性。然而，投资率过高会固化经济过度依靠投资的结构，稳健性、可持续性较差。改变这样的局面，需要在降低投资增速的同时实现经济的中高速增长。投资率较高意味着投资对经济增长的权重大，降低投资可能对经济增速带来的冲击就大。要在保增长与调结构之间取得平衡，只能更多地依靠全要素生产率的提升。

（二）从国际经验和我国产业结构变动看，我国未来投资增速下降压力较大

追赶型国家经验显示，增长阶段转换后，投资增速会大幅下降，且降幅大于 GDP 增速。投资率越高，投资增速下降对 GDP 增速带来的下行压力就越大。我国增长阶段转换期投资率处于高位，未来投资

增速下降对GDP增长的压力较大。2015年，我国服务业占比超过第二产业占比，该趋势在未来仍将持续。服务业占比提升也会影响到我国投资增速，进而影响到GDP的增长。

（三）从历史数据看，目前我国基础设施投资占固定资产投资的比例处于20年来的低位，加大基础设施建设仍有空间

2016年，我国提高了财政赤字率，将进一步支持基础设施的建设。从历史数据看，当前我国基础设施投资占比处于1995年以来的低位。我国基础设施投资占比在2010年之后明显的下降。2013年以来，基础设施投资占比略有上升，2015年达到24%，但仍低于过去20年平均28%的水平。当前，受制于地方政府财政能力不足的影响，在制造业和房地产投资快速下降的同时，基础设施投资增速提升有限，难以发挥平抑经济波动的作用。应发挥中央政府负债率较低的有利条件，加大基础建设投资，缓解需求不足的压力。

（四）出口增速恢复是制造业投资增速企稳回升的基础

如前所述，利用投入产出表分析，2007年制造业的最终使用从价值量看，有一半产品均用于出口（制造业生产链条长，从总产出看大约为16.7%），到了2012年此值降为40.5%。由于出口增速快速下降，2007~2012年，制造业投资被拉低了10个百分点，全社会固定资产投资被拉低了5.7个百分点。以2012年的数据推算，由于2015年出口增速进一步下降到-2.8%，对全社会投资和制造业投资的贡献在2012年基础上又被拉低了2个和4个百分点。

总体来看，国际金融危机以来，出口增速从之前的超过20%下降到负增长，而制造业最终产品（不考虑相互投入关系）中40%~50%是供应出口生产的，出口增速快速下降，对制造业投资增速下降的影响超过50%。未来，制造业投资回升的基础仍是出口增速的回升。

附表1　　工业部门和服务业部门单位资产生产的增加值

行业	单位资产生产的增加值	行业	单位资产生产的增加值
煤炭采选产品	1.16	废品废料	0.50
石油和天然气开采产品	0.58	金属制品、机械和设备修理服务	4.01
金属矿采选产品	0.40	电力、热力的生产和供应	0.50
非金属矿和其他矿采选产品	0.44	燃气生产和供应	0.14
食品和烟草	0.47	水的生产和供应	0.21
纺织品	0.48	建筑	0.14
纺织服装鞋帽皮革羽绒及其制品	0.42	批发和零售	0.89
木材加工品和家具	0.61	交通运输、仓储和邮政	0.23
造纸印刷和文教体育用品	0.39	住宿和餐饮	0.45
石油、炼焦产品和核燃料加工品	0.33	信息传输、软件和信息技术服务	0.20
化学产品	0.42	金融	1.93
非金属矿物制品	0.33	房地产	0.10
金属冶炼和压延加工品	0.31	租赁和商务服务	0.23
金属制品	0.25	科学研究和技术服务	0.61
通用设备	0.38	水利、环境和公共设施管理	0.26
专用设备	0.41	居民服务、修理和其他服务	0.97
交通运输设备	0.43	教育	0.47
电气机械和器材	0.43	卫生和社会工作	0.51
通信设备、计算机和其他电子设备	0.47	文化、体育和娱乐	0.31
仪器仪表	0.34	公共管理、社会保障和社会组织	0.44
其他制造产品	0.57		

资料来源：2012年投入产出表，作者计算。

第四章

传统主导产业弱化与未来经济增长的新动力

经济基本面和运行态势的变化表明我国已进入中高速增长的新阶段，其核心特征是潜在增速将从平均接近10%下降到6%～7%左右；消费和服务业在增长中的地位加强；增长动力由投资和要素驱动向创新驱动转换。目前，对未来潜在增速的估计是综合了当前经济运行状况、供需条件、国际经济技术环境等因素作出的。然而，问题的关键是依靠结构优化和动力转换能否将经济稳定在中高速水平上。高增长时期的主导产业及其关联部门衰退是当前GDP增速下行的直接原因，其影响仍在持续。相对于总量越来越大、成熟度越来越高的中国经济，如果没有几个起引领作用的行业以10%～20%的超高速增长，很难想象被传统领域稀释后整体增速能达到中高速水平。新常态增长前景最直接的观察窗口和政策着力点仍是主导产业的发展状况。

从行业的视角看，机电产品制造、房地产和汽车制造三个重要的主导产业及其关联部门增速大幅回落引起近年GDP增速快速下降。高增长时期，上述三个领域存在促进经济增长的正反馈循环，随着该机制弱化，其对经济增长的拖累将进一步显现。作为发展中国家，保持中高速增长，需要同时在潜在资源利用和技术创新两个领域发掘新增长机会。既要通过新主导产业的培育促进增长方式转变，也要通过旧主导产业的提升、挖潜为近中期的增长提供基础性动力。新常态目标增速能否实现，关键在于能否培育出超高速增长的产业作为支撑。促进城乡生产要素流通，高效利用农村建设用地；从商品国际化转变为商品、服务和生产要素的全面国际化，在全球配置生产能力；破除行业垄断，通过市场深化释放增长动力；促进新技术与传统产业结合，抓住技术革命带来的产业机遇，是未来培育主导产业的重要领域和方向。

一、主导产业弱化是当前经济增速下滑的直接原因

国际金融危机后，潜在经济增速下降可以从供需条件变化、增长阶段转换等多个角度阐释，但其直接原因还是房地产、汽车、机电类出口等主导产业增速先后大幅下降。主导产业弱化引起包括前后向、旁侧产业在内的关联部门增长放缓，其对消费、投资等重大基础性宏观变量带来的影响仍在持续，经济增速企稳还需要一段时间。

（一）主导产业及其关联部门增速下降，直接带动 GDP 下降约 3 个百分点

1. 机电类出口增长放缓，影响 GDP 增速下降约 1 个百分点

2013 年，机电类产品（HS 分类第十六类）占出口总额比重为 43.2%，高出占比份额第二的纺织类 30 个百分点，是决定出口增长的中坚力量。机电类出口主要包括通用和专用设备制造、电气机械、电子及通信设备制造等行业。利用 2010 年投入产出表可以分解机电类出

口拉动的重点行业，并估算其对整体经济的拉动作用。

从表4-1看到，机电类产品相互投入占用关系密切，形成包括有色金属、钢铁、通专用设备、通信计算机设备等在内的一个主导产业综合体。考虑到出口引致的投资，机电类产品出口占到整体经济活动

表4-1　机电类产品出口及其对上游行业的拉动程度　单位：%

	在总产出中的占比	出口占产出的比重	拉动程度最高的三个行业及其在本行业总产出中的占比
通用设备制造业	3.3	10.4	本行业（0.22），钢压延加工（0.12），有色冶炼压延（0.06）
专用设备制造业	2.0	11.5	钢压延加工（0.15），通用设备（0.12），本行业（0.10）
电气设备	1.4	9.6	有色冶炼压延（0.36），本行业（0.09），通用设备（0.05）
输配电及控制设备	0.8	20.7	本行业（0.14），有色冶炼压延（0.11），钢压延加工（0.08）
家用电力非电力器具	0.9	21.7	塑料橡胶（0.11），本行业（0.08），电气设备（0.07）
其他电气机械及器材	0.6	40.7	电子元器件（0.08），本行业（0.06），非金属矿（0.05）
通信设备及雷达制造	1.0	53.8	电子元器件（0.31），本行业（0.16），塑料橡胶（0.07）
电子计算机制造业	1.4	62.8	电子元器件（0.45），本行业（0.17），金融业（0.05）
电子元器件制造业	1.6	19.8	本行业（0.40），有色冶炼压延（0.06），专用化学（0.05）
家用视听设备制造	0.3	50.3	电子元器件（0.47），本行业（0.06），金融业（0.04）
其他电子设备制造	0.2	17.3	电子元器件（0.26），本行业（0.05），其他电气机械及器材（0.05）

资料来源：国家统计局，作者估算。

总量的3.7%①，占到增加值的10.5%。对加工贸易的影响修订后，其对增加值的贡献也占到6%左右。1995～2010年间，机电类出口平均增速为26%，按2010年的参数推算，机电类出口对GDP增长贡献约为1.6个百分点。2012年以来，机电类出口增速大幅下降（见图4－1）。进入新常态，即便按前两年平均9%的增速计算，机电类出口增速下降对GDP增速下降的影响也约为1个百分点。

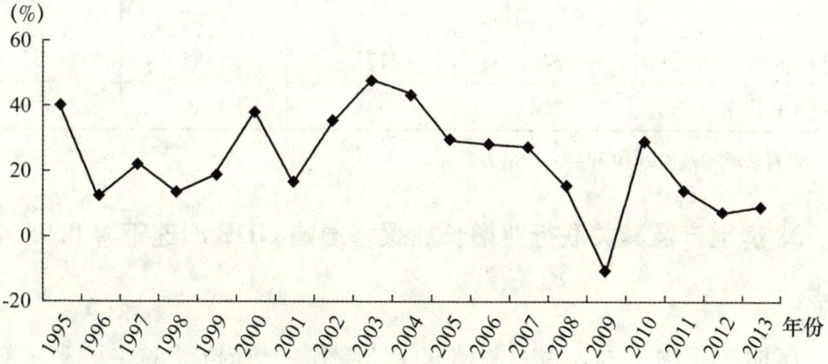

图4－1　机电类产品出口增长情况

资料来源：wind资讯。

2. 汽车及其关联产业增长放缓，影响GDP增速下降约0.84个百分点

2000～2010年间，汽车产量年均增速为23.7%。2011年后汽车行业增长大幅放缓，2011～2013年平均增速为9.2%。汽车制造业拉动行业集中度较高，包括本行业在内，其拉动效果最明显的5个行业占到其总投入的60%。其联系最密切的行业包括通用专用设备、钢压延、塑料和橡胶、批发零售、有色金属冶炼与压延业等。

根据2010年投入产出表估算，汽车及其直接关联领域占GDP的比重约为5.8%（见表4－2）。以2010年相关参数简单估算，2000～

① 不考虑出口生产对劳动者报酬、税金等影响。

2010 年间，汽车及其关联部门对 GDP 增长平均贡献 1.37 个百分点。2011 ~ 2013 年间，其对 GDP 增长平均贡献仅为 0.53 个百分点。2011 ~2013 年，汽车行业增速放缓，对 GDP 增速下降贡献了约 0.84 个百分点。

表 4 – 2　　汽车制造使用环节占 GDP 的比重（2010 年）

	汽车及其相关领域整体	汽车制造链条	燃料消耗	汽车服务
绝对价值（亿元）	23407	21735	1385	287
占 GDP 比重（%）	5.8	5.4	0.3	0.1

资料来源：根据 2010 年投入产出表测算。

3. 房地产及其关联行业增长放缓，影响 GDP 增速下降 0.95 个百分点

房地产业物化投入占总投入的比例不高，其拉动的主要产业包括金融、租赁和商务服务、建筑等行业。由于房地产业总量大，与旁侧的家电、家具行业联系密切，其对整体经济增长的影响较大。表 4 – 3 测算了房地产及其相关产业对 GDP 的贡献。

表 4 – 3　　房地产及其相关行业对 GDP 的贡献

	房地产及其相关领域整体	房地产链条	家具（新房建设相关部分）	家电（新房建设相关部分）
绝对价值（亿元）	23407	22773	430	304
占 GDP 比重（%）	5.8	5.6	0.1	0.1

注：上述计算均为其产业链包含的价值。

资料来源：根据 2010 年投入产出表测算。

2000 ~ 2010 年间，商品房销售额平均增长 32.1%，2011 ~ 2013 年平均增长为 15.8%。以 2010 年相关参数估算，2011 ~ 2013 年房地产行业增速下降，对 GDP 增速下降贡献了约 0.95 个百分点。

（二）主导产业弱化带来增长机制重大调整，将对增速产生持续影响

1. 主导产业间联系密切，存在动员闲置资源促进经济增长的正向循环

房地产、机电类出口、汽车制造三个主导产业的增长存在密切联系。出口快速增长推动城镇化进程，而城镇化过程中通过住宅用地向工业用地的补贴，维系着我国出口部门的高竞争力。与城镇化和房地产领域高速发展相关联的是汽车行业的发展。城市规模扩大，通勤时间增加，客观上增加了对于小客车的需求，而房地产开发支撑的基础设施建设水平提高，为汽车普及提供了有利条件（见图 4-2）。三个主导产业综合体相互影响、激发，促使我国经济运行在平均接近 10%的高位。在此链条中，闲置或者未得到充分利用的土地资源、农村劳动力、潜在的居住和消费需求、国外制成品市场需求相互联结在一起形成正向反馈。该反馈机制不像生产链条那样紧密，但是却发挥着重要的协同作用。最近几年，出口、房地产、汽车相继从超高速增长水平大幅下调，并非巧合。

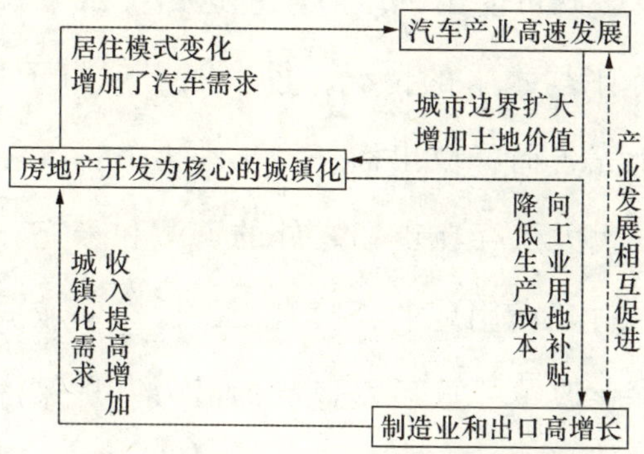

图 4-2　三个主导产业间的内在联系

2. 增长机制调整的影响面广，其对 GDP 增速拖累大于主导产业退化的直接影响

上述三个主导产业对 GDP 增速下降综合贡献约 3 个百分点。然

而，在测算中没有考虑由于其同时下降带来的各种隐性影响。比如，房地产市场增速放缓使按揭购房产生杠杆效应降低，将对生产消费带来影响，并影响到基础设施建设增速。机电类产品出口、汽车行业增速放缓，会影响到整体经济的生产率进步速度。GDP 增速下降后，收入下降，进而影响到消费的增长，并通过乘数效应产生紧缩。增长机制的调整对宏观经济平衡、投资消费比例、技术进步均会带来广泛影响，其对 GDP 增速的拖累仍在持续。

二、实现经济中高速增长需要关注的重点领域

国际经验显示，东亚后发追赶型经济体结束高增长时，增速回落幅度较大。然而，从经济总体发展水平、区域差距、产业竞争力、企业综合素质等方面看，我国仍有保持中高速增长的潜力。相比其他追赶型经济体，市场机制不健全、市场化程度低是我国的典型特征。在此背景下，既可能出现政府角色退出导致增长阶段转换中增速调整大于国际平均水平的情况，也可能出现由于政府积极作为，市场扩大和机制完善而释放出额外增长动力的情况。作为转轨型追赶经济体，我国仍大量存在市场之外的资源和未充分利用的发展机会。典型的如农村建设用地的充分利用、低空空域放开、文化产业发展等。通过深化改革释放后发追赶的潜力，是保持中高速增长的基础。全球技术进步速度加快，市场机会涌现，将增长动力更多转移到创新驱动上，既是实现中高速增长的客观要求，也是成为创新型高收入国家的必经之路。进入新常态，以下几个领域仍蕴藏较大增长空间。

（一）城乡生产要素双向流通，通过潜在资源利用和市场范围扩大，培育出全局性的增长新动力

30多年来的高增长伴随着农村劳动力和土地资源转向城市建设和工业生产，与此同时，通过收入转移、技术扩散等途径，城市也对农村发展带来积极影响。然而，城乡二元结构依然是我国当前最大的经济社会问题之一，带来城乡发展不平衡、收入差距加大等一系列矛盾。农村居民只有进入城市才能享受现代文明，农村土地只能通过城市边界扩大才能发挥市场价值，是一种僵化保守的观念。通过农村本身的现代化一样可以提升生产效率，提高农村居民生活水平。然而，一方面是农村发展建设缺少资金，另一方面是大量城市资金寻找出口，资源不能有效利用。其根本原因在于缺少城市的资金、技术、人才与农村的土地、劳动力就地结合的机制。

（二）从产品市场国际化转变为产品、服务和生产要素的全面国际化

国际大市场蕴藏着丰富的机会和资源，高增长阶段我国主要通过高强度的对外贸易，将国内生产资源与国外先进技术和资金结合，获取贸易利益。经过30余年高速发展，我国在资金、技术、管理等方面的优势强于大多数发展中国家，在全球范围内组织生产要素的能力在增加。2012年，发展中国家经济总量超过发达国家，标志着全球经济重心正在转移，并将带来需求、投资、贸易结构的深刻变化。作为近年最成功的追赶型国家，我国对发展中国家市场的理解更加深入，也有更强的优势和能力通过组合全球资源去应对、引领这样的变革。

（三）破除行业垄断、放宽准入，通过市场深化提高效率、促进增长

石油、电力、铁路等基础性领域存在大量的市场机会和效率提升空间，通过引入新的市场主体，发挥“鲶鱼效应”，在扩展市场空间的同时，提高经营效率，降低全社会经济运行成本。近年，中国铁路总公司设立了快递专列、自驾游专列等创新型铁路运输服务，显示政企分开带来的积极效应。可以预期，更大范围地破除垄断将带来更多积极变化。此外，金融、文化等服务业领域也存在大量的市场机会，通过进一步推广负面清单制度，可以培育出更多新的产业和增长动力。

（四）促进先进技术与传统领域结合，释放增长新动力

随着发展水平提高，我国消化、吸收先进技术的能力不断提高。利用新技术变革与传统产业结合，形成新商业模式促进经济增长的机会在增加。互联网对传统零售行业带来巨大冲击，也为中小企业发展开辟了新的空间。与此同时，互联网与金融、制造业领域的结合才刚刚启动，蕴藏着大量机会。大数据革命对传统生产、流通领域的效率提升方兴未艾。

（五）前沿技术突破打开新产业发展机遇

全球技术进步速度明显加快，相比于传统领域，我国在许多新技术应用方面没有早期投资形成的沉没成本，后发优势明显。基因技术、卫星遥感、非常规油气资源、新材料技术等前沿领域的突破蕴藏千亿甚至万亿级的产业机会，并通过其上下游发挥巨大影响。在革命性技术领域，资金、人力资本的重要性相对上升，专利和标准陷阱、产业经验等制约较弱，后发国家集中优势资源有可能在若干领域占据领先地位。

三、未来培育和发展主导产业的重点方向

保持6%～7%的中高速增长，意味着我国要比成熟市场经济国家2%～3%的增速高出约4个到5个百分点。在原有增长机制和主导产业衰退的同时，需要培育出影响面广、潜力大的新主导产业，将潜在的供给需求优势转化为现实的增长动力。以下几个方面可以作为培育主导产业的重点方向。

（一）以农村建设用地高效利用为龙头，推动农村经济发展和基础设施建设

当前，我国城市地价高企，而大量农村建设用地并未入市交易，利用效率很低。与此同时，农村基础设施落后，缺少自来水、供热、污水处理、垃圾回收等基本公共设施和服务。而此类投资属于公益或准公益性项目，政府财力难以支撑，私营资本进入积极性又不高。构建合理的机制和盈利模式，可以形成以农村建设用地开发利用为核心，经济发展、基础设施条件改善的良性循环机制。这样的投资需求与我国当前供给能力是相匹配的，既利当前，又利长远。

（二）提升制造业竞争力，扩大出口产品增加值的全球市场占比

制造业，特别是机电产品出口在我国高增长阶段发挥了重要作用。当前增速回落，有市场空间的原因，也有竞争力相对下降的原因。经济增速下降时，制造业占比低是许多国家落入中等收入陷阱的重要

原因之一[①]。美国在1894年的工业产值已是全球首位，直到2011年其总值才被中国超过，保持总量领先约100年[②]。如果从制造业的生产效率、技术水平看，中国与美国的差距仍非常大。中国商品出口量全球第一，但出口生产主要处于全球分工中低附加值的环节。出口导向型企业众多，但仍未培养出以外销为主的全球性消费品行业领先企业。继续扩大出口市场份额面临总量制约，但提高产品内含增加值占比的空间仍较大。在制造业和出口领域，应该从质量提高上认识我国的发展潜力，而不囿于数量约束。

（三）通过对外直接投资，促进资金、生产和服务能力有序向国外转移

随着近年我国技术水平提高，驾驭国际化生产能力提升，以资金为先导，以技术和经营管理能力为支撑进行海外投资和生产的空间很大。重点可在基础设施建设、纺织服装、机电产品制造等我国传统优势领域加速推进。大规模对外直接投资也是提高我国外汇储备利用效率、对冲老龄化影响，进行长周期资金配置的需要。

（四）加大推进新能源汽车、基因工程、卫星遥感、新材料、非常规能源等新技术领域的产业扶持

技术革命性突破带来的市场机会是各国都极为重视的产业竞争制高点，也是后发国家实现跨越式增长的重要机遇。在这些领域，科学本身的竞争是公平的，然而一旦产业化，我国在金融支持、政府监管

---

① 刘世锦等：《陷阱还是高墙：中国经济面临的真实挑战和战略选择》，中信出版社2011年版，第293～297页。

② 张建华：《美国复兴制造业对中国贸易的影响》，上海人民出版社2014年版，第1页。

能力、市场配套条件等方面远落后于发达国家。在这类市场还处于培育阶段的领域，政府参与的程度与水平很大程度上决定着一个行业的未来。可通过建设新产业实验示范区的形式，提供包括体制机制、政策法规、金融财政支持在内的一揽子扶持方案，提高创新型企业国际变动。

（五）鼓励生产性服务业发展，形成与高端制造业互相促进的良性循环

生产性服务业发展缓慢，效率低下，是我国制造业转型升级的重要障碍。通过服务业的对外开放，加快国外生产服务性企业引进和服务贸易出口，促进生产性服务效率和水平的提升。近期，国内每年毕业700万左右的高校毕业生，为服务业发展提供充足的劳动力供应。加快发展服务业，对降低高投资依赖、调节收入分配、缓解就业结构性矛盾等方面也将产生积极效果。

第五章

服务业占比上升对我国经济运行的影响

服务业占 GDP 比重及其对增长的贡献均超过第二产业，标志着我国经济结构发生了历史性重大变化。在城镇化水平提高、居民消费升级、制造业转型发展的背景下，服务业仍将保持快速发展态势。服务业生产的是无形产品，具有生产链条短、中间投入少、需要供需本地化实时匹配、生产效率提升速度较慢等特点。服务业占比上升会对经济增长和运行带来广泛影响，如可能会降低投资和技术进步速度，进而降低潜在增长率；减少存货在 GDP 中占比，从而平抑经济波动；增加就业，并缓解就业的结构性矛盾；促进企业更多利用国际创新资源等。随着服务业占比提高，应该科学、合理设定经济增长目标；加强服务业统计工作，建立月度统计指标体系；通过大力发展服务业，提高经济运行效率，创新对外开放格局。

一、服务业的供给、需求特征

与生产有形产品的一、二产业不同，服务业提供的是无形产品，其生产、消费以及市场组织有其自身规律。从经济运行的角度看，服务业的特点主要表现在以下几个方面。

（一）服务业行业覆盖面广，内部差异明显

服务业囊括了除一、二产业外的所有行业，覆盖面广，子行业间差别较大。从生产侧看，各行业的资本、技术和劳动力需求差异明显。比如，通信、信息服务业是资本和技术密集型行业；研发设计是技术和劳动密集型行业；居民服务则主要依靠劳动力投入。从需求侧看，有的行业面向企业提供中间性服务，有的面向居民消费提供生活性服务，还有的行业同时为企业和居民提供基础性服务。从市场化程度看，生产性服务业和面向日常生活的居民服务业竞争充分，生产效率较高；公共服务业市场化程度和生产效率较低。分析服务业时需要格外关注各子行业间的差异。

（二）服务业生产链条短，中间投入少

虽然服务业生产也需要大量固定资产投资，但其生产链条短，生产过程中所需中间投入品少。利用2010年投入产出表测算，工业的中间投入占其总产出的比重达到78.3%，而服务业仅为44.9%。在工业的中间投入品中，81%仍然是工业产品，这就形成工业生产特有的中间部门扩张的现象。而服务业的中间投入品中只有51%是工业产品，也就是说，服务业的总产出中仅包含22.9%的工业产品。服务业对工业产品的需求拉动作用有限。随着服务业占比提高，中间投入部门在国民经济中的相对份额会下降。由于生产链条短、中间投入品少，各环节出现信息损失和失真的可能性降低，需求或生产信息能够在供应链条和不同部门间更加准确及时的传递。

（三）多数服务无法储存、不可运输，需要供需本地化实时匹配

随着信息技术的发展，一些生产性服务业开始通过服务外包、云计算等方式跨越空间阻碍，进行异地生产。但是，绝大多数生活性服务业和公共服务业仍然需要以面对面的形式提供服务，比如交通运输、旅游观光、餐饮住宿等行业，都需要消费行为在特定空间内即时实现。服务产品无法储存、不可运输的特点对经济运行带来显著影响。首先，服务业生产需要在区域内均衡分布，不能采用工业产品大规模异地采购的方式满足需求。其次，由于无法利用库存调节生产，服务业的产能利用率通常较低。国外研究显示，服务业平均产能利用率普遍在50%以下，明显低于制造业的平均水平①。最后，由于生产难以集中，服务业效率提升相对缓慢。特别是体验性服务消费，难以在单位时间内创造更多的供给。

（四）服务业支出增长相对平稳

居民消费主要由一般消费品、耐用消费品、服务消费构成。服务支出与一般消费品类似，受收入增长和消费升级影响，增长比较稳定。而耐用消费品的支出模式则不同，购买汽车、家电等耐用消费品或房屋时，将未来若干年的消费在当前一次性支出，形成跨期集中支付。虽然耐用消费品在城镇居民支出中占比仅有3%左右，但由于集中支付形成排浪式消费，成为经济波动的重要来源。服务业消费具有实时性，不会像耐用消费品那样形成大规模跨期支付，所以其增长相对较为平稳。

---

① 简·欧文·詹森：《服务经济学》，中国人民大学出版社2013年版，第35页。

（五）服务业效率提升速度总体较慢

服务业不同子行业效率提升速度差异较大。通信、信息领域技术进步速度快，企业生产效率容易提高。居民服务或公共服务业主要依靠劳动力的投入，很难像工业生产那样通过引进先进设备短期内提高生产效率。一些生活性服务业的"生产率"是以传统意义上单位劳动投入的产出量来衡量的，而这种产出主要又由劳动力成本决定。事实上，随着人均收入水平提高，提供的真实产出没有太大变化，但在数据上却表现为产出增加。总体上看，由于主要依靠劳动力投入，服务业自身效率提升较慢。然而，服务业中教育、设计、研发、金融等行业对其他行业产业链的扩张、人力资本提升、商业模式创新等发挥着重要作用，促进了其他行业全要素生产率的提高。正因为如此，虽然发达国家服务业占比高达70%，但技术进步进度仍然较快。

二、服务业发展对宏观经济运行的影响

工业化早期，由于服务业占比较低，而且大部分生产依附于第二产业，所以其自身特点在经济运行中并不显著。随着生活和生产性服务需求的增加，服务业占比快速提高，服务经济的特点逐步显现，并对宏观经济运行带来重要影响。

（一）服务业发展降低投资增速，影响潜在增长率

从平均水平看，服务业的资本密集度与工业基本相当。由于近年我国服务业中高增长部分主要是资本密集度低的生产性服务业，服务业占比提升将降低我国经济对投资的依赖程度，进而降低经济潜在增速。

总体上看，服务业的投资强度与工业基本相当。但服务业不同子行业对投资的拉动作用差异明显。生产性服务业对投资的拉动一般低于生活性服务业。但生产性服务业内部不同行业的资本密集度也参差不齐。金融业、信息产业对投资拉动作用弱，而交通运输和仓储业等行业对投资拉动作用强。

近年来，服务业占比提升的主要力量是投资需求相对较小的批发零售业和金融业。资本密集度低的服务业发展较快，将降低经济增长对投资的依赖程度。我国高增长阶段主要依靠工业化带来的投资高速增长，随着服务业占比上升及其对投资的拉动作用下降，整体投资增速可能逐步下降，进而降低经济潜在增速。

（二）服务业占比提高将平抑经济波动

服务业占比提高将通过稳定消费、降低存货占比和波动等途径平抑经济波动，促进经济平稳增长。

服务业发展会降低存货波动对经济的影响。虽然存货投资占我国GDP比重在2%～3%之间[①]，但存货投资波动大约是消费波动的6倍，是固定资产投资波动的2倍。存货调整是引发经济波动的重要原因。计量分析显示，我国工业增加值波动中大约有30%来源于存货调整。服务业占比提高，一方面可以降低存货投资占GDP的比重，从而降低存货波动对经济运行的影响。另一方面，由于生产性服务业的发展，全社会流通效率提高，生产组织可以更加有效，从而降低存货的绝对水平，进一步平抑经济波动。

服务业需求释放平缓稳定，有利于经济平稳增长。耐用消费品和

① 刘玉红："存货投资对宏观经济波动作用加强"，载于《上海证券报》，2013年2月7日。

房屋需求都具有跨期支付的特点，成为影响消费或投资波动的重要原因。特别是当耐用消费品和房屋成为消费热点，引起大量居民同时购买时，对经济的冲击就会更大。与上述两种产品不同，服务业需求不存在跨期支付的问题，虽然也有消费集中释放的情况，但其效果与一般消费品类似，增长和波动都比较平稳。

服务业产业链条短，需求信息可以准确传递到生产侧。工业生产加工链条长，从终端需求到中间投入品再到原材料开采，存在时滞和信息的损失。终端需求的增长趋势已经出现转折，但中间投入品行业和原材料行业可能还在扩大生产。正是这样的迂回生产造成经济频繁波动。而绝大多数服务业是面对面提供服务，终端需求的变化即刻反映到生产侧，不会造成盲目生产和投入资源的浪费。

（三）服务业占比提高有利于增加就业，缓解就业的结构性矛盾

服务业对劳动力的需求强度高于制造业，而且与我国劳动力供给状况相匹配。

服务业的就业带动效率高于制造业。与第二产业相比，服务业对劳动力的投入需求量大。从图 5－1 可以看到，虽然亿元 GDP 所需就业人数均明显下降，但二、三产业仍然存在明显差异。2012 年，二产亿元 GDP 吸纳就业 980 人左右，而三产吸纳就业达到 1200 人，高出第二产业 20% 左右。随着 GDP 总量增加和服务业占比上升，我国 GDP 增长 1 个百分点所能吸纳的就业数量逐年增长，2010 年 GDP 增加 1 个点拉动就业 112 万人，到 2013 年就可拉动 170 万人。

服务业对劳动力的需求与我国当前劳动力供给情况相符。2004 年以来，教育程度较低的初级劳动力供应已经逐年递减；具有高中以上教育水平的中、高级劳动力新增人口在 2012 年达到峰值后于

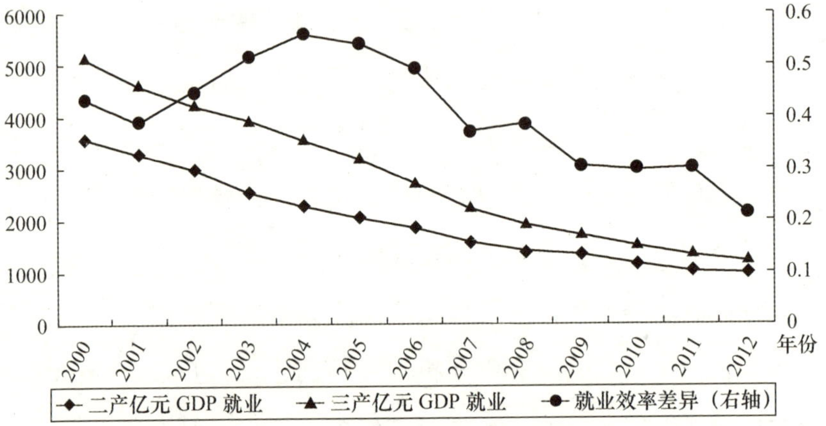

图 5-1　二、三产业单位 GDP 所需就业

资料来源：wind 资讯。

2013 年开始下降；具有大专以上教育程度的新增劳动力在 2019 年之前将持续增加。服务业中大多数行业对教育程度的要求较高。如果不考虑劳动强度，各行业平均工资基本可以反映劳动力技能或者受教育的情况。2011 年，在服务业城镇单位就业人员工资中，低于制造业平均工资的只有住宿餐饮、水利环境和公共设施管理、居民服务业这 3 个对劳动技能要求较低的行业。其他行业的平均工资均高于制造业，金融和信息传输业更高出制造业工资两倍左右。服务业占比提高与我国劳动力供给结构相对比较匹配，也与新生代农民工的就业意愿相符。

（四）技术进步速度放缓，但服务业对效率提升的重要性加强

作为一个后发追赶型国家，我国经济增长主要同时依靠资本积累和全要素生产率的提高。在追赶的前期，通过购买设备为主的技术引进在提高全要素生产率中发挥了重要作用。随着后发优势的逐步释放，制造业技术进步速度放缓。服务业主要依靠人力资本的投入，效率提升需要教育、培训等行业长期投入才能实现。服务业占比提高，

我国技术进步速度可能进一步下降。

虽然技术进步速度可能下降，但发展生产性服务业是进一步提高全要素生产率的突破口。研发、设计、教育、金融行业是创新发展的基础。信息技术带来物流、金融、服务外包的进步将进一步提高制造业的技术进步速度。生产性服务业发展将促进制造业产业链向“微笑曲线”两端延伸。

（五）服务业占比提升后，物价上涨的压力可能加大

从2005年以来CPI波动的情况看，服务业对CPI涨幅的贡献为25%，一般消费品为75%。然而，进一步分析可以看到，一般消费品价格波动中又有74%是由食品价格波动引起的。经过换算可以看到，在CPI非食品类价格上涨中，服务的贡献占到56%。也就是说，服务消费是除食品外，对CPI上涨贡献最大的部分。服务是人直接提供劳务的过程，劳动节约型技术无法充分应用。另外，服务需求高度个性化，因而服务生产无法标准化。这两方面的因素造成服务业生产效率的提升非常缓慢。服务业在需求增长的同时，无法通过技术进步消化劳动力成本提升。服务价格未来仍将较快上升，并带动CPI上涨。

（六）利用国际资源促进增长的空间和形式发生较大变化

改革开放后，我国充分利用国际、国内两种资源和两个市场发展经济。一方面将国外资金、先进技术与我国丰富的劳动力相结合扩大生产，另一方面通过对外贸易占领广阔的国际市场，弥补国内需求不足。经过多年发展，我国成为全球最大的制造国和商品出口国。服务业可贸易程度较低，服务业成为经济增长主要动力时，在生产和需求

侧利用国际市场的空间和形式都将发生明显变化。

一是通过进口、出口平衡国内市场供需矛盾的空间变小。有形产品易于存储、运输，国内市场发展不平衡可以通过国际市场进行调节。服务业需求有一定的地域性，多数情况下只能通过当地市场进行供给，难以引进国外的服务。比如，我国金融服务业虽然开放多年，但是仍然不能满足当前国内经济发展的需要。同样，国内餐饮、文化等行业，打入国际市场的难度也高于商品贸易。

二是通过引进技术提高生产效率的空间变小。制造业生产流程往往固化在设备里，效率提升很大程度上取决于采用什么样的生产设备。通过引进国外设备和技术，可以很快提高生产效率。服务业虽然也可以从国外引进管理流程、教育、咨询等，但生产效率提升主要依靠高素质劳动力的投入，需要长期的积累。

三是随着服务业发展，“走出去”成为利用国际资源的主要方式。过去的几十年，我国主要是通过“引进来”整合国际生产资源。制造业产业链升级时，可以将研发、设计等生产性服务环节设立在全球热点区域，以获取和吸收最新的理念和信息；也可以通过收购、兼并等方式整合国际供应链，提升我国制造企业的全球竞争力。

三、适应服务业占比提升的相关政策建议

服务业占比和贡献超过第二产业是我国产业结构调整的积极成果，也符合工业化中后期经济结构演变的一般性规律。服务业良好的发展态势，对于推动我国增长阶段顺利转换、形成新的增长动力具有重要意义。针对服务业发展对经济增长和运行带来有利和负面影响，应制定针对性政策，扬长避短，促进经济健康、稳定增长，结构平稳

转换。

一是科学、合理地设定经济增长目标。当经济增长主要依赖投资和工业的扩张时，经济增速可以达到很高水平。但当服务业占 GDP 比重不断提高以后，投资和经济增速回落将不可避免。事实上，近年来北京、上海等地经济增速下降到较低水平，也是这些地区服务业占比大幅上升的必然结果。同时，由于第三产业的就业吸纳能力明显高于第二产业，经济增速出现一定程度下降，也不会对总体就业形势构成大的冲击。

二是加强服务业进度数据的统计，及时反映服务业运行的态势。当前统计部门没有开展关于服务业运行情况的月度统计。研究人员只能从服务业 PMI、CPI 中服务类的涨幅、服务业用电量等间接性指标估测服务业运行的情况。由于服务业占比提升，工业增加值与月度经济运行间的相关性减弱，迫切需要服务业运行情况的统计数据，以反映宏观和服务业自身运行状况。

三是通过大力发展服务业，提高经济运行的效率。生产性服务业的发展，加速了新技术、新生产模式在产业中的渗透，对于提高一、二产业生产效率发挥了越来越重要的作用。成本上升是我国经济运行面临的主要困难，利用电子商务、物流、金融领域的创新和发展，可以大幅度降低企业运行成本，从而推动企业转型升级。发展生活性服务业，可以在改善民生的同时，降低服务业价格上涨压力，进而降低 CPI 上涨压力。

四是通过服务业的开放，创造新的开放格局。以服务业为重点，加快对外开放和对内放开。把服务业作为下一步对外开放的重点，按照准入前国民待遇加负面清单的管理模式，着力推进金融、教育、医疗、文化、体育等领域的对外开放。与此同时，更要加快服务业的对内开放，凡是允许外资进入的，首先应允许国内资本进入，尤其对民营资本，要打破各种隐性壁垒，形成平等进入、竞争的条件。通过对内、对外开放，释放经济主体的活力，促进服务业健康、快速发展。

第六章

后发经济体增速转换阶段的结构特征和宏观表现

后发追赶型经济体在持续一段时间的高速增长后，都面临增速回落的情况。有的国家增速回落后，经济社会难以再进入稳定增长的状态。但是也有一些国家从超过7%的高速增长下降到4%～5%的中速增长，或者是从中速增长下降到低速增长，并保持了宏观经济稳定运行。此类国家，其增速转换更多是由于后发优势强度和内涵变化后，能够支撑经济均衡增长的基础条件发生变化。可以说，虽然经济增速下降了，但是它们充分发挥了蕴藏的增长潜力。

中国当前也面临着从高增速向中高增速转换的阶段。在转换期，经济结构会发生什么样的变化、宏观平衡会面临什么样的挑战，是经济发展中重要的研究议题。一些典型的经济体，如日本、韩国都曾经历过增速转换的时期，研究这些国家结构调整和宏观经济运行情况，对认识我国当前所处阶段和政策选择有主要的意义。

从国际经验看，转换期经济结构与宏观平衡间存在重要的互动关系。比如，增速下降会影响到城镇化进程，而城镇化速度变慢又会对宏观经济运行带来影响；竞争力下降使出口增速降低，但出口占 GDP

的比重往往会上升，外贸部门对经济运行重要性加强。伴随工业占比下降，中间部门占比收缩带来投资增速的降幅将超过 GDP 降幅等。在一段时期内，经济结构和宏观平衡都会发生剧烈变动，对宏观政策的选择和实施提出重要挑战。

一、日本劳动年龄人口占比的双峰形态及 GDP 增速的两次转换

第二次世界大战后，经过短暂调整，日本经济进入持续高增长阶段。该阶段一直延续到 1973 年第一次石油危机爆发。高增长阶段日本经济波动较大，增速运行大多数情况下都在 8% ~10%。1973 年之后，日本增速下降了一个台阶（见图 6 –1）。1993 年，日本资产泡沫破灭，经济增速再次转换。从 1993 年至今，20 余年的时间内日本经济增速徘徊在 1% 的水平上。

以经济增速的阶段性低点作为依据，日本经济可较为清楚划分为三个阶段。第一阶段为 1946 ~ 1973 年，共 28 年，GDP 平均增速 9%，运行区间在 6% ~12% 之间；第二阶段，1974 ~ 1992 年，共 19 年，GDP 平均增速 4%，主要运行区间为 3% ~5%；第三阶段为 1993 ~ 2008 年，共 16 年，GDP 平均增速为 1%（表 6 –1、图 6 –1）。

表 6 –1　　第二次世界大战后日本经济增长的三个阶段

年　份	GDP 平均增速	持续时间	GDP 运行区间
1946 ~ 1973 年	9%	28 年	6% ~12%
1974 ~ 1992 年	4%	19 年	3% ~5%
1993 ~ 2008 年	1%	16 年	0 ~2%

资料来源：Wind 资讯，作者计算。

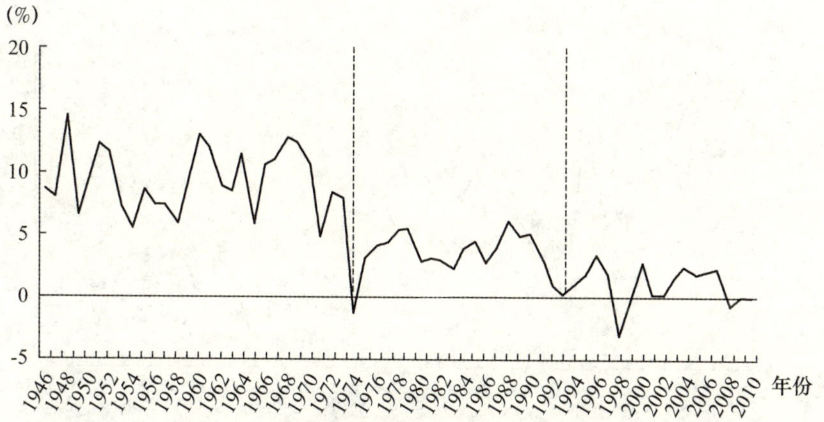

图 6－1　日本战后 GDP 增速的三个阶段

资料来源：Wind 资讯。

需要指出的是，受亚洲金融危机的影响，1998 年是日本经济增速中的阶段性低点，也可以选择作为阶段划分的标志性年份。由于 1993 ~1997 年日本 GDP 平均增速为 2%，与之前的年份相比，更加接近 1998 ~2008 年的平均增速，而且 5 年时间也很难认为是一个独立的增长阶段，所以将其归并到后一个增长阶段中。

（一）双峰形态的劳动年龄人口占比对日本经济增速二次转换有重要解释力

战后日本经济增长有两个重要的转折点，分别是 1973 年石油危机和 1993 年资产泡沫破灭。然而，当内外部冲击结束后，经济所能恢复并达到的均衡增速应该由一些更加基础性增长条件决定。在日本的案例中，劳动年龄人口占比变化与增速两次转换间显现密切的相关性，成为体现劳动力供给与经济增长关系的重要案例（见图 6－2）。

劳动年龄人口占比提高时，经济体中从事生产的人口数量占比增速快于被抚养人口增速。社会将有更多资源被用于储蓄，进而被用作投资，从而有条件拉动经济以更快的速度增长。如图 6－3 所示，日本

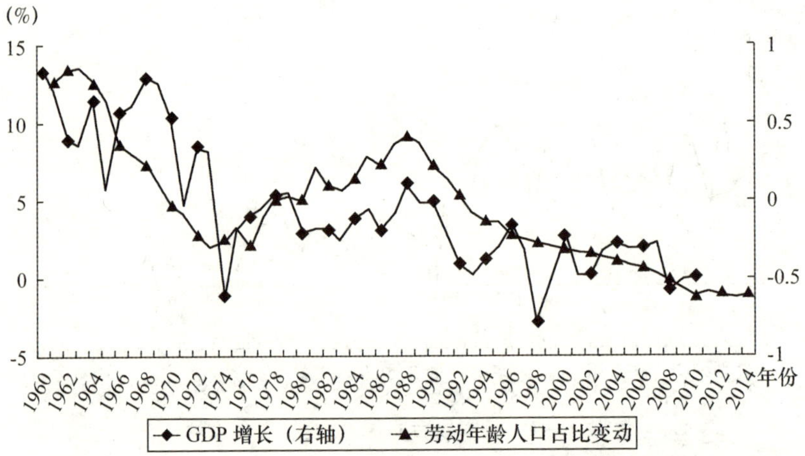

图 6－2　日本劳动年龄人口增速变动与经济增速变动

资料来源：Wind 资讯。

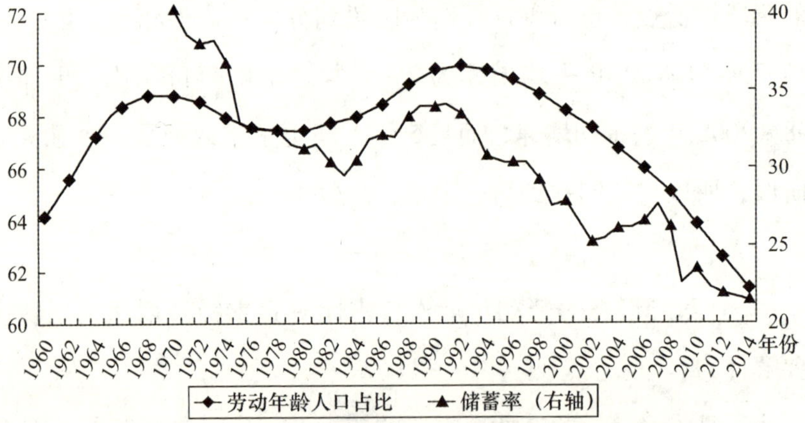

图 6－3　日本劳动年龄人口占比的双峰结构及储蓄率变动

资料来源：Wind 资讯。

在 20 世纪 70 年代劳动年龄人口占比持续下降，与此同时，储蓄率也同步降低。1977 年劳动年龄人口降到该阶段的最低点。3 年后，日本储蓄率也达到阶段性低点。1991～1992 年，劳动年龄人口占比达到新阶段的高点，同期，日本储蓄率也达到阶段性最高点。

储蓄率决定了投资资金的供给，高储蓄时往往更容易实现高投资增速。此时，将会对应于较高的 GDP 增速。日本经济转折后的增速走势与劳动年龄人口变动占比契合度非常高。通过简单的计量模型测算可以发现，1980～2014 年，劳动人口结构变动对日本储蓄率波动的解释高达 81%（见表 6－2）；1961～2014 年，劳动人口结构变动对日本 GDP 增速变动的解释达到 47%（见表 6－3）。

表 6－2　　日本人口结构与储蓄率间计量回归结果

国　别	时间段	系　数	R 平方	T 值
日　本	1980～2014 年	10.5	0.43	5.6
	1980～2014 年	10.8	0.81	12.2

表 6－3　　日本、韩国人口结构变动与 GDP 增长率计量回归结果

国　别	时间段	系　数	R 平方	T 值
日　本	1961～2014 年	7.1	0.47	6.8
韩　国	1961～2014 年	2.7	0.07	2.03

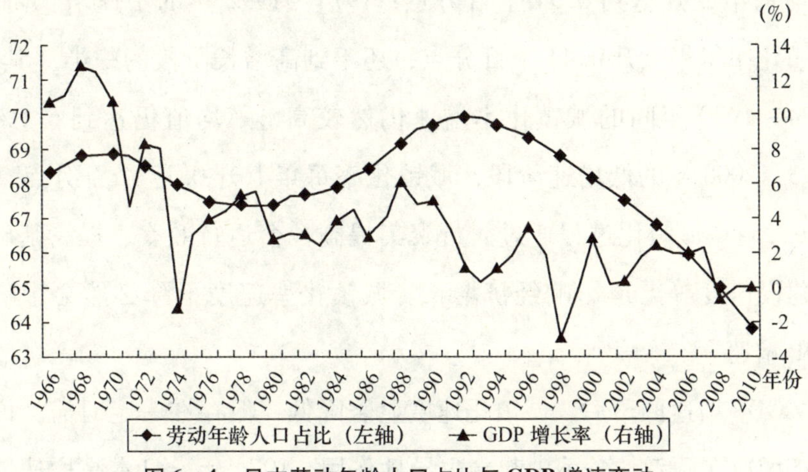

图 6－4　日本劳动年龄人口占比与 GDP 增速变动

资料来源：Wind 资讯。

劳动年龄人口占比的变动并非一定对应于储蓄率和经济增速的变动，但作为影响需求和供给的重要环节，劳动年龄人口占比在决定一个阶段潜在增速时具有重要的基础性作用，特别是对于市场经济力量发挥程度已经较高、各种资源得到充分利用的经济体，其作用更加显著。

（二）城镇化与GDP增速存在双向影响关系，在转折期GDP增速起着主导作用

城镇化速度既与自身的水平有关系，也与GDP增速有关。如果日本第二个转换期城镇化速度受自身较高的基数影响更大的话，那么第一个转折期，其城镇化率刚刚超过55%，很难说对城镇化率速度有多大的影响。在第一个较少期，更大的影响应该是经济增长速度决定着是否有更多的机会使农村人口向城镇转移。

增长的不同阶段城镇化速度存在显著的差异。从数据上看，1960~1973年的高增长阶段，日本的城镇化率从43.1%上升到55.36%，平均每年上升达到0.94个百分点；1974~1992年的中速增长阶段，城镇化率每年上升0.44个百分点，还不到高增长阶段的一半（其中，1974~1980年间的城镇化率增速仍然较高，平均值仍达到6.1%）；1993~2008年的低增速阶段，城镇化率每年上升0.17个百分点（见图6-5）。城镇化过程通过人员聚集提高社会运行效率、提高基础设施建设速度等渠道影响经济增长。城镇化率速度下降必然会影响到GDP增速。

GDP增速回落后，城镇化速度显著降低，但存在一定时滞。说明经济增速在两者的关系中起着主导性作用。1974年，日本高增速结束后，城镇化速度下降到之前的一半左右。但城镇化率增速下降发生在GDP增速下降7年之后。1993年，日本经济平均增速再次下降，城市化率增速同样发生明显下降，但却发生在GDP增速下降3年之后。时序上的先后顺序说明经济增长在城镇化速度变动过程中起了主导性作用。

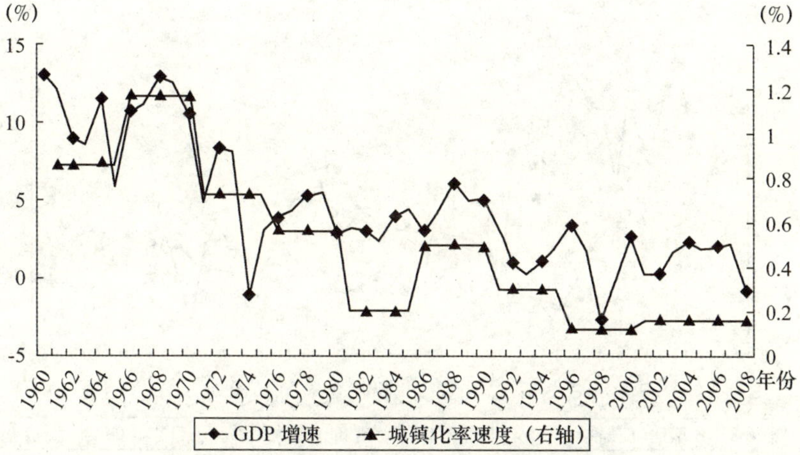

图 6－5　日本经济增速变动与城镇化速度对比

资料来源：Wind 资讯。

（三）消费、投资增速跟随 GDP 增速同时下降，但投资增速降幅较大

日本的消费率在高增速阶段持续下降。从高增速转向中速增长时，消费率有一定程度的回升。经济稳定在低增速后，消费率则表现一定程度的回升。高增长阶段，较高的投资水平，决定了经济中消费占比会下降。日本从中增速转向低增速后，投资下降较多，使得消费率进一步提升（见图 6－6）。

增速转换过程中，投资增速出现阶梯状下行，下降幅度大于 GDP 和消费。1981～1992 年和 1992～2007 年两个增长阶段，GDP 增速从平均 5.9% 下降到 0.43%，私人消费不变价增速从 5.6% 下降到 0.96%，而固定资本形成不变价增长率从 5.6% 下降到－1.5%，下降幅度是最大的（见图 6－7）。中速增长时，GDP、消费、投资保持了相对均衡的水平。转换到低增速后，投资下降幅度大于 GDP 的降幅，且平均增速的绝对值低于 GDP 增速，使得消费在 GDP 中的占比逐步提升。

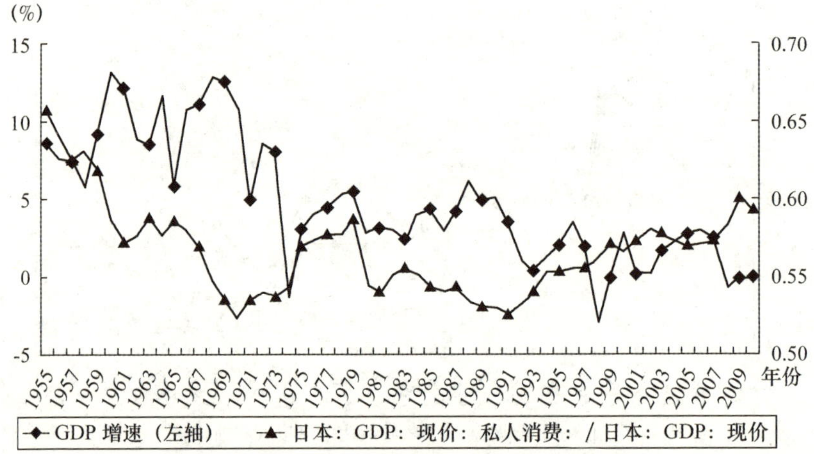

图 6－6　日本经济增速转换过程中的消费率

资料来源：Wind 资讯。

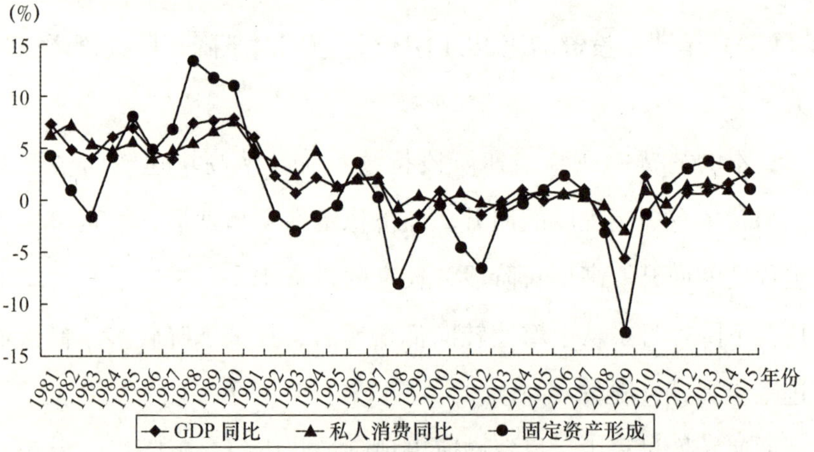

图 6－7　日本增速转换中消费和投资增速

资料来源：Wind 资讯。

（四）进出口的增速跟随 GDP 增速同步下降，但占比提升

经济增长从高速转向中速，进而下降到低速，对外贸易的增速也出现相应变化。日本高增长阶段，GDP 增速大约在 9%，出口和进口的平均增速为 17%～18%；中速增长阶段 GDP 增速大约在 4%，出口和进口平均增速大约在 8%～9%；低增速阶段，GDP 增速回落到 1%

左右，进出口平均增速下降到3% ~5%的水平（见表6 -4）。进出口增速变动既是经济竞争力下降的体现，也是经济增速下降的重要原因。然而，从对外贸易在GDP中占比提升的情况看，前者的作用更明显。也就是说，外贸增速变动更多反映了内在增长动力和竞争力的削弱。

贸易盈余基本保持稳定，外需平衡供给和需求的作用无明显变化。日本在3个增长阶段贸易盈余占GDP的比重分别为0.7%、1.4%和0.9%，其值均较低（见表6 -4）。说明在不同的时期，贸易均保持了相对平衡的状态，同时也反映日本这样的外向型经济体进口和出口增长实际上有很强的一致性。

进出口占经济的比重明显提升，对外贸易对经济增长的重要性在相对增加。虽然进出口增速下降，但降幅低于GDP增速。进出口在GDP中的占比在两次转换期都出现不同程度的提升。在日本从高速增长向中速增长转换后，其出口占GDP的比重从平均10.1%上升到12.2%，进口占GDP的比重从平均9.4%上升到10.6%（见表6 -4）。中速增长转向低速增长后，此趋势依然存在，只是增加的幅度变小。

表6 -4　日本在不同增长阶段对外贸易的变动情况

指　标	1946 ~1973 年	1974 ~1992 年	1993 ~2015 年
出口平均增速	17.2%（1951 ~1973 年）	9.0%	3.1%（1993 ~2015 年）
进口平均增速	18.2%（同上）	7.8%	5.2%（同上）
出口 GDP 占比	10.1%（1960 ~1973 年）	12.2%	12.8%（1993 ~2013 年）
进口 GDP 占比	9.4%（同上）	10.6%	12.1%（同上）
贸易盈余占比	0.7%（同上）	1.4%	0.9%（同上）

资料来源：Wind 资讯。

（五）货币供应伴随经济增长速度下降，利率持续降低

货币供应量增速与经济增速同时下降，但增速相对偏高，M2/GDP 膨胀。1968～1973 年的高增速阶段，日本广义货币增速平均为 20%，而同时 GDP 增速平均为 10%；1974～1992 年的中增速阶段，广义货币增速平均为 9.6%，同期 GDP 增速为 4%；1993～2013 年的低增速阶段，广义货币平均增速为 2.5%，但经济增速平均为 1%（见图 6－8）。货币供应量基本保持了与经济增速同步下降的态势。从 M2 增速与 GDP 增速差额缩小也可以看出，随着经济成熟度提高，新进入市场的生产要素如土地等占用货币供给的情况在降低，保证经济增长所需要的额外货币供应变少。

日本经济增速放缓后，M2 增速快于 GDP 增速的情况尤以 1987～1990 年最为显著。其间，GDP 增速平均约为 5%，而广义货币供应量平均增速为 10.8%。但是，此过程是不可持续的。1993 年日本泡沫经济破灭，GDP 增速再也未能达到 5% 的水平。正是由于 M2 增速长期高于 GDP 增速，日本广义货币占 GDP 的比重持续提高。1973 年，日本 M2 占 GDP 的比重仅为 124%，到 1994 年此值上升到 201%（见图 6－8）。

名义利率长期处于下降态势，真实利率降幅相对较低。受宽松货币政策和经济增速放缓影响，贷款利率长期处于下降态势，高增长时期，贷款利率在 7%～8% 的水平，两次增速转换，日本名义利率先是降低到 5% 左右的水平，接着进一步下降到 1%～2% 的水平。受石油危机影响，20 世纪 70 年代中期，日本通货膨胀高涨，真实利率波动也剧烈，到 80 年代中期后基本稳定（见图 6－9）。总体上看，增长阶段转换后真实利率下降的程度要低于贷款利率。

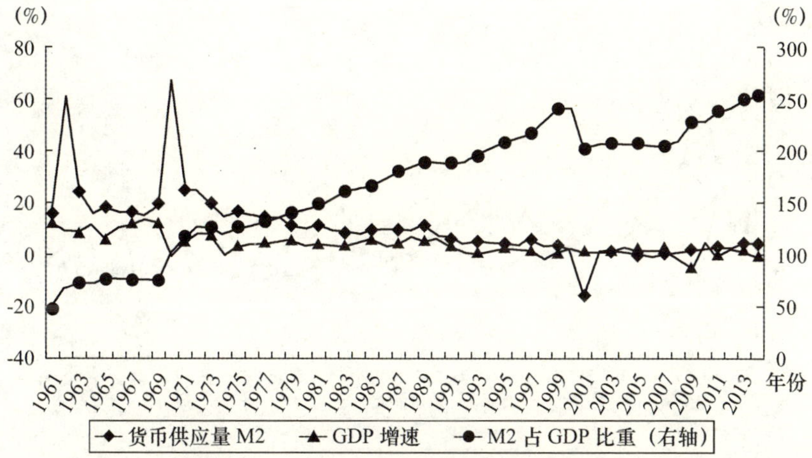

图 6-8　日本的广义货币供应和 GDP 增速

资料来源：Wind 资讯。

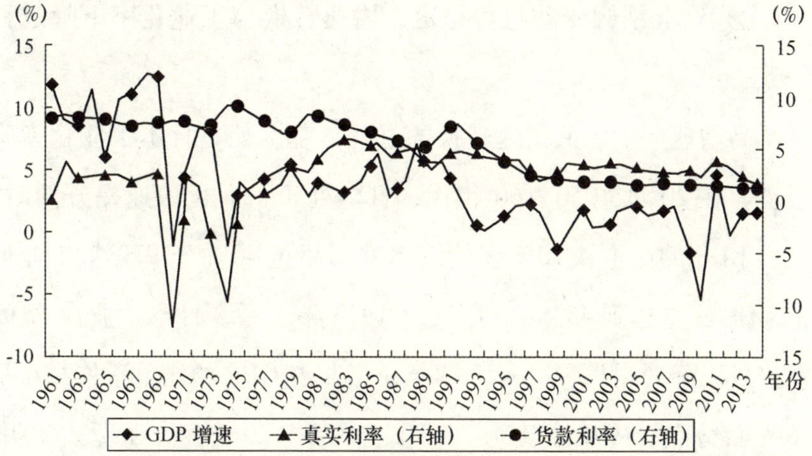

图 6-9　日本增速转换期的利率走势

资料来源：Wind 资讯。

（六）价格总体保持下行态势，经济运行面临一定通缩压力

从 1971 年到 2015 年，在日本经济增速的两次转折中，物价均显现下行态势。20 世纪 70 年代早期，由于石油危机的影响，CPI 出现高速增长，此后，CPI 一直保持在 5% 以下，而且显现逐步走低的态势。经济时常面临通货紧缩的压力（见图 6-10）。

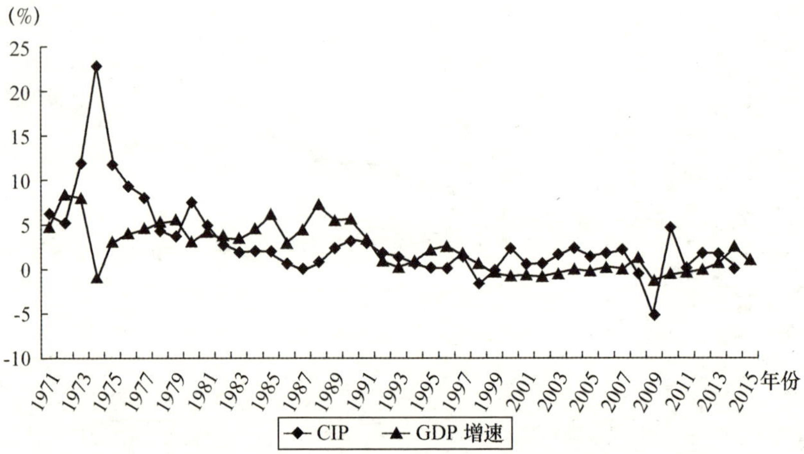

图 6-10　日本增速转换期的价格走势

资料来源：Wind 资讯。

（七）产业结构变动趋势稳定，增速转换与工业化率下降过程基本一致

从高增速向中、低增速转换的过程，基本就是日本工业化率降低的过程。在 20 世纪 50 ~ 60 年代，日本处于工业化快速提升的时期，工业占 GDP 的比重从 20% 多持续提升到超过 40%。1970 年工业增加值占 GDP 比重达到 43.5% 的高点。1973 年之后，日本工业占 GDP 的比重进入下降通道。1974 ~ 1992 年，工业占 GDP 的比重平均每年下降 0.36 个百分点，1992 占比为 36.3%。1993 ~ 2013 年，工业占 GDP 的比重平均每年下降 0.48 个百分点，2013 年占比仅为 26.2%。

二、韩国增速转换中的结构调整和宏观经济运行

从 20 世纪 60 年代初开始，韩国经济进入持续高增长阶段，GDP 平均增速达到 8%。高增速状态一直持续到 1997 年亚洲金融危机爆发。危机后，韩国 GDP 增速曾短暂恢复到超过 8% 的水平，但主要是

对危机期间 GDP 负增长的回补，并未反映其真实增长潜力。此后，韩国经济增速快速回落，最终均衡增速稳定在 5% 左右。需要注意的是，1980 年，韩国经济增速也曾快速下滑，但经济恢复后，潜在增长水平与之前相比无明显差异。考虑到 1997 年前后是韩国工业化和资本积累水平出现转折性变化的年份，我们可将战后韩国经济增长分为 1960～1997 年和1997～2014 年两个阶段。前一个是高增长阶段，其 38 年间 GDP 平均增速达到 7.8%；后一个是中速增长阶段，18 年间平均增速为 3.9%（见图 6－11）。

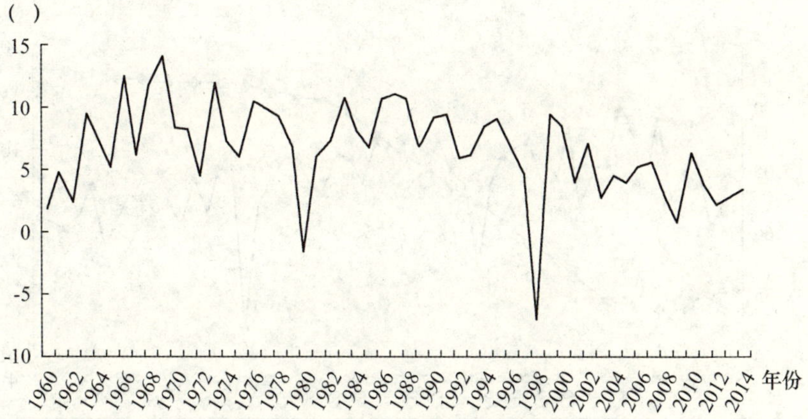

图 6－11　韩国 GDP 增速变动情况

资料来源：Wind 资讯。

（一）劳动年龄人口占比上升是韩国阶段转换后增速相对较高的重要保障

1. 韩国、日本增长速度转换时，面临的劳动年龄人口占比的基础条件不同

同样是从高增速向中增速转换，韩国的 GDP 增长表现与日本有显著不同。1973 年，日本从高增速转向中增速时，劳动年龄人口在总人口中的占比平均来看小幅下降。1992 年，日本从中增速转向低增速

时，劳动年龄人口占比快速下降。与日本显著不同的是，1997 年金融危机爆发后，虽然韩国经济面临较大挑战，但是其劳动年龄人口在总人口中的占比仍处于上升阶段。人口红利仍能起到积极作用，经济增速下降幅度有限，而且成功地实现了经济增长质量的提升。当然，由于劳动年龄人口占比的增速已经比高增长时期显著下降，所能支撑的均衡增速也同时下降（见图 6－12）。如果观察劳动年龄人口占比变动与 GDP 波动的情况，可以更加明显地看到两者的相关性（见图 6－13）。

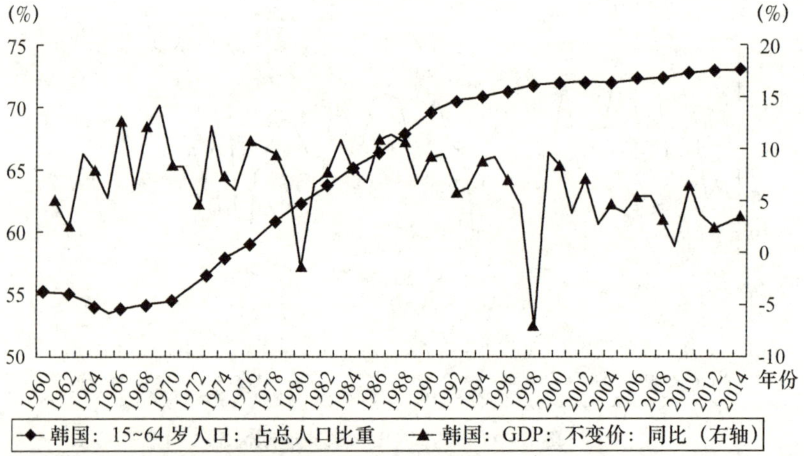

图 6－12　韩国劳动年龄人口占比与 GDP 增长

资料来源：Wind 资讯。

2. 劳动年龄人口占比的转折早于经济增长速度的转折

1997 年亚洲金融危机爆发是韩国从高增长进入中速增长的转折期。在此之前的 1996 年，韩国首次出现 30 年来劳动年龄人口占比下降的情况（之后又有所恢复）。从 1992 ~ 1995 年，韩国劳动年龄人口占比增速为年均提高 0. 3 个百分点，比之前 20 世纪 80 年代每年提高 0. 6 ~ 0. 8 个百分点已明显下降。劳动年龄人口占比增长趋势改变会以多种渠道对经济运行带来影响。虽然国际经济环境、本国财政货币政

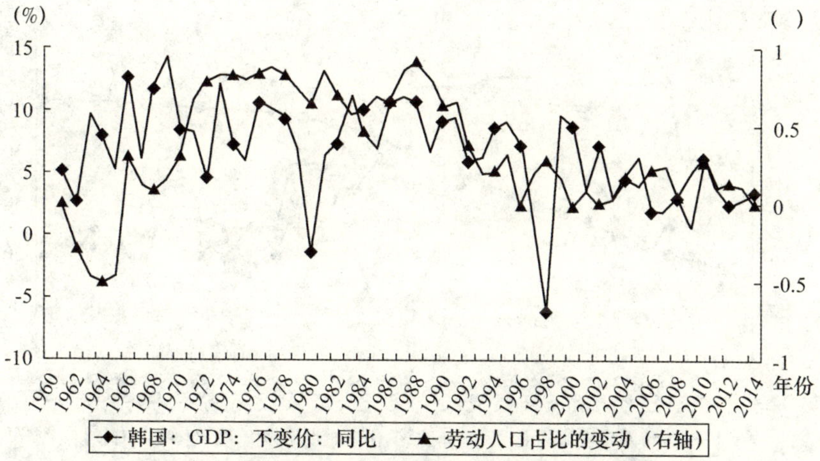

图 6－13　韩国劳动年龄人口占比变动与 GDP 增长

资料来源：Wind 资讯。

策等其他条件会暂时掩盖这种本质性和深层次的变化，但这种变化的持续累积为经济运行转折性变化准备着条件。当遭遇内外部冲击后，原有平衡被打破后，经济就会在适应新人口结构的均衡增速上运行。可以作为对比分析的是 1980 年，韩国经济出现了起飞后的首次负增长，也是对于经济体系一个相当大的冲击，但是由于劳动人口占比仍在快速提升阶段，冲击过后，经济快速恢复到高增长状态。

（二）GDP 增速和人口结构均是城镇化速度转变的重要因素

由于人口总量较少，韩国可以支撑较高的城镇化速度。从 1960 年到 1997 年，韩国城镇化率平均每年提高 1.38 个百分点。日本在城镇化速度最快的 1960～1980 年间，其城镇化率也仅年均提高 0.83 个百分点。受经济增速转折和城镇化水平已经处于高位的共同影响，1998 年之后，韩国的城市化率增速下降到每年提高 0.1～0.2 个百分点的水平（见图 6－14）。

观察韩国城镇化速度变化，可以较为清晰地看到 1991～1992 年的

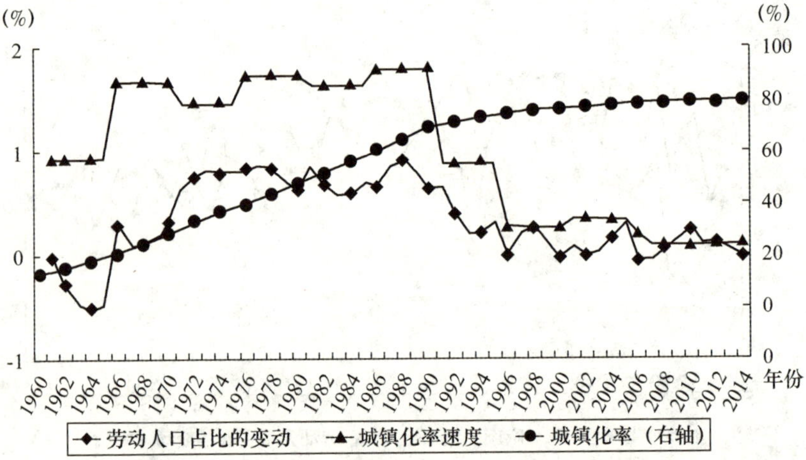

图 6－14　韩国的城镇化率与劳动人口占比变动情况

资料来源：Wind 资讯。

转折和 1996～1997 年的转折。前一个转折点，韩国城镇化率从每年 1.8 个百分点下降到 0.9 个百分点。1992 年劳动年龄人口占比增速开始下降，影响到农民向城镇的转移。后一个转折期，劳动年龄人口增速并无显著变化。此时，主要是由于经济增长速度出现大幅下降，影响到人口的城乡转换。

（三）经济增速转换后，进出口增速降低，但占 GDP 比重上升

1997 年韩国 GDP 增速转换后，进出口增速都有所下降，但占 GDP 的比重提升。与日本情况一样，伴随经济增长速度下降，进出口增速均有所下降。1980～1997 年，进出口增速分别为 12.7% 和 13.9%，而 1998～2014 年，增速分别下降为 10.4% 和 10.0%。由于增速下降幅度比 GDP 低，其在 GDP 中的占比明显上升。对外贸易对经济运行的重要程度相对提高（见表 6－5）。

增速转换后，贸易盈余对拉动经济、平衡供给与需求起到了积极作用。与日本不同，增长阶段转换后，韩国的贸易盈余占 GDP 的比重有明显提高。1980～1997 年的高增长阶段里，进出口相对平衡，贸易

表 6-5　　韩国经济转折前后的贸易增长　　单位:%

指　标	1980～1997 年	1998～2014 年
GDP 平均增速	7.59	3.91
出口平均增速	13.9	10.0
进口平均增速	12.7	10.4
出口 GDP 占比	31	43
进口 GDP 占比	31	39
贸易盈余占比	0	3

资料来源：Wind 资讯。

盈余占 GDP 的比重在零附近波动。1997～2014 年，贸易盈余占 GDP 的比重平均为 3%。特别是在面临内外部冲击时，如 1997 年亚洲金融危机和 2008 年国际金融危机，韩国出口均大于进口，贸易盈余对稳定 GDP 增长起到重要的作用（见图 6-15）。

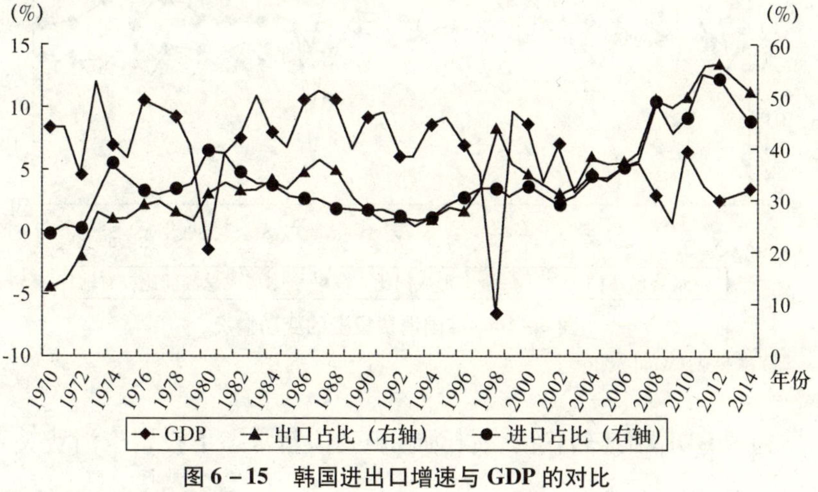

图 6-15　韩国进出口增速与 GDP 的对比

资料来源：Wind 资讯。

（四）消费增速与 GDP 增速降幅接近，投资增速大幅下降

高增长时期，GDP 增速与消费增速基本一致，投资增速明显高于 GDP 和消费增速。1971～1997 年，GDP 平均增速为 7.8%，消费增速

为7.2%，固定资本形成同比增速则高达12.3%。增长阶段转换后，消费与GDP增速同时降低到不足4%的水平，固定资本形成的增速则降低到2.2%的水平，投资率从31.9%下降到30.2%（见表6-6）。

表6-6　韩国不同增长阶段的消费投资增长情况　单位：%

	GDP增速	消费同比	资本形成同比	投资率
1971～1997年	7.8	7.2	12.3	31.9
1998～2014年	3.9	3.3	2.2	30.2

注：1. 投资率为固定资本形成占GDP的比重。

2. 均为不变价增速。

资料来源：Wind资讯。

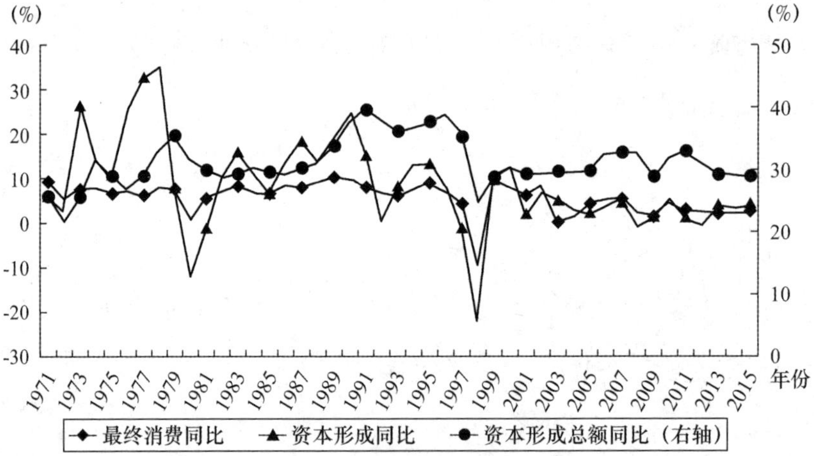

图6-16　韩国消费投资的变动情况

资料来源：Wind资讯。

韩国GDP增速转换的情况为认识我国新常态下投资、消费关系提供了参考。与其相比，对我国有利的因素是，韩国增长阶段转换时，城镇化率达到了80%左右，而我国城镇化率刚刚超过50%。投资率继续维持在相对高位是有支撑基础的。不利的因素是，GDP增长速度转换后，投资增速将大幅下降，并会对经济增长带来冲击。我国目前投资率在46%左右的高位，投资增速变动对GDP的影响会更大。

（五）增速转换后货币供应量大幅提升，但消费者价格持续走低

货币供应量在增速转换期大幅增长，M2 占 GDP 比重快速攀升。1998 年韩国经济进入新的增长阶段后，为应对危机的冲击，货币供应量大幅增长。1998～2001 年 M2 同比增速达到了 40%，货币供应量超量增长使得 M2 占 GDP 的比例快速攀升（见图 6－17）。

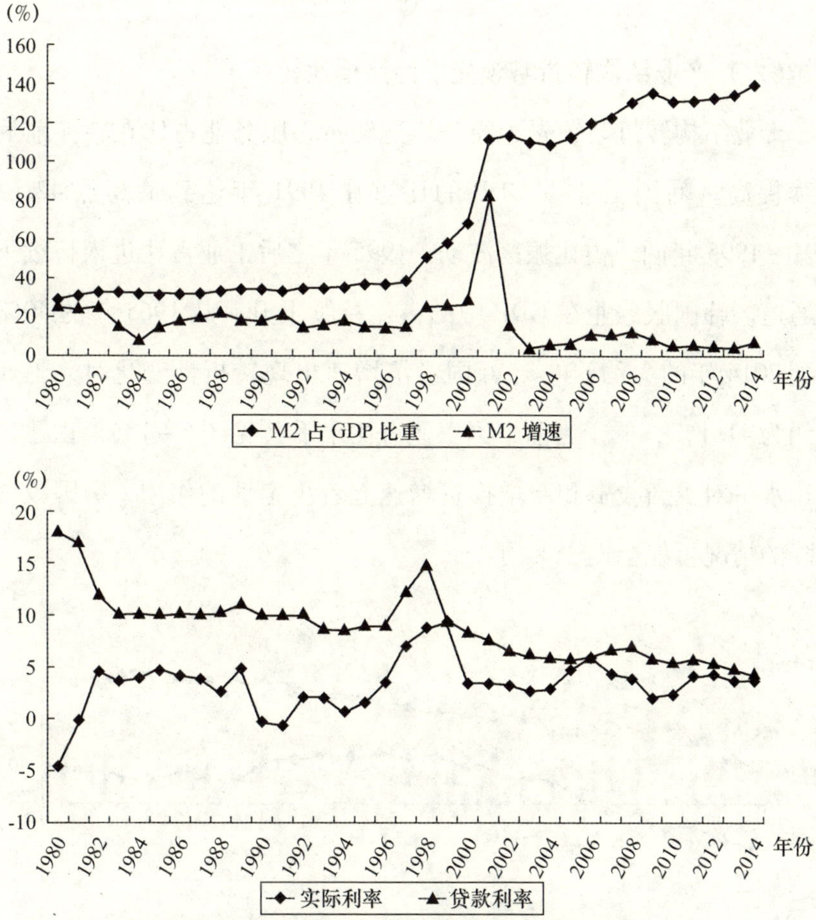

图 6－17 韩国的货币供应量及其利率波动情况

资料来源：Wind 资讯。

利率水平逐步下降，真实利率降幅不明显。货币供应量的增长，加上随经济增速放缓引起货币需求增速减弱，利率水平明显降低。由

于韩国的通货膨胀水平在1997年危机后，一直处于下降状况，其真实利率水平在增速转换前后并无明显差别（见图6－17）。

价格水平持续走低，货币超量供应并未推动CPI价格。韩国在1997年之前的10年，CPI平均值大约在5.9%；1997年之后的10年，CPI平均大约在3.2%。

（六）产业结构转折略领先于经济增速转折

产业结构转折略领先于经济增速转折，服务业占比在转换前后均持续提高。韩国工业占GDP的比重在1991年达到最高点42.6%，1991～1995年间，占比振荡波动。1995年之后工业占比进入持续下降的通道。韩国服务业在GDP中的占比持续上升。从1965年的40%上升到2014年的大约60%。韩国经济增速出现转折性变化时，工业占比约为41.1%，低于当前中国工业占比水平（见图6－18）。由于工业占比水平对更新投资和新增投资增速起着决定性的作用，中国投资率下降的情况可能会慢于韩国。

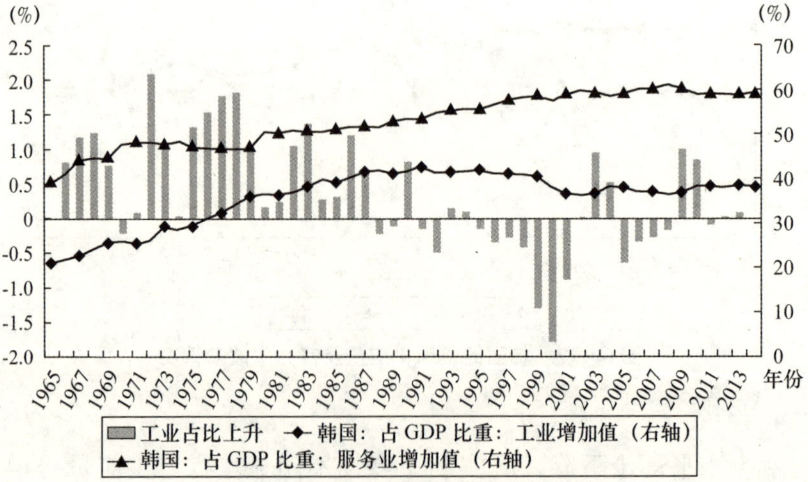

图6－18　工业和服务业增长情况

资料来源：Wind资讯。

三、中国台湾省增速转换中的结构调整和宏观经济运行

20世纪90年代初期，我国台湾地区GDP增速已出现一定程度的下降。但是在1997年之前，其增速在大多数年份里均超过6%。1997年之后，除了个别年份，经济增速稳定在4%~5%之间。此外，1998年是台湾地区近60年来投资率最高的一年，反映此后其增长机制发生了显著变化。总体上看，可将台湾地区经济增长分为1997年之前高增长阶段和之后的中速增长阶段。平均来看，1952~1997年，台湾地区经济增速达到8.6%。1998~2008年，GDP平均增速为4.6%（见图6-19）。

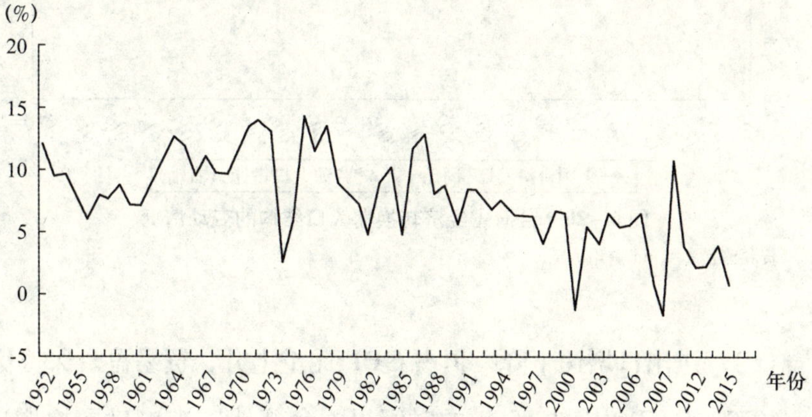

图6-19　台湾省的经济增长情况

资料来源：Wind资讯。

（一）增速转换时，有利的人口结构为构建新均衡创造了条件

东南亚金融危机冲击后，台湾地区的经济增速从之前平均接近9%下降到不足5%的水平。然而，发生经济转折时台湾地区的劳动年龄人口占比仍快速提高。1998~2007年，台湾地区劳动人口占比每年提高约0.27个百分点。而同期韩国的劳动人口占比每年提高约0.09

个百分点（见图6－20）。虽然韩国和我国台湾地区受亚洲金融危机影响的程度和机制存在差异，但危机后，直到2007年台湾地区经济运行的稳定性和平均增速均好于韩国，这与有利的人口结构变化是有关系的。

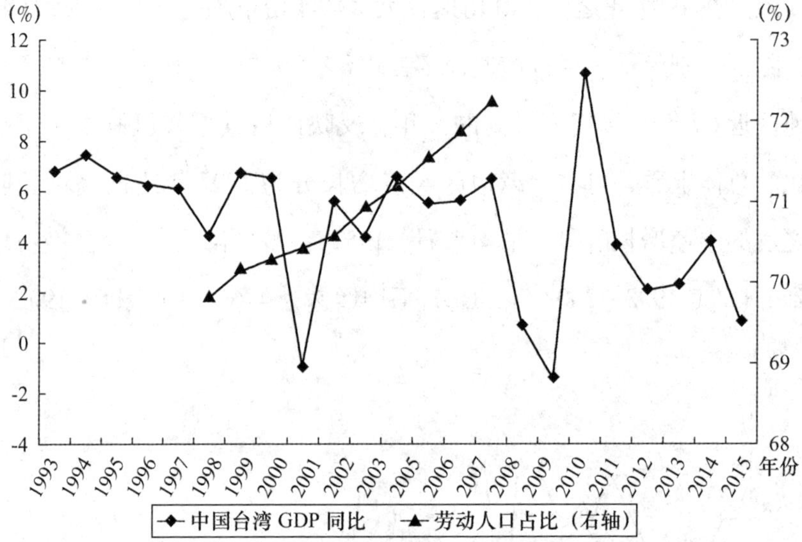

图6－20　台湾省经济转换期人口结构的变动情况

资料来源：Wind 资讯。

（二）进出口增速下降，但占 GDP 比重上升，贸易盈余保持稳定

1972～1997 年大约 25 年的时间里，台湾地区进出口平均增速分别为 18.9% 和 18.1%，增长阶段转换后，1998～2008 年进出口增速分别为 7.9% 和 7.4%，降幅超过 50%。即便如此，由于 GDP 增速在 1997 年前后出现更大的下降，进出口占 GDP 的比重仍有一定程度的上升。1972～1997 年，进出口占 GDP 的比重分别为 36% 和 43%，1998～2008 年，此值分别为 44% 和 49%（见表6－7）。

台湾贸易盈余占 GDP 比重一直处于较高水平，1972～1997 年此值平均为 6%，1998～2008 年占比小幅下降为 5%。

表 6－7　　不同增长阶段台湾地区进出口情况　　单位:%

指　标	1972～1997 年	1998～2008 年	1998～2015 年
GDP 平均增速	8.61	4.6	4.0
出口平均增速	18.1	7.4	—
进口平均增速	18.9	7.9	—
出口 GDP 占比	43	49	53
进口 GDP 占比	36	44	47
贸易盈余占比	6	5	6

资料来源：Wind 资讯。

（三）消费增速与 GDP 增速降幅基本一致，投资增速降幅较大

台湾地区在追赶进程中，第一阶段是投资率持续上升的时期，从 1952 年不足 7% 上升到 1998 年的 39%，此后进入下降周期，到 2015 年投资率下降到 23% 的水平，其投资率的最高值与韩国基本持平（见图 6－21）。

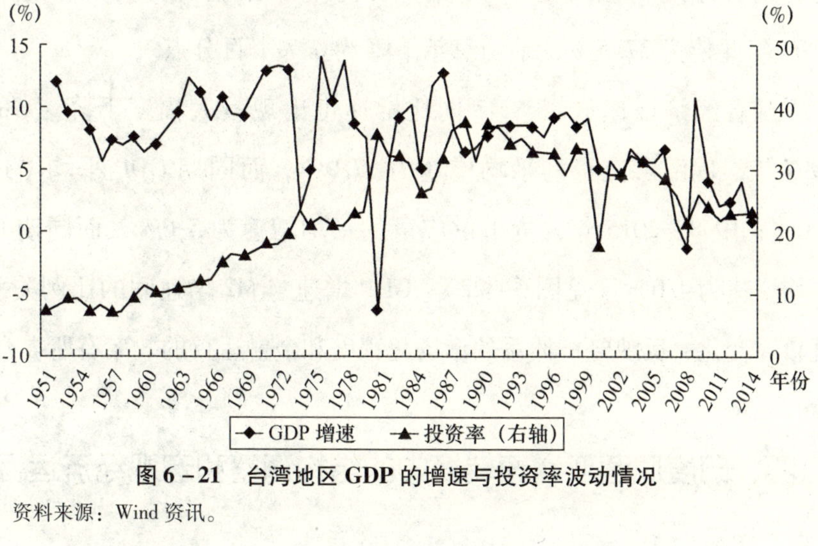

图 6－21　台湾地区 GDP 的增速与投资率波动情况

资料来源：Wind 资讯。

在两个不同的增长阶段，消费和投资与 GDP 增速均存在明显的差异。1972～1997 年高增长阶段，GDP 平均增速为 8.6%，私人消费增速

为8.4%与经济增长速度基本一致。投资增速11.6%，高出经济增速约3个百分点。增速转换后，GDP增速下降为4.0%，同期私人消费增速降为2.9%，投资增速仅为1.8%，远低于GDP的增速（见表6-8）。消费投资增还均低于GDP增速，贸易盈余在宏观平衡中起到重要作用。

表6-8　　台湾地区消费、投资增速变动　　单位:%

时　期	GDP平均增速	私人消费同比	政府消费同比	投资同比
1972~1997年	8.6	8.4	7.4	11.6
1998~2015年	4.0	2.9	1.2	1.8

资料来源：Wind资讯。

（四）工业占GDP比重快速下降，货币供应量增速下降，CPI低位运行

与投资增速、投资率下降伴随的是工业在GDP中的占比持续下降，增长速度转换时的1997年，台湾地区工业占比为35.3%，到2007年此值为27.5%，平均每年下降约0.7个百分点。

随着经济增速放缓，M2同比增速也出现较大幅度下降。1983~1997年，货币供应量的平均增速为17.9%，而同期GDP平均增速为8.0%；1998~2015年，货币供应量的平均增速为5.6%，而同期GDP平均增速为4.0%（见图6-22）。GDP增速与M2增速间的比例关系出现较大变化，反映经济体系的市场化程度和金融运行的效率有所提升。

四、印度尼西亚增速转换中的结构调整和宏观经济运行

印度尼西亚是东南亚最大的经济体，是世界第四位的人口大国。总体来看，其经济增长相对较为稳健。1961~1967年印度尼西亚的

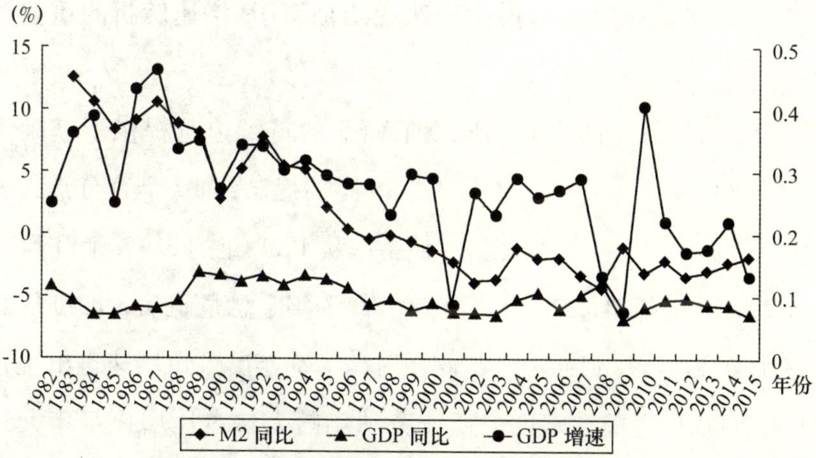

图 6－22　台湾地区货币供应与价格波动情况

资料来源：Wind 资讯。

GDP 增长平均为 2%，经济发展仍然停留在较低水平。1968～1997 年 GDP 平均增长 7.4%，进入持续 30 年的高增长期。1997 年东南亚金融危机后，印度尼西亚经济增速与之前相比有明显的下降，1998～2014 年，GDP 平均增速为 4.0%（见图 6－23）。由于高增长阶段与中低速增长阶段过渡相对清晰，印度尼西亚的经验为我国未来经济增长预测和政策选择提供了非常有价值的信息。

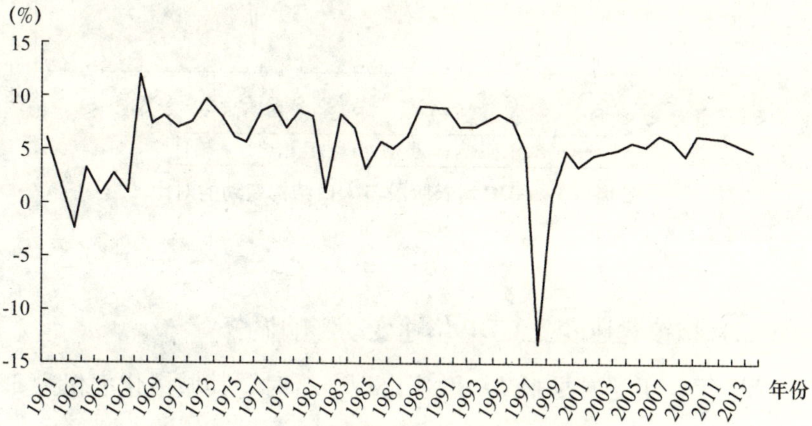

图 6－23　印度尼西亚 GDP 增速波动情况

资料来源：Wind 资讯。

（一）劳动年龄人口占比增速变动是 GDP 增速转折的重要解释变量

劳动人口占比的提高为印度尼西亚的持续追赶提供了基础性条件。1968～1997 年，劳动年龄人口占比共提高约 10 个百分点，劳动力供给提高了全社会积累能力，储蓄率从 1968 年的 6.9% 上升到 1997 年的 29%，增幅超过 20 个百分点。1997 年金融危机后，印度尼西亚的整体经济运行受到冲击。与此同时，劳动年龄人口增速也出现较大变化。2000 年之前，印度尼西亚劳动年龄人口占比增速每年大约为 0.7～0.9 个百分点，2000 年之后，此值下降为 0.3 个百分点左右（见图 6－24）。虽然劳动人口占比增速下降，但印度尼西亚劳动年龄人口占比仍处于上升通道，为近年经济发展提供了重要的支撑。

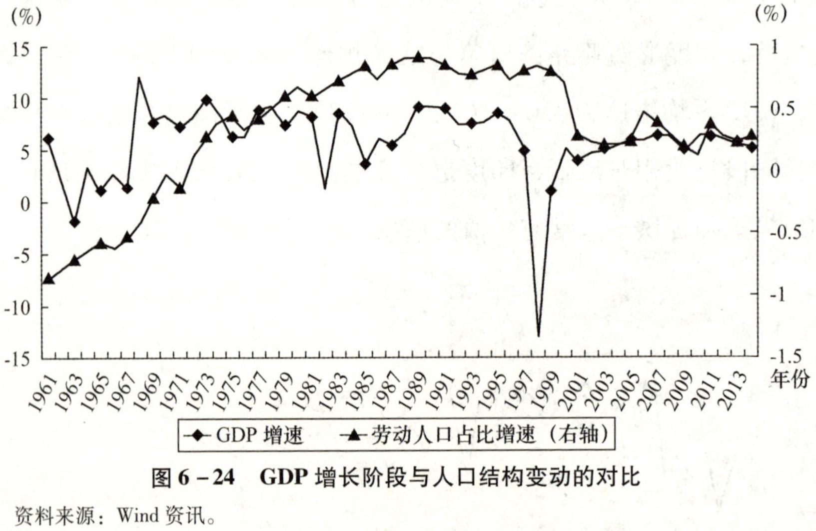

图 6－24　GDP 增长阶段与人口结构变动的对比

资料来源：Wind 资讯。

（二）城镇化速度受 GDP 增速变动影响显著

1997 年，印度尼西亚经济增速出现转折时，其城镇化率仅为 38%。较低的城镇化率意味着有充足的基础设施建设和社会运行效率提升空间。这也是印度尼西亚在经济转折后，增速相对较高的重要原因。然而，城镇化速度与 GDP 存在着双向互动关系。1997 年之后，GDP 增速下降，城镇化率增速也相应下降。2000 年之前，城镇化率每年提高约 1 个百分点，2000 年之后，城镇化率每年提高不到 0.8 个百分点（见图 6－25）。城镇化率增速降低，也是经济增速下降到新平台的重要原因。

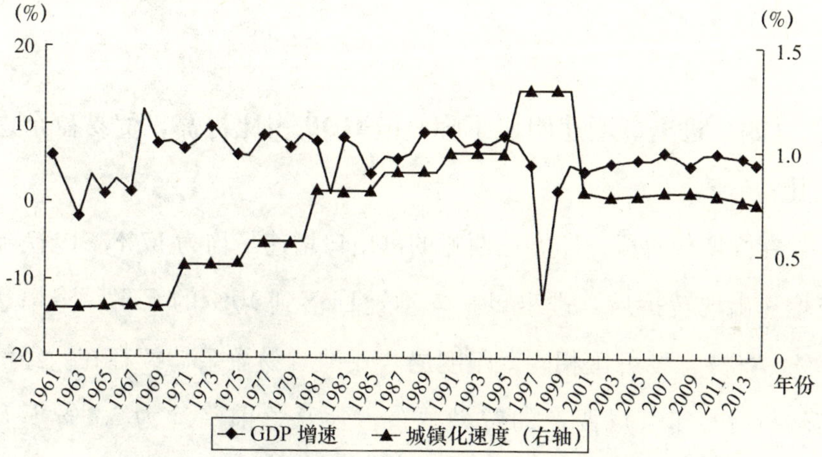

图 6－25　GDP 增长平台转换后城镇化速度的变动

资料来源：Wind 资讯。

（三）消费和投资增速随 GDP 增速同步变化，投资降幅较大

与其他典型追赶型国家一样，经济增长平均速度变化后，消费增速与 GDP 增速变动基本一致。1982～1997 年，印度尼西亚 GDP 增速为 6.7%，居民消费同比增速为 6.6%，同期资本形成同比增速为 8.9%。1998～2014 年，印尼 GDP 增速下降到 4% 的平均水平，居民消费同比增速同时下降到 3.8%，资本形成同比增速下降到 3.9%（见表 6－9）。相对于 GDP 和消费大约 40% 的降幅，资本形成下降了约 60%。在增长速度转换时，印度尼西亚的投资率水平仅为 29%，经济增速转换后，投资率比之前略有下降。在这样的情况下，可以预期印度尼西亚未来增长的空间仍会较大。

表 6－9　印度尼西亚增速转换后投资与消费的对比　单位:%

时间段	GDP 增速	居民消费同比	资本形成同比	投资率
1982～1997 年	6.7	6.6	8.9	23
1998～2014 年	4.0	3.8	3.9	22

注：1. 均为不变价增速。
2. 投资率用资本形成总额计算。
资料来源：Wind 资讯。

（四）进出口增速明显下降，但 GDP 占比提高，贸易盈余占比上升

在高增长阶段，印度尼西亚的进出口增速平均为 17%，1997 年经济增速出现转折后，进出口平均增速回落到 10% 的水平，降幅达到 50%～60%。与韩国相同，印度尼西亚的贸易盈余持续存在。经济增速转折后，印度尼西亚的贸易盈余占比从之前平均为 2.1% 上升到 6.3% 的水平，对宏观经济的平衡起到了重要作用（见表 6－10）。需要注意的是，印尼的油气资源出口占总出口量的 10%～20%，其波动对整体经济运行带来广泛影响。

表 6－10　印度尼西亚不同增长阶段出口增长情况　单位:%

指　标	1961～1967 年	1968～1997 年	1998～2008
GDP 平均增速	2.0	7.4	4.7①
出口平均增速	－3.3	18	10
进口平均增速	1.5	17.3	11
出口 GDP 占比	9.8	23.7	35.3
进口 GDP 占比	11.6	21.6	29.0
贸易盈余占比	－1.85	2.1	6.3

资料来源：Wind 资讯。

① 1998 年 GDP 增速为－13.1%，拉低了平均增速为便于比较未计入该年增速。1999～2008 年 GDP 平均增速为 4.7%。

（五）工业占比持续提升，为经济转折后较高增速创造了积极条件

与许多追赶型国家不同，印度尼西亚在增速转换时，工业化水平仍然较低。高增速启动时，印度尼西亚的工业占比仅为15.9%，1997年印度尼西亚工业占比为44.3%，到2007年，工业占比继续提高到46.8%（见图6－26）。工业化水平的提高，对于维持一定的投资增速起到关键性的作用。增速转换后，印度尼西亚GDP增速大约在4%～5%之间，与韩国、中国台湾地区基本相同，但固定资产增速分别比韩国、中国台湾地区要高出2.1个和1.7个百分点。

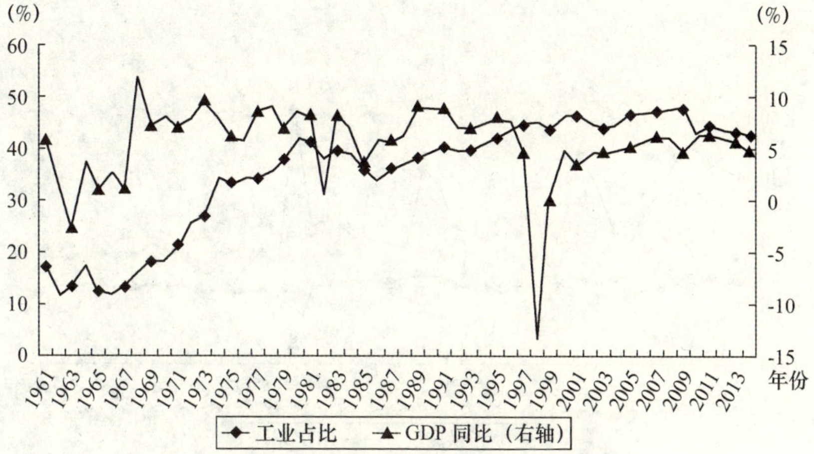

图6－26　GDP增速转换中的工业占比变动

资料来源：Wind资讯。

（六）货币供应量总体偏高，通货膨胀压力较大

1970～1997年印度尼西亚的M2平均增速达到30%，同时CPI同比达到11.2%。1997年之后，虽然货币供应量增速大幅下降，1998～2014年M2平均增速只有11.2%，但是由于GDP平均增速下降，CPI增速仍然较高。虽然平均值仅为4%，但在17年中有10年的CPI涨幅超过5%。从M2同比增速和GDP增速的相对关系可以看到，货币供

应量增速与 GDP 增速差在逐步缩小（见图 6－27）。

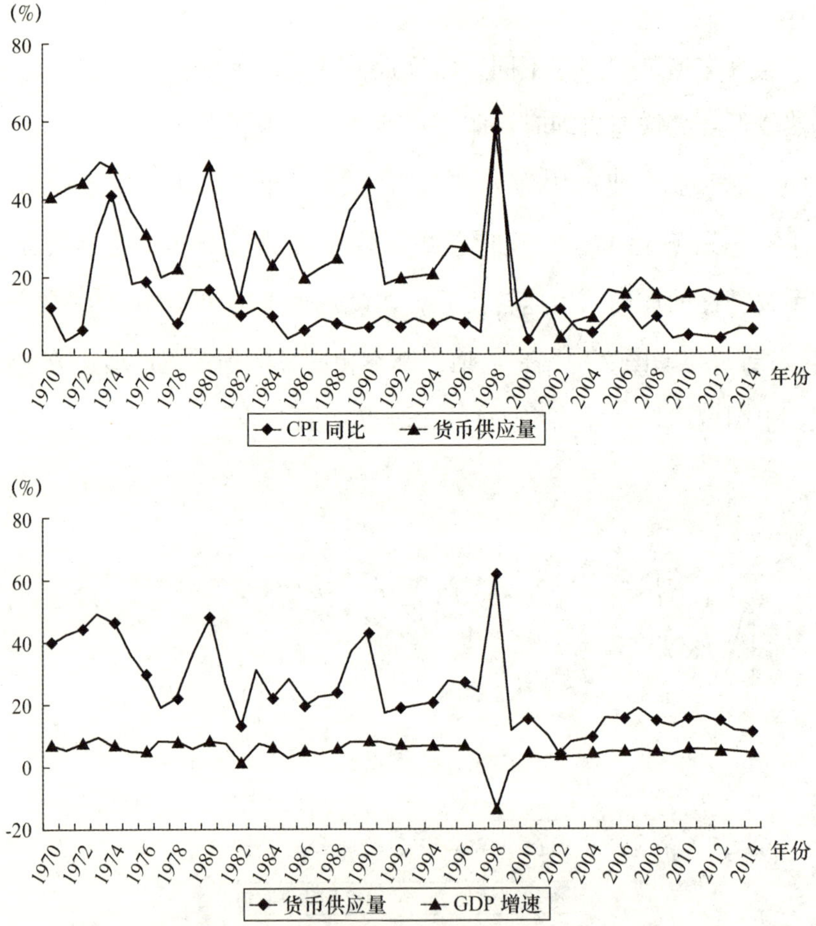

图 6－27　印度尼西亚的货币供应量与 CPI

资料来源：Wind 资讯。

五、后发经济体增速转换期结构变动和宏观运行的经验

（一）典型经济体增长阶段转换的相关经验

通过对 4 个典型经济体增长速度转换前后经济结构、宏观运行相关指标进行对比，可以发现增速转换的一般性规律。同时也会发现，

增速转换期增长表现取决于多种条件的共同作用，需要根据不同国家的具体情况进行个案分析。具体的指标对比见表6-11，总体看有以下重要的启示。

一是劳动年龄人口变动趋势是影响经济增速转折的重要因素。所有国家的经济增长速度阶段性转换都会受到劳动年龄人口占比增速变化的影响。人口结构在两个层面上影响经济增长阶段转换，一是劳动年龄人口占比的变动情况，当占比提升时经济增速会提高，当占比下降时增速会下降。不同国家增长的历史数据都显示，增速变化与占比变化存在明显的相关性，特别是，这种相关性在市场经济更完善、发展水平更高时表现的更显著。二是劳动年龄人口占比的高低也会影响到占比变动的效果，劳动年龄人口占高的经济体，占比增速变动影响的程度会略有下降。这是由于占比越高所能动员的劳动资源越丰富，平抑波动能力越强。

二是GDP增速影响到城镇化速度，经济与社会相互影响，存在加强其影响的反馈机制。城镇化对经济增长的基础性作用常常强调较多。从不同经济体增长阶段转换后结构变动的历史规律看，经济增长速度对城镇化速度有显著影响。高增长阶段，城镇化增速较高；进入中低速增长阶段，城镇化增速降低。从发生时间上看，增速的变化在前，城镇化速度的变化在后。这种情况既发生在城镇化水平已经较高的经济体，也发生在城镇化较低的经济体。这说明，相比于自身城镇化水平，经济增长水平也是一个重要的解释变量。由于城镇化增速下降后，其带来的增长效应会下降，所以对GDP增长速度下降产生一个反馈机制，促使其出现阶梯状的下降形态。

三是工业化迂回生产带动投资高增长的效应在工业占比收缩时发生反向影响，投资增速大幅下降。4个经济体GDP增速出现阶梯状下

表 6－11　典型经济体增速转换前后的结构变化与经济运行指标对比

		日本			韩国		中国台湾省		印度尼西亚	
劳动年龄人口占比极值		69.92（1992 年）			仍处于上升阶段		到 2007 年时仍处于上升		仍处于上升阶段	
工业占 GDP 比重极值		46.01（1970 年）			42.62（1991 年）		—		48.1（2008 年）	
投资率极值		36（1973 年）			39.73（1991 年）		39（1998 年）		16.74（2000 年）	
不同增长时期		1946～1973 年	1974～1992 年	1993～2008 年	1960～1997 年	1998～2014 年	1952～1997 年	1998～2008 年	1968～1997 年	1998～2008 年
增速转换节点的重要结构性指标	劳动年龄人口占比	—	67.96（1974 年）	69.84（1993 年）	—	71.3（1997 年）	—	69.8（1998 年）	—	63.14（1997 年）
	工业占比	—	43.96	35.19	—	41.13	—	35.3	—	44.3
	城镇化率	—	56.08	64.00	—	79.7	—	—	—	38.13
	投资率	—	35	29	—	35.97	—	38	—	8.57
阶段持续时间（年）		28	19	16	38	17	46	11	30	11
GDP 平均增速		9	4	1	7.8	3.9	8.6	4.6	7.4	3.1
劳动年龄人口占比增速		0.32	0.09	-0.31	0.43	0.10	—	—	0.73	0.93
城镇化率增速		0.94	0.45	0.17	1.38	0.21	—	—	0.53	0.40
消费增速		—	5.6	0.96	7.2	3.2	8.4	3.3	6.6	3.8
投资增速		—	5.6	-1.5	12.3	2.3	11.5	1.5	8.9	3.9
出口增速		17.2	9.0	3.1	13.9	10.1	18.1	7.4	18	10
进口增速		9.4	7.8	5.2	12.7	10.4	18.9	7.9	17	11
出口占比		10.1	12.2	12.8	31	43	43	36	23.5	35.3
进口占比		9.4	10.6	12.1	31	39	49	44	21.6	29
贸易盈余占比		0.7	1.4	0.9	0	3	2.6	6.3	2.6	6.3

注：除特别标注，表中数据单位均为%。数据来源：Wind 资讯，国务院发展研究中心长期经济增长数据库。

降时，投资增速降幅均大于GDP降幅。除了印度尼西亚外，其余经济体在增速下降后，投资增速（用资本形成增速测算）均低于GDP增速。这与高增长时期其远高于GDP增速的情况形成鲜明对比。而印度尼西亚在增速转换后投资增速降幅有限，且仍高于GDP平均增速，原因在于其工业占比在增速转换后仍处于上升阶段。工业化迂回生产带来中间部门扩张，所以在伴随工业化的高增长时期，投资的自我激励机制明显。当增速转换后，这种机制消退，使得投资增速快速降低。

四是消费增速与GDP增速变动幅度基本一致，消费率有一个上升的过程。与投资的大幅度波动不同，消费增速基本与GDP增速保持一致。由于投资增速下降较消费和GDP增速快，所以多数国家投资率下降，消费率会有一定程度的上升。

五是进出口增速伴随GDP增速降低而降低，但其占GDP的比重均明显上升。增长阶段转换后，出口竞争力下降，进出口增速均会伴随GDP增速走低而下降。然而，预期之外的是所有国家在增长阶段转换后，进出口占GDP的比重均明显上升。从数据上看，对外贸易对经济增长的贡献，不是减弱而是更加突出了。

六是货币供应量增速伴随GDP增速下降，多数经济体都有一个M2/GDP上升的过程，但经济增速转换后一般CPI增速都较低。随着GDP增速的下降，经济体都调整了货币供应量增速，利率长期处于下降态势，但真实利率下降的幅度要小一些。在增速刚刚转换后的几年内，往往会出现M2增速快速上涨的情况，从而引起M2/GDP快速上升。但过量的货币供给在所选择的几个经济体中都没有引起严重的通货膨胀，CPI增速都较低。

经济增速转换的形态各异，为了更好地发现规律并指导中国的实践，我们选取的经济体都是有较为清晰的增长平台，而且在每个增长平台上经济运行相对稳定。从其结构变化和经济运行在增长阶段转换前后的对比看，均衡增速的转换取决于多个因素的共同作用。除了与自身发展水平相关外，与劳动年龄人口占比及其增速、与城镇化率、工业占比都有密切的关系。其中，城镇化增速与经济增速的相互关系、工业化水平提高带来中间部门扩张这两个机制在增速下行阶段会对均衡增速带来负面影响，是形成增速阶梯状下行的重要原因。

（二）对我国结构调整和宏观调控的启示

东亚国家发展环境与我国较为接近，印度尼西亚、日本又是人口大国，其增长阶段转换的经验将对我国当前增速转换带来重要启示。

一是劳动年龄人口占比下降是我国增速下降的基础性原因。2012年，我国16~59岁劳动年龄人口首次出现比上年净减少的情况。此后，劳动年龄人口每年都有一定程度的缩减。劳动年龄人口占比下降的趋势对我国的经济增长带来巨大影响。然而有利的方面是，虽然我国劳动年龄人口占比增速负增长，但是占比仍处于高位，可在一定程度上缓解其负面影响。另一方面，中国的劳动力转移和劳动力素质的提升空间还较大，在总量缩小的同时，稳定劳动参与率、提高人力资本素质，可以延长我国人口红利发生作用的时间。

二是城镇化率和GDP增速相互影响。我国城市化率处于相对较低水平，是未来均衡增速保持在相对高位的重要支撑。日本第一次增速转换时，城镇化率56%，第二次增速转换时，城镇化率64%。韩国增速转换时，城镇化率为79%。两者均明显高于中国城镇化水平，另外，由于我国农民工市民化水平较低，也蕴藏着增长的潜力。

三是较高的投资率可能会加大我国增长阶段转换时稳定经济增速的压力。当前，我国投资率仍处于46%左右的高位，明显高于日本、韩国和中国台湾地区增速转换时的水平。除了有政府基础设施投资作为支撑外，这样的投资水平一定程度上也是我国城镇化率相对较低的客观反映。从其他经济体的经验看，增长阶段转换后投资增速会快速下降，其降幅对 GDP 增速的权重就是投资率的水平。我国投资率较高，如果不能将未来投资增速保持在相对高位，则其拉低均衡增速的压力会较大。

四是贸易增速将下降，但从国别经验看，进出口在 GDP 中的占比可能仍会上升。金融危机后，我国进出口增速快速下降，但是从历史经验看，这并非是我国进出口的均衡增速，而更多是受国际需求萎缩的短期性影响。虽然国际需求恢复后，我国进出口也很难恢复到历史上的高位，但其在 GDP 中的占比可能更高，对经济增长的作用将会加强。

第七章

终端需求总量和结构变动对经济增长的贡献[①]

以支出法核算恒等式为基础的“三大需求”分析方法没有区分经济发展中的真实需求和供给，并不适合中长期增长分析。比如，生产性投资在支出法核算中是作为需求统计的，但其在中长期主要影响经济体的供给能力。利用投入产出模型可以将经济体系的最终产品区分为终端需求和生产性投资两部分，并测算前者对后者的拉动系数。以该系数为基础，只要把握终端需求的变化趋势，就可从需求侧估计中长期增长动力和潜在增速的变化采用这种方法突出了需求在短期和中期增长中的引领地位，避免了投资双重属性带来的分析困难。

在国家统计局发布的 2007 年投入产出表基础上，综合各类年度统计数据，可以估算出 2006 ~ 2012 年的投入产出表。利用年度投入产出表数据和终端需求分析方法，可计算国际金融危机前后，我国需求侧总量和结构变化对经济增长的贡献。不同类型的终端需求变动规律不同，有的相对稳定，有的波动较大。把握了终端需求各部分的增长情况，就可测算未来 GDP 增长的潜力，从而为宏观调控和政策制定提供依据。

① 本文完成于 2014 年。

一、利用终端需求改进传统需求分析方法

投资、消费、净出口这“三大需求”是传统需求分析的落脚点。需求侧是经济增长的重要支撑，无论在短期还是中长期，没有相应的需求增长，整体经济增长就无法实现。然而，面对中长期问题“三大需求”分析方法难以胜任。为区分三大需求各构成部分经济属性的不同，利用投入产出模型将经济体系的最终产品区分为终端需求和生产性投资两部分。测算出终端需求对生产性投资的拉动系数，就可以分析前者的变化对经济增长的贡献。用终端需求替代传统需求分析，虽然增加了运算的难度，但可以形成一个同时适用于短期和中长期需求分析的框架。

（一）传统“三大需求”分析的不足

支出法核算恒等式（$Y = C + I + EX - IM$）常被用于分析和预测经济增长。消费需求 C 、投资需求 I 和国外需求 $EX - IM$ 被认为是拉动经济增长的“三驾马车”。通常认为，分析此三部分变化规律就可掌握经济增长的需求动力。这种方法虽然易于理解，但也存在两个容易被忽视的问题。一是支出法核算恒等式没有区分不同类型的投资在经济运行中的差异。投资统计中既包括生产性投资，如制造业，也包括非生产性投资，如社会基础设施和居民住房。生产性投资可直接提高生产能力，而非生产性投资更像消费品，对供给能力的促进作用曲折、缓慢。两种不同属性的投资归并在一起讨论，不利于厘清投资对短期和中长期增长作用的差异。二是生产性投资是经济体系的内生变量，主要受消费、出口等因素的影响。在核算恒等式分析中未反映其

他需求对生产性投资的引致作用，而将其作为外生变量处理。由于存在上述问题，支出法核算等式并不适合直接作为中长期增长分析的工具。

（二）终端需求与经济增长

生产活动可分为两部分，一部分用于满足国内和国外的最终需求，另一部分用于维持并扩大生产体系。这两部分的共同扩张带来经济持续增长。前一部分是经济活动的最终目的，其产品是生产体系的漏出，由居民和政府消费、净出口、社会基础设施建设、居民住房四部分组成部分，可称之为终端需求。这一部分产品不直接进入下一轮的生产过程。后一部分产品为生产性投资和存货，其目的是保障生产的连续性。生产性投资一部分用于补充固定资产的折旧，另一部分用于扩大资本存量以保障终端需求的持续扩张。短期内，生产性投资的增长受宏观经济景气状况、资金成本、预期等多种因素共同影响。但是中长期看生产性投资主要受终端需求数量和结构变化的影响①。企业存货受经济景气影响会围绕合意存货水平上下调整，但平均来看，对中长期经济增长影响很小。与投入产出表中常用的最终需求概念相比较，终端需求的区别在于其不包括生产性投资和存货增加。也有一些国家，如日本，在投入产出表编制中采用了近似于终端需求的定义，以便于更加精确地理解经济运行的过程。

在一定时期内，生产的技术经济关系是稳定的，反映在投入产出表中，就是恒定的投入产出系数。由于生产性投资与终端需求变化间存在稳定的对应关系，以此为基础，可以从后者推导前者的变化，进

① 在长期，技术进步带来的投入产出关系变化也是影响生产性投资的重要因素。

而分析或者预测经济增长。在现实应用中，分析的困难是终端需求与生产性投资存在交错的直接和间接占用关系。比如，围绕家用小汽车的投资，除了汽车生产线，还应包括能提供汽车金融服务的银行投资。也就是说，保障终端需求的投资是整个生产链条上的投资，而不仅是本部门的投资。利用投入产出分析方法可以将生产性投资处理为特殊的跨期中间投入品，然后再利用直接消耗系数矩阵和资产分配矩阵进行分析，最终建立起分行业的终端需求与生产性投资间的关系。

经过上述的变换，其实我们观察经济的角度已经发生了变化。我们从终端需求从发，重建了整个经济增长的逻辑链条。相对于动态投入产出模型来说，或许与系统动力学思想结合在一起的投入产出模型更容易把握。

二、终端需求的变化及其对经济增长的贡献

利用上节的原理，以投入产出数据为基础，我们就可以将经济增长的需求动力分解到终端需求的不同构成部分上。进行测算的关键环节在于获得年度投入产出表并构建迭代算法。

（一）终端需求影响经济增长的测算方法

测算终端需求各部分或各行业对经济增长的贡献，有两个关键环节，一是要找到终端需求对应的生产性投资，二是测算终端需求及其引致的生产性投资对增长的贡献。

1. 测算各行业终端需求引致的生产性投资

图 7－1 是按投入产出分析方法列出各行业总需求、终端需求以及投资的分配关系。一个行业的投资是为了保障本行业的总需求，而总

需求是由中间产出、消费、出口、固定资本形成、存货（由于存货的净增加较少，在中长期分析中可不考虑）构成①。按照上述各部分在总需求中的占比分配生产性投资，就可以初步得到终端需求直接引致的投资。然而，终端需求还会间接引致两部分生产性投资。一部分是保障本行业资本品生产的投资，另一部分是用于保障本部门中间投入生产扩大的其他部门的投资。利用行业间的消耗系数关系和资产分配矩阵，通过多次迭代可以找到终端需求间接引致的生产性投资。形象地看，就是需要将图 7－1 右下角的“其他部门终端需求占用的投资”，按消耗占用关系分配到右上角的“本部门终端需求占用的投资”中。这样的整理过程是将通常的生产过程按需求驱动的因果关系重新计量，形象一点说，在这种分析中，我们是将围绕终端需求的产业链上的投资归并在一起。

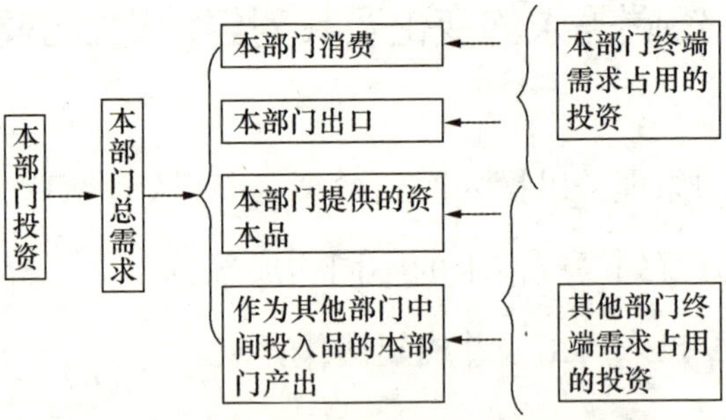

图 7－1　终端需求与生产性投资的关系

2. 利用各行业终端需求和引致投资计算需求侧对经济增长的贡献

在投入产出分析中有标准等式：

$$V = \Phi \cdot (I - A)^{-1} F \tag{1}$$

其中 V 为 n 阶列向量，其元素 v_i 为第 i 个行业终端需求引起的增加

---

① 由于进口产品介入国内生产的方式比较复杂，此处先不考虑其影响。如需简单处理，可直接用净出口计算。

值。Φ 为 n 阶列向量，其元素 ϕ_i 为第 i 个行业的增加值率。$(I-A)^{-1}$ 为列昂剔夫逆矩阵，其元素 b_{ij} 为完全消耗系数。F 为需求矩阵，由引致投资、终端需求（消费和出口）列向量构成。

式（1）展开为：

$$\begin{bmatrix} q_1 \\ \cdots \\ q_n \end{bmatrix} = \begin{bmatrix} \phi_1 \\ \cdots \\ \phi_n \end{bmatrix} \times \begin{bmatrix} b_{ij} & & \\ & \cdots & \\ & & b_{nn} \end{bmatrix} \times \begin{bmatrix} c_1 & f_1 & ex_i \\ \cdots & \cdots & \cdots \\ c_n & f_n & ex_n \end{bmatrix} \tag{2}$$

设定 t 年行业 i 的增加值为 v_i^t，$t+1$ 年，行业 i 的增加值为 v_i^{t+1}，则从 t 到 $t+1$ 年，该行业对 GDP 增长的贡献 ∂_i 为：

$$\partial_i = \frac{v_i^{t+1} - v_i^t}{\sum v_i^{t+1} - \sum v_i^t} \tag{3}$$

结合式（2）和式（3），我们就可以分别计算各行业终端需求及其引致投资对经济增长的贡献。实际上，通过式（2）我们可以知道各行业的终端需求、引致投资等部分带来的增加值，而式（3）可以计算这些增加值对 GDP 增长的贡献。

3. 数据准备和处理

测算中我们使用了从 2007 年到 2012 年不变价的投入产出表。该表是在统计局公布的 2007 年表的基础上，维持原有的技术经济关系不变（直接消耗系数矩阵），利用各年统计数据重新编制的不变价延长表。固定资产分配矩阵由作者根据相关统计数据估算得到。计算中使用的投资、消费、进口和出口数据均来源于统计局公布的相关指标，并做了价格的修正和适应投入产出模型的口径调整。

进口对于经济增长的贡献复杂，一部分进口产品挤出了国内产品需求，对经济增长起到了负贡献，另一部分进口产品是国内生产的必需品，对经济增长起正贡献。由于没有完备的非竞争性投入产出表，所以进口贡献难以细化研究。计算中沿用投入产出表的处理办法，认为其对经济增长产生负贡献，并且不考虑由于进口导致国内投资缩减的效应。这样处理的目的也是为了在核算恒等式的框架下保持总量的平衡。

（二）近年终端需求的变化及其对增长的贡献

1. 终端需求总量和结构的变化情况

图7－2显示了从2008年到2012年终端需求及其主要构成的波动情况。从图中看到，终端需求平均增速高于GDP增速，反映需求对投资的引致效率在下降，这与各行业普遍反映的产能过剩情况是相符的。终端需求的变化中，房地产和社会基础设施投资在过去的几年间一直保持高速增长，居民和政府消费增长平稳。由于消费占比较高，所以其决定着终端需求波动总的趋势。出口受国际金融危机影响，2010年之后持续走低。

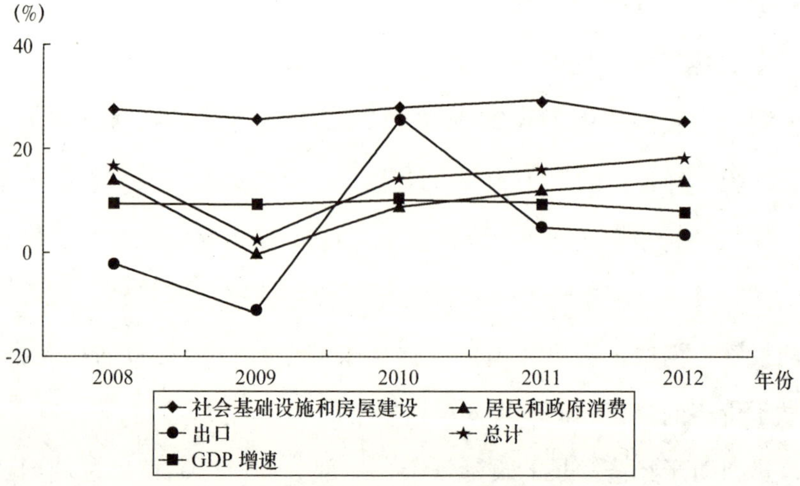

图7－2　终端需求波动情况（2008～2012年）

资料来源：作者计算。

表7－1列出2007～2012年间，终端需求结构变化的情况。由于房地产和社会基础设施的高速增长，其在终端需求中的占比从2007年的23%上升到2012年的41%。由于出口增速下降，其在终端需求中占比从2007年的48%下降到2012年的30%。2007年以来，房地产和社会基础设施[1]需求的增长实际上在很大程度上起到了对国外需求的替代作用，从而防止经济快速下滑。房地产投资在终端需求中的占比从2007年的14%上升到2012年的27%，社会基础设施建设的占比从2007年的9%上升到14%。房地产投资的增量是社会基础设施的一倍多，是最重要的新增终端需求。消费总体占比下降，但服务消费在消费中的占比提高，从62%上升到72%，成为消费增长的主要力量。由于加工贸易在我国出口中比重较高，随着出口在终端需求中占比下降，进口占比也有所下降。

表7－1　　终端需求各部分结构变化（2007～2012年）　　单位:%

	2007年	2008年	2009年	2010年	2011年	2012年
社会基础设施和房地产投资	23	25	31	35	39	41
总消费	66	65	63	60	58	56
服务消费	41	40	40	37	36	36
物质消费	25	25	23	23	22	20
出　口	48	40	35	39	35	30
进　口	37	30	29	33	31	27

资料来源：作者计算。

2. 终端需求各部分对增长的平均贡献

利用式（2）、式（3），可计算2007～2012年终端需求各部分对经济增长的贡献（见表7－2）。在计算中，为保持核算关系的平衡，

① 此处的社会基础设施建设投资包括服务业中主要的公共和准公共行业投资，口径略大于统计局公布的基础设施建设投资。

仍然保留了进口项。社会基础设施和房地产由于本身就是投资，为便于理解，将其引致投资的部分并入其终端需求计算，不再单列其引致的投资。

表 7－2　终端需求和引致投资对增长的贡献（2007～2012 年）　单位：%

	终端需求	引致投资	总　和	平均拉动 GDP 增速
社会基础设施和房地产	35	—	35	3.4
其中：社会基础设施	23	—	—	1.2
房地产	12	—	—	2.2
政府居民消费	22	28	50	4.6
其中：服务消费	15	13	28	—
物质消费	7	15	22	—
出　口	5	17	22	2.0
进　口	8	—	-8	-0.7

注：社会基础设施和房地产投产的引致投资已并入其终端需求。

资料来源：统计局、作者估算。

从表 7－2 看，2007～2012 年间经济增长的需求动力有以下几个特点。

一是消费仍是经济增长的主要需求动力。需求动力中的 3 个主要部分：居民和政府消费、社会基础设施和房屋投资、出口对经济增长的贡献分别为 50%、35% 和 22%。消费需求自身增长带来的贡献为 22%，其引致投资带来的贡献为 28%。由于消费整体稳定性较强，又是带动经济增长的主要力量，如果能在未来保持消费平稳增长，经济增速就不会出现大的下滑。

二是服务业消费对经济整体拉动作用超过物质消费，但对投资拉动效率低于物质消费。服务业消费及其引致投资对经济增长总的贡献为 28%，高于物质消费 22% 的贡献。服务消费的扩张主要集中在房地产服务业、交通运输业、医疗卫生、教育等方面。与物质消费相比，服务消费的投资拉动能力较弱。2007～2012年，物质消费对增长贡献为7%，其引致投资占的贡献为15%。服务消费对增长贡献占到15%，但其引致投资的贡献只占到13%，其对引致投资的拉动效率不到物质消费的一半。

三是社会基础设施和房地产建设对经济增长的综合贡献达到35%。这两部分通常都统计在投资里，但是它们都不再直接进入下一轮生产过程，实质上是终端需求。包括引致投资在内，社会基础设施建设对经济增长的贡献是12.6%。房地产建设对经济增长的贡献是22.6%。如果加上派生的房地产服务业0.8%的贡献，房地产对经济增长的贡献达到23.4%。2007～2012年平均拉动GDP增长2.3个百分点左右。

四是出口对经济增长的贡献达22%。受2008年金融危机影响，出口扩张速度放缓，出口需求增长对经济增长的贡献为5%。但由于出口构成的主要是制造品，单位出口引致投资多，其引致投资对于增长的贡献达到了17%，综合贡献仍达到22%。单位出口引致的投资量远远超过国内消费品。由于国内消费结构中制成品占比不高，同样的需求增长，消费对投资的拉动作用是出口的1/3左右。利用国内消费增长弥补出口增速下滑的负面影响，可能会面临较大压力。

从终端需求的几个重要组成部分看，出口增长面临国内要素成本上升、汇率波动和国际市场竞争加剧等多重不利因素影响，增速出现较大回落，对经济增长的拉动作用在降低。基础设施投资资金来源与房地产市场发展密切相关。随着我国房地产市场供求格局的变化，这两部分拉动的经济增长也会放缓。终端需求领域的变化，对我国潜在增长率带来明显下行压力。

三、终端需求变动趋势及其对潜在增速的影响

国际金融危机后，关于中国中长期增长潜力的讨论成为热点问题。特别是伴随着出口和基础设施投资增速快速下降、房地产市场进入调整期，GDP 增速呈现持续下行态势。经济增速下行进一步推动了关于增长阶段转换、潜在增长率的讨论。从需求分析的角度看，只要把握终端需求重要组成部分未来几年的变动情况，就可以大致估计近中期的潜在增长率。

测算时可利用投入产出表数据和统计局年度统计数据增速之间的相关性，借助于表 7－2 的测算结果，对未来潜在增速的变动情况进行情境分析。对于社会基础设施建设和房地产投资给出两种情境。情境设定的相关参数确定方法如下。

第一，消费增长将基本保持稳定，奠定了 GDP 增长的基础速度。消费对经济增长的平均贡献达到 50%。在这些贡献中，政府消费占 27%，居民消费占 73%。政府消费主要分布在交通运输、教育、卫生社会保障和社会福利、公共管理和社会组织、综合技术服务几个行业。上述 5 个行业占到过去 5 年消费增量的 90% 以上。居民消费分布范围较广，基本涵盖所有的 42 个行业，但对增长贡献最多的依然是衣、食、往、行几个传统的行业。从表 7－3 看，份额最大的 12 个行业占到消费增量的 80% 以上，而居住、食品、衣着、交通几个行业又占到 50% 以上。衣、食、往、行支出有很强的刚性，成为稳定居民消费的主要力量。由于政府和居民消费都有很强的刚性，预计未来增速将保持前几年的趋势。

表 7－3　消费增长中各行业的份额（2007～2012 年，不变价）　单位:%

行　业	占份额	行　业	占份额
食品制造烟草加工业	17.3	交通运输及仓储业	4.8
农业	13.4	卫生社会保障和社会福利	4.8
房地产业	7.9	其他社会服务业	4.2
批发和零售贸易业	7.2	住宿和餐饮业	3.7
服装皮革羽绒制品业	6.6	化学工业	3.4
教育事业	4.9	交通运输设备制造业	3.0

资料来源：作者计算。

第二，进出口增速下降 50%，对经济增长拉动作用降低。图 7－3 列出了 1994 年以来进出口增速波动的情况，从历史规律看，进口与出口增速基本会保持一致。但由于出口有引致投资，所以在相同增速的情况下，对外贸易对经济增速有正的贡献。如果进出口增速同时下降，对外贸易对经济增长的贡献会下降。2012 年和 2013 年出口增速均低于 8%，进口波动幅度较大，但增速也未超过 8%。考虑到我国出口竞争力的变化情况以及国际经济危机逐步的复苏，预计出口增速从平均 20% 左右下降到 10% 以下。

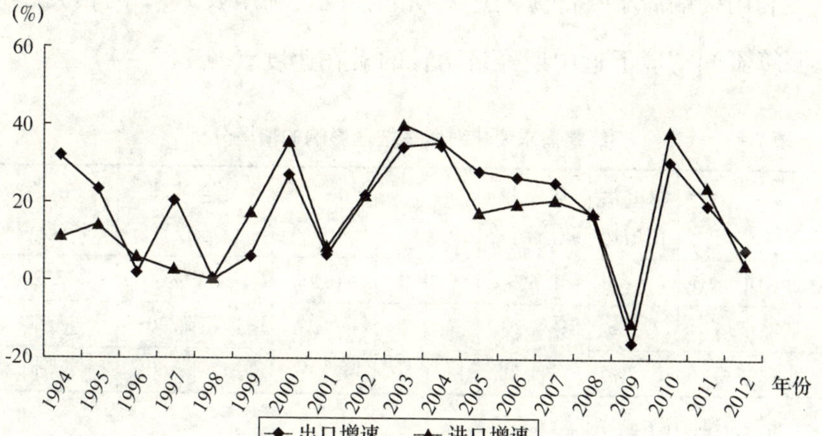

图 7－3　进出口增速波动情况

资料来源：wind 资讯。

第三，社会基础设施建设和房地产投资增速设定两种情况。基准情境下，基础设施投资下降30%，达到过去10年的平均增速17%（消除2008年、2009年、2010年的相关数据）。房地产投资增速从2007~2012年的平均水平27.3%下降到2014年一季度的16.3%，下降40%。悲观情境下，两者均比2007~2012年的增速下降60%（见图7-4）。

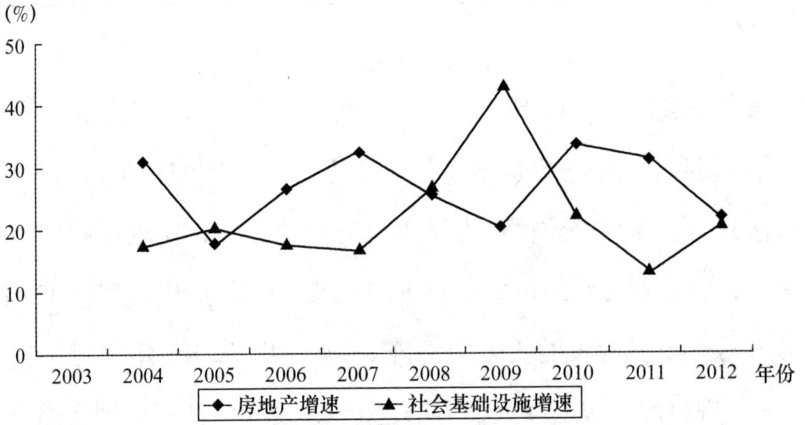

图7-4　房地产投资和社会基础设施增长情况

资料来源：wind资讯。

利用终端需求各部分增速变动的幅度，利用表7-2的相关数据可以测算不同情境下近中期经济增长的潜在速度（见表7-4）。

表7-4　　　终端需求变化对潜在增速影响的情境分析

	GDP潜在增速	居民和政府消费	进口	出口	社会基础设施投资	房地产投资
拉动GDP增速		4.6%	2.0%	-0.7%	1.2%	2.2%
基准情境	7.3%	增速保持不变	增速下降50%	增速下降50%	增速下降30%	增速下降40%
悲观情境	6.5%				增速下降60%	增速下降60%

资料来源：作者测算。

表7-4第一行是各部分近年对GDP增长的拉动占比。第二行、

第三行为测算结果。从测算情况看，基准情境下 GDP 潜在增速在 7.3% 左右，而悲观情境下 GDP 潜在增速在 6.5% 左右。终端需求中社会基础设施建设和房地产投资是影响未来经济潜在增速最重要和活跃的部分。如果能将基础设施投资保持在过去10 年（不包括金融危机时期2008～2010 年的数据）的平均增速上，房地产投资增速保持在 2014 年一季度的水平，潜在经济增长速度可以在 7% 以上。如果基础设施投资和房地产投资均进一步下滑，则经济增长速度可能会较快下滑，并通过带动消费增速下降，进入 6% 左右的增长平台（表 7－4 中悲观情境没有考虑消费增速的变化）。

四、情境分析的结论和政策建议

通过上述分析可以得到几个重要的判断。第一，从终端需求的角度看，2007～2012 年消费对经济增长的贡献为 50%，社会基础设施建设和房地产的贡献大约为 35%，进出口对经济增长的贡献大约为 15%。2007～2012 年，各部分对 GDP 增速的贡献如下：消费为 4.6 个百分点、基础设施建设为 1.2 个百分点、房地产为 2.2 个百分点、出口为 2.0 个百分点、进口为－0.7 个百分点。

第二，出口对引致投资的拉动作用远高于国内消费。通过国内消费增长替代国外需求增速下降，需要更高的消费增速。服务业消费对投资的引致作用小于物质消费，随着服务业消费占比上升，消费对经济的拉动作用可能进一步降低。

第三，未来消费增速相对稳定，进出口增速可能回落在 10% 以下，这两项可能保证未来 5.3% 左右的经济增速。基础设施和房地产成为未来经济增长最大的变数。房地产为 GDP 贡献了 2.2 个百分点，社会基础设施为 GDP 贡献 1.2 个百分点，如果社会基础设施投资增速下降 30%、房地产增速下降 40%，经济增长速度可能略高于 7%；如果这两项增速与2007~2012 年相比降幅达到60%，经济增长速度可能降到 6% 的平台。

虽然未来潜在增长率比高速增长阶段会有明显下降，但我国仍处于追赶进程中，后发优势的潜力仍未充分释放。在此阶段，首先应该保持经济运行的稳定性，从经济运行效益指标入手，确定合理的增速目标。既不追求过高的增速，防止杠杆率的进一步提升，也不能放任增速过快下行，防止风险集中暴发。其次，应该抓紧化解各类风险、加快过剩产能的消化、清理，提升经济内在活力。最后，应当加快推进重点领域的改革，通过改革促进后发优势进一步释放。培育新的增长点和增长动力，推动经济从数量扩张向质量提升转换。

第八章

所有制结构变动对宏观经济运行的影响

国企改革是中国经济体制改革的核心内容之一。在对国企进行重组、改制的同时，非公经济不断发展壮大，从而使我国国有经济比重在过去30多年显著降低，所有制结构得到优化。根据约定俗成的理解，本文所谓所有制结构是指一国或一个区域内，国有经济所占比重及非国有经济所占比重，我们将在后面设定合适的工具变量对其进行定量描述。所有制结构的显著变化极大地释放了市场活力，有力地推动了中国经济持续高速增长。从经验观察上看，非公经济比较活跃的地区往往市场活力更强、经济发展水平更高；非公经济占比高的行业，竞争更充分、创新更活跃、国际化水平也更高。可以说，所有制结构变动是研究中国经济高增长不可或缺的解释变量。不过，从学术角度来看，更需要以实证方法来测算所有制结构变动对经济增长速度到底有何影响以及对投资、通胀等运行指标到底有何影响。这不但有助于深入阐释分析所有制结构变化对于中国经济增长的贡献，也有助于我们进一步了解宏观经济运行与所有制结构之间的关联。这样的研究成果，对于我们挖掘集约式经济增长的潜力、寻求宏观经济运行平稳地向新常态过渡，都具有重要的政策意义。

改革开放以来，我国非公经济占比在绝大多数年份都是单向提高的，所有制结构数据变异程度有限，若把我国经济作为一个整体来进行所有制结构与宏观经济运行之间的相关性分析，在计量技术上存在困难。然而，我国经济总量大、区域经济发展不平衡，特别是不同省份的所有制结构存在显著差异，因此，可以以省、直辖市、自治区为单位来探索所有制结构与宏观经济运行之间的关系。利用时间序列横截面数据模型（面板数据模型）可以用内部结构信息弥补时间序列数据变异程度不足的问题，并通过针对性的模型设定，凸显所有制结构带来的普遍性影响。

一、研究背景和实证方法

（一）研究背景和相关文献

所有制结构变化可以通过多种渠道对经济增长和经济运行带来影响。从生产角度看，私营企业往往有更高的经营效率和创新精神，有助于促进全要素生产率提高，进而提升经济的潜在增速。从投资角度看，私营企业一般可以更快、更准确地把握市场机会，有更高的资金使用效率。从价格传导角度看，私营企业活跃的地区和行业市场竞争激烈，企业消化成本上升、平抑物价上涨的能力更强。对于上述各种效应，定量研究主要有两种思路。一种是利用总量生产函数研究所有制结构变化对生产体系进而对经济增长的贡献；另一种是利用计量模型，从统计意义上测算其对经济运行和增长速度诸多方面的综合贡献。当然，也有一些文献将上述两种方法结合起来使用。近年来，研究所有制结构对中国经济增速以及宏观经济运行影响的主要文献有如下一些。中国社会科学院课题组的高莉（2000）利用我国 20 多个省市的历史数据测算，认为非国有经济占比每提高 1 个百分点，GDP 增速可以提高 0.67 个百分点。刘伟等（2001）测算了所有制结构对资本和就业的影响，认为当非国有经济占比超过 53% 之后，受规模经济影响，中国经济增长会进入良性循环。白重恩（2006）分析了国有企业改制为股份制企业后对企业运营效率的影响。黄险平、李平（2008）利用生产函数和面板数据分析测算指出，国有企业规模与经济增长没有显著相关性。田卫民、景维民（2008）测算了中国最优的国有经济规模，认为 1978～2006 年我国最优国有经济规模为 25.05%。刘瑞明、石磊（2010）利用面板数据分析国有企业对经济增长的影响，发现国企不但自身效率不高还会影响非国有经济部门的效率，进而降低整体经济增长速度。王文成（2011）分析了不同所有制企业在经济波动中的表现，进而说明不同所有制企业对经济增长的影响。

总体上看，已有研究主要集中在所有制结构对经济增长的影响上，对经济运行各方面影响测算的较少。从结论上看，选择不同时期的样本和不同方法得到的结果有所不同，但是大多数实证研究均支持非公有经济占比适度提高有利于经济增长的结论。从方法上看，早期的研究主要采用时间序列模型，最近的研究主要采用面板数据模型。

（二）研究方法选择

本文聚焦于所有制结构对经济运行的影响，通过对特定时间段（2000～2012 年）的定量分析测算相关影响系数。一般来说，使用传统时间序列模型测算时，需要分离出所研究时间段内影响经济运行的各类重要因素。但是，对于中国这样一个经济制度和经济结构处于快速变动中的国家，分离出上述影响是极为困难的。此外，由于样本期内所有制结构变动在多数年份都是单向的，也就是说，在样本期间内，国有经济比重几乎一直呈现逐年下降的态势，这就难以提供足够的样本变异度。利用面板模型进行分析可以克服上述困难。一是将不同区域被解释变量和解释变量放在同一个模型中进行比较分析，通过设定特定计量方法可很大程度上回避需要寻找许多控制变量的难题。二是通过采用省际数据扩大样本，回避全国数据时间序列短、变异度低的问题。

由于农业部门在整个国民经济中占比较低，而服务业部门无相关统计数据，所以本文的分析集中于工业部门。从数据可获得性和稳定性角度考虑，本文选择国有及国有控股企业总资产占规模以上工业企业总资产的比重作为所有制结构的工具变量（以下分析均以此值作为所有制结构的工具变量）。这样选择，很大程度上是考虑到利润和产值更容易受到宏观经济的不对称影响，而资产状况相对比较稳定、客观。可以预期，选择什么样的所有制结构工具变量得到的系数会略有差异，但是不会对结论带来重大影响。

二、所有制结构优化可显著提高区域资金使用效率和投资增速

（一）所有制结构优化对资金使用效率的影响

从单个企业看，国有企业受体制便利性等因素影响，可能比私营企业更易从银行获得贷款。但是从区域层面看，私营企业发达的地区经济往往更活跃，货币流通周转速度快，资金使用效率总体上会更高。利用面板数据模型，通过参数设定控制区域金融体系差异和宏观经济背景等因素的影响，可以估算出地区所有制结构对资金使用效率的影响。

1. 模型设定和指标选择

标准化的存贷差，即存贷差与存款之比，可反映区域资金使用效率。本文的分析中选用该值作为区域资金闲置程度或利用效率的显示性指标。模型设定中，各省资金使用效率与全国资金流通效率高度相关，利用全国存贷差可分离出各省受整体经济环境干扰所面临的共同影响。通常情况下，经济增长速度越高意味着有更多的投资机会，资金利用率也会更高。由于各省经济结构、金融环境等方面存在差异，资金利用效率对区域经济增长速度的敏感程度不同，在模型中需要对各省经济增长速度设定不同的影响系数（回归中采用变系数方式）。此外，资金使用状况易受上年相关因素影响，比如一项贷款可能会跨年度分期执行，在方程中需设定自回归项反映其滞后影响。

综合以上分析，设定如下的模型：

$$dc_t^i = \alpha \cdot jg_t^i + \beta \cdot zdc_t + \gamma^i \cdot zs_t^i + ar \tag{1}$$

其中 dc_t^i，为不同省、不同年份标准化的存贷差；jg_t^i 为不同省、不同年份工业企业所有制占比；zdc_t 为各年全国存贷差的情况；zs_t^i 为各省不同年份经济增长速度；ar 为自回归项。

2. 非公经济占比上升可降低存贷差占存款比重，提高资金使用效率

在式（1）的基础上，利用 31 个省 2005 ~ 2011 年的相关历史数据，计量回归的结果如下（具体参数见附录）：

$$dc_t^i = 0.11 \cdot jg_t^i + 0.93 \cdot zdc_t + \gamma^i \cdot zs_t^i + 0.46 \cdot ar \tag{1}$$

从回归结果看，在样本期内，全国规模以上工业企业中国有成分每降低 10 个百分点，大约可以释放出存款余额 10.5% 的资金进入经济领域。回归结果显示，各省标准化的存贷差受全国标准化存贷差的影响明显；上一年的存贷差会显著影响到当年存贷差的变动情况。回归结果还显示，各省经济增速对本省存贷差变动的影响系数多数比较显著，但符号有正有负这与资金利用效率顺周期变动的经验似乎不一致。实际上全国的经济增速已经通过全国标准化存贷差对各区域带来影响，各地自身经济增速的影响是对全国影响的修正，所以既可能出现正值也可能出现负值。

（二）所有制结构优化对投资增速的影响

利用面板数据测算所有制结构对投资增速的影响，所面临的重要制约是，产业结构带来的附加影响可能会扭曲结论。我国所有制结构与产业结构相关性比较密切，特别是国有企业在重化工业中占比较高，客观地测算所有制结构对投资的影响，需要分离出由于产业结构的差异所带来的影响。本文的样本期（2000～2011 年）是我国重化工业高速发展的时期，该问题表现得更为突出。我国地域广阔、横截面样本丰富，可以针对不同产业结构分区域构建多个面板模型，从而克服上述问题。

1. 设定分组面板数据模型，克服产业结构对测算的影响

我国东南沿海地区私营企业发达，且主要从事制造业，而中西部地区国有企业占比相对较高，且主要从事重化工业。2004 年以来，我国重化工业加速发展，受此影响，西部地区重化工业发达地区投资增长较快。例如，采矿业占优势的省份，所有制结构中国有成分也相对较高（见图 8－1）。

为克服产业结构对计量回归的干扰，可将各省分配在三个不同群组进行研究。第一个群组规模以上矿业增加值在工业增加值中占比低于10%，第二个群组占比为10%～20%，第三个群组占比在30%以上（见图 8－2）。三个群体分别代表制造业地区、制造业和资源性行业均衡发展地区、资源性行业地区。

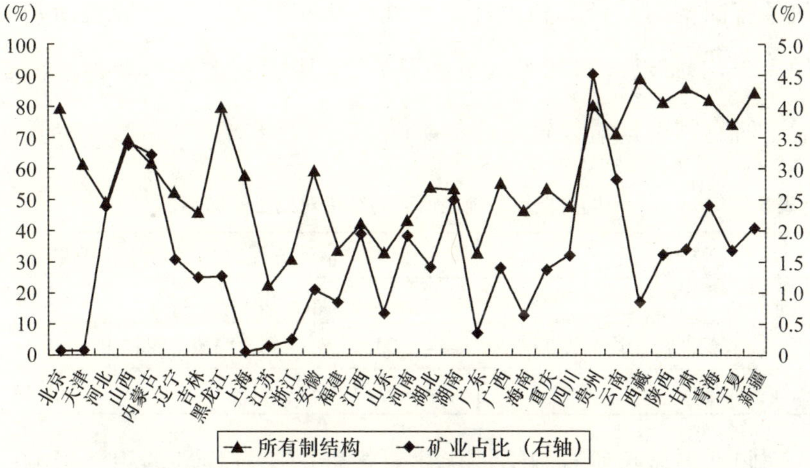

图 8－1　2011 年各省所有制结构和采矿业占比情况

资料来源：wind 资讯。

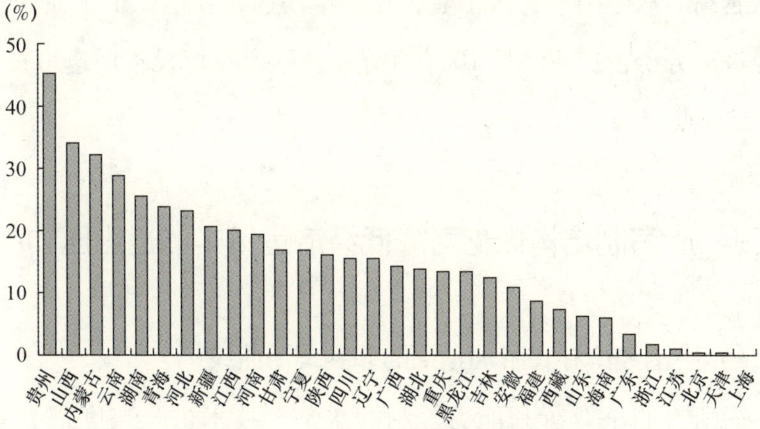

图 8－2　各省矿业占整体增加值比重

资料来源：wind 资讯。

2. 所有制结构优化可显著提高区域投资增速

按照上节分析，三个群组的计量模型均设定为如下形式：

$$tz_t^i = \alpha \cdot jg_t^i + \beta \cdot ztz_t + c^i \qquad (2)$$

式（2）中 tz_t^i 为不同省、不同年份投资实际增速；jg_t^i 为不同省、不同年份工业企业所有制占比；ztz_t 为各年全国投资增长速度，用于消除宏观经济运行带来的普遍性影响；c^i 为随截面样本变化的常数项，反映各省固定的差异。利用样本区间的历史数据，三个群组回归的结果如表8－1所示（具体参数见附录）。其中，资源性行业地区群组只考虑了所有制结构对投资增速的影响。

表8－1　不同产业结构地区所有制结构对投资的影响

不同区域	估计方程	效果（R^2）
制造业地区	$tz_t^i = -21.6 \cdot jg_t^i + 0.42 \cdot ztzi_t + c^i$	0.27
制造业和资源性行业均衡发展地区	$tz_t^i = -33.9 \cdot jg_t^i + 0.30 \cdot ztzi_t + c^i$	0.24
资源性行业地区	$tz_t^i = -33.8 \cdot jg_t^i + c^i$	0.24

回归结果显示所有制结构优化对投资增速有稳健的积极影响。无论区域产业结构如何，规模以上工业企业中非公经济占比越高，投资增速就越高。从全国平均水平看，在样本期内，规模以上工业企业中国有经济成分份占比每降低10个百分点，固定资产投资增速可提高2～3个百分点。

三、所有制结构优化可降低经济运行中的通胀压力

（一）中国经济存在附加预期的菲利普斯曲线

不同所有制企业盈利能力、利润水平、技术进步速度都有较大差异。这些差异可集中体现为区域间潜在经济增长率不同，进而影响到经济运行中的失业率和物价。标准的菲利普斯曲线反映失业率和物价涨幅之间的替代关系。失业率与GDP增速或GDP缺口有确定的相关关系。我国缺乏代表性的失业率统计，如果只是研究CPI波动规律，可直接利用GDP增速作为解释变量（刘树成，1997；沈利生，2009）。这样对菲利普斯曲线的检验可集中在GDP增长率和CPI之间进行。

图 8－3 列出了 1978～2012 年我国 GDP 与 CPI 数据波动的情况。从 GDP 增速与 CPI 的散点图（左图）看，线性关系并不明显。从 CPI 变动率与 GDP 增速的散点图（右图）看，线性关系明显改善。这说明，我国存在附加预期的菲利普斯曲线。利用 OLS 方法也显著确认中国经济运行中存在附加预期的菲利普斯曲线。

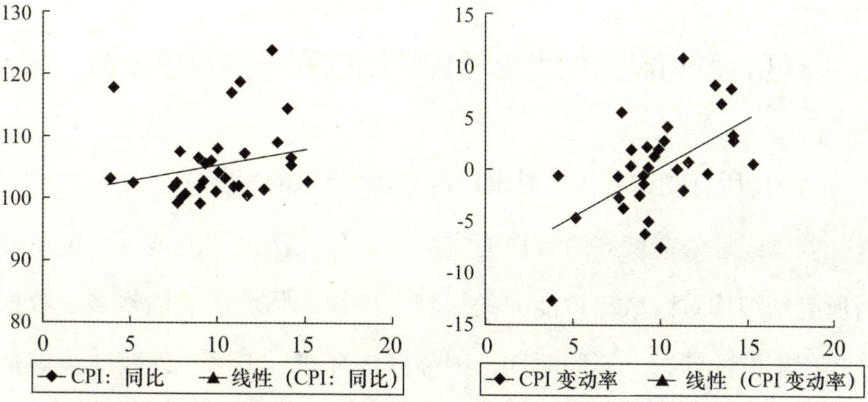

图 8－3　中国附加预期的菲利普斯曲线

（二）所有制结构优化可降低 CPI 平均涨幅

以附加预期的菲利普斯曲线为桥梁，可测算所有制结构优化对物价变动的影响。如前所述，为了得到足够的变异度，并简化难以定量测量的其他因素对物价变动的影响，设定面板模型如下：

$$cpi_t^i = \alpha \cdot jg_t^i + \beta \cdot gdpg_t + cpi(-1)_t^i \qquad (3)$$

其中 cpi_t^i 为不同省、不同年份 CPI 涨幅；jg_t^i 为不同省、不同年份工业企业所有制占比；$gdpg_t$ 为各年全国 GDP 增长速度，为 GDP 缺口的工具变量；$cpi\ (-1)_t^i$ 为不同省滞后一期的 CPI 涨幅，用以反映 CPI 的增长预期。

在上述模型的基础上，利用 31 个省、市 2000～2011 年的数据，计量回归的结果如下（具体参数见附录）：

$$cpi = 2.03jg + 0.34 \times gdpg + 0.95 \times cpi(-1)$$

从回归结果看，上一期物价涨幅对本期物价有明显影响。2000～2011年间，GDP增长每提高1个百分点，CPI平均会上涨0.34个百分点。如果其他条件不变，在样本期内，全国规模以上工业企业中国有占比每降低10个百分点，可以平均降低CPI涨幅0.2个百分点。

四、所有制结构优化可增加出口和外商直接投资

（一）所有制结构优化对出口占GDP比重的影响

我国经济外向度高的省份通常都是非公经济发达的地区。定量分析所有制结构对区域出口能力的影响，同样面临着影响因素多、数据变异度不够的问题。不同时期，国际经济环境、汇率、外贸政策等都会对出口增长情况带来影响。利用全国平均出口依存度作为面板数据的背景性变量，可平抑对各地发生均衡影响的不可测量的因素。而各地自身区域特征的影响，如产业结构对出口的影响，可通过固定横截面的常数项进行控制。如上所述，构建如下面板数据模型：

$$ck_t^i = \alpha \cdot jg_t^i + \beta \cdot zck_t + c^i \qquad (4)$$

其中ck_t^i为不同省、不同年份出口占GDP的比重；zck_t为各年全国出口占GDP的比重；jg_t^i为不同省、不同年份工业企业所有制占比。利用31个省2004～2011年的数据回归结果如下（具体参数见附录）：

$$ck_t^i = -0.16 \cdot jg_t^i + 0.68 \cdot zck_t + c^i$$

从测算结果看，所有制结构优化可以提高区域的外向度。总体看，在样本期内，全国规模以上工业企业中国有经济成分每降低10个百分点，出口占GDP的比重就可平均提高1.6个百分点。

（二）所有制结构优化可增加外商直接投资

私营经济发达的地区，市场经营环境好、经济活力比较强，往往更容易吸引外方以独资或合资的形式参与地方经济建设。利用面板数据模型，我们可以在较少分离其他干扰因素的情况下，测算一个区域的所有制结构对吸引外资的影响。模型的设定方法与上一节相同。用实际利用外资金额与当年 GDP 的比值作为吸引外资能力的指示变量，用全国实际利用外资与 GDP 的比值表示样本期的背景性变动。同时，设立横截面常数以表示各地在利用外资上的区域差异，重点在于凸显所有制结构对吸引外资的影响。设定模型如下：

$$fi_t^i = \alpha \cdot jg_t^i + \beta \cdot zfi_t + c^i \tag{5}$$

其中 fi_t^i 为不同省、不同年份实际利用外资占 GDP 的比重，zfi_t 为各年全国实际利用外资占 GDP 的比重，其他参数同前。利用各省 2004 ~ 2011 年的数据分析的结果如下：

$$fi_t^i = -0.03 \cdot jg_t^i + 1.05 \cdot fi_t + c^i$$

回归结果显示，所有制结构优化可以增加外商直接投资。在样本期内，全国规模以上工业企业中国有经济成分每降低 10 个百分点，会促进 FDI 占 GDP 的比重平均上升 0.3 个百分点。

五、主要结论和政策建议

在样本区间内的计量分析显示，所有制结构优化对经济运行各方面都有积极的影响。非公有制经济占比提高，可以明显降低区域存贷差占存款的比例、提高资金的流通效率，可以明显提高投资增长速度，从而增加资本存量，进而促进经济增长；非公有制经济占比提高，还可以显著提高出口和 FDI 占 GDP 的比重，提高区域经济的外向度和经济全球化程度；非公有制经济占比提高，还可以增强消化物价上涨的能力，有助于抑制通胀，有利于宏观经济平稳运行。本文反映所有制结构的指标是工业企业中国有经济所占比重，如果考虑全部经济中国有成分的变化，我们预计，所有制结构优化对经济运行效率提升和价格上涨平抑作用将更大。

我国已进入增长阶段转换期，正在迈向新常态，培育新增长动力、提高经济增长质量成为紧迫的任务。在推进国有企业分类改革的基础上，大力支持非公有制经济健康快速发展，使国有经济比重进一步适度下降、非公有制经济比重进一步适度提高，对于未来几年防止我国经济增速的过度下滑、保持我国宏观经济运行的总体平稳具有重要意义。

附录　计量回归结果的参数及检验值

1. 式（1）的参数设定及回归结果见附表1

附表1　　标准化存贷差回归结果

Dependent Variable：DC?				
Method：Pooled Least Squares				
Sample（adjusted）：2005～2011				
Convergence achieved after 10 iterations				
Variable	Coefficient	Std. Error	t－Statistic	Prob.
JG?	0.105916	0.050354	2.103451	0.0368
ZDC	0.931919	0.097551	9.553177	0.0000
AR（1）	0.468657	0.056919	8.233789	0.0000
R－squared	0.943985	Mean dependent var		0.306728
Adjusted R－squared	0.933883	S. D. dependent var		0.121468
Durbin－Watson stat	1.992665			

注：回归结果中省略了变系数的各省增速项。

2. 式（2）三个群组的回归结果见附表2至附表4

附表2　　制造业地区所有制结构与投资增速

Dependent Variable：DC?				
Method：Pooled Least Squares				
Sample：2000～2011				
Total pool（balanced）observations：120				
Variable	Coefficient	Std. Error	t－Statistic	Prob.
C	21.73746	11.45188	1.898157	0.0603
JG?	－21.59953	14.19521	－1.521607	0.1310
ZDC	0.426613	0.236215	1.806041	0.0737
R－squared	0.270850	Mean dependent var		20.25500
Adjusted R－squared	0.196585	S. D. dependent var		11.91360

注：回归采用固定效应模型，省略了横截面常数项。

附表3　　制造业和资源均衡发展地区所有制结构和投资增速

Dependent Variable：DC?				
Method：Pooled Least Squares				
Sample（adjusted）：2000～2011				
Total pool（balanced）observations：144				
Variable	Coefficient	Std. Error	t－Statistic	Prob.
C	45.14656	11.06462	4.080261	0.0001
JG?	－33.88892	10.21665	－3.317028	0.0012
ZDC	0.303274	0.198007	1.531633	0.1280
R－squared	0.238113	Mean dependent var		27.44028
Adjusted R－squared	0.161924	S. D. dependent var		9.627273

注：回归采用固定效应模型，省略了横截面常数项。

附表4　　资源性地区的所有制结构和投资增速

Dependent Variable：DC?		
Method：Pooled Least Squares		
Sample（adjusted）：2000～2011		

续表

Total pool（balanced）observations：108				
Variable	Coefficient	Std. Error	t – Statistic	Prob.
C	45. 33804	8. 426928	5. 380138	0. 0000
JG?	–24. 03930	10. 86353	–2. 212845	0. 0292
R – squared	0. 239046	Mean dependent var		26. 82778
Adjusted R – squared	0. 169163	S. D. dependent var		11. 63450

注：所有制结构和宏观经济增速共线性，回归中取消了宏观经济增速项。采用固定效应模型，省略了横截面的常数项。

3. 式（3）的参数设定及回归结果见附表5

附表5　　　　CPI与所有制结构变动的关系

Dependent Variable：CPI?				
Method：Pooled Least Squares				
Sample（adjusted）：2000～2011				
Total pool（unbalanced）observations：368				
Variable	Coefficient	Std. Error	t – Statistic	Prob.
JG?	2. 032673	0. 859305	2. 493494	0. 0131
ZS?	0. 344038	0. 067702	5. 081663	0. 0000
CPI?（–1）	0. 949438	0. 011269	84. 25575	0. 0000
R – squared	–0. 418558	Mean dependent var		102. 3865
Adjusted R – squared	–0. 426331	S. D. dependent var		2. 423554
Durbin – Watson stat	2. 623564			

4. 式（4）的参数设定及回归结果见附表6

附表6　　　　出口与所有制结构变动的关系

Dependent Variable：CK?		
Method：Pooled Least Squares		
Sample：2004～2011		
Total pool（balanced）observations：248		

续表

Variable	Coefficient	Std. Error	t - Statistic	Prob.
C	0. 085827	0. 029627	2. 896942	0. 0042
JG?	-0. 155057	0. 051996	-2. 982092	0. 0032
ZCK	0. 677747	0. 071971	9. 416997	0. 0000
R - squared	0. 968374	Mean dependent var		0. 177823
Adjusted R - squared	0. 963666	S. D. dependent var		0. 211124

5. 式（5）的参数设定及回归结果见附表 7

附表 7　　　　FDI 与所有制结构变动的关系

Dependent Variable：FI?				
Method：Pooled Least Squares				
Sample：2004 ~ 2011				
Total pool（balanced）observations：248				
Variable	Coefficient	Std. Error	t - Statistic	Prob.
C	0. 012921	0. 007009	1. 843356	0. 0667
JG?	-0. 029157	0. 014736	-1. 978650	0. 0491
ZFI	1. 053111	0. 225195	4. 676447	0. 0000
R - squared	0. 848647	Mean dependent var		0. 027258
Adjusted R - squared	0. 826120	S. D. dependent var		0. 022967

第九章

劳动年龄人口占比对经济增速转换的影响

后发追赶型国家经济增速转换显现出丰富的形态。然而，从一个增长速度平台转换到另一个平台的模式却是较为普遍和稳定的表现。同时，这种转换形态也被认为是我国增长阶段转换或新常态最为可能的模式。影响不同阶段增长绩效的因素很多，如人均 GDP 所表征的发展水平、全球 GDP 和贸易增速影响的外部需求环境、自身的城市化、工业化水平蕴含的增长前景、制度建设水平所包含的效率改进空间等。在分析后发追赶型国家经济增长速度转换的形态和幅度时，难以找到适用于所有国家的决定性规律。面对增速转换的历史性和地域性特点，针对具体国家分别研究决定其增长的重要条件是现实的考量。

2012 年我国经济增速比上年下降接近 2 个百分点，此后，GDP 增速持续下降。同年，我国劳动年龄人口绝对数量首次下降。日、韩两国经济增速转换期，劳动年龄人口在总人口中的占比也起到重要作用。如果能够得到充分就业，劳动年龄人口占比提升，全社会用于生产的人口比例增多，而被抚养的人口比例减少，可以有更多剩余经济资源用于投资。理论和现实都引向一个结论——劳动人口占比在决定经济增长速度上发挥着重要的基础性作用。

根据联合国的预测，中国劳动年龄人口占比快速下降的情况可能要持续到21世纪的中叶。从2010年的高点74.5%到2015年的71.9%，劳动年龄人口占比在5年时间里下降了2.6个百分点，平均每年下降0.5个百分点以上。速度远高于日本在20世纪70年代中期和90年代末期劳动年龄人口占比下降时的速度。增速转换期，韩国、中国台湾地区劳动人口占比是上升的，为其未来的增长提供了有利条件。中国人口结构变动的速度甚至比日本还快，这为我国应对增速转换增加了挑战。为了能够从更大范围内研究劳动年龄人口占比对经济增长速度的影响，本文利用计量模型对全世界21个经济体自1960年以来人口转折和经济增长的情况进行分析，同时也对日本和韩国等东亚国家劳动人口占比和速度转换进行了具体的研究。

一、经济增长与人口结构在长周期上存在相互影响关系

工业化以来，世界各地人口变化显现出一般性规律：大多数国家在工业化之前都处于高出生率、高死亡率的马尔萨斯均衡中，随着医疗和卫生条件改进，死亡率率先下降，而后出生率随着女性工资和教育程度提高也慢慢下降，最后，在预期寿命增加和出生率下降的共同作用下，人口出现老龄化。

根据出生率、死亡率和预期寿命这三个根本因素的改变，人口变化可以被分为四个阶段（见图9－1），而经济增长与人口结构变化的关系在不同阶段也有所不同。

在第一阶段马尔萨斯均衡中，有限的技术进步抑制了人口总数的增长，各年龄段的死亡率由于饥荒、战争和疾病都居高不下。出生率虽然也会因为生产力不足而时常受到负面冲击，但相对于后面几个阶

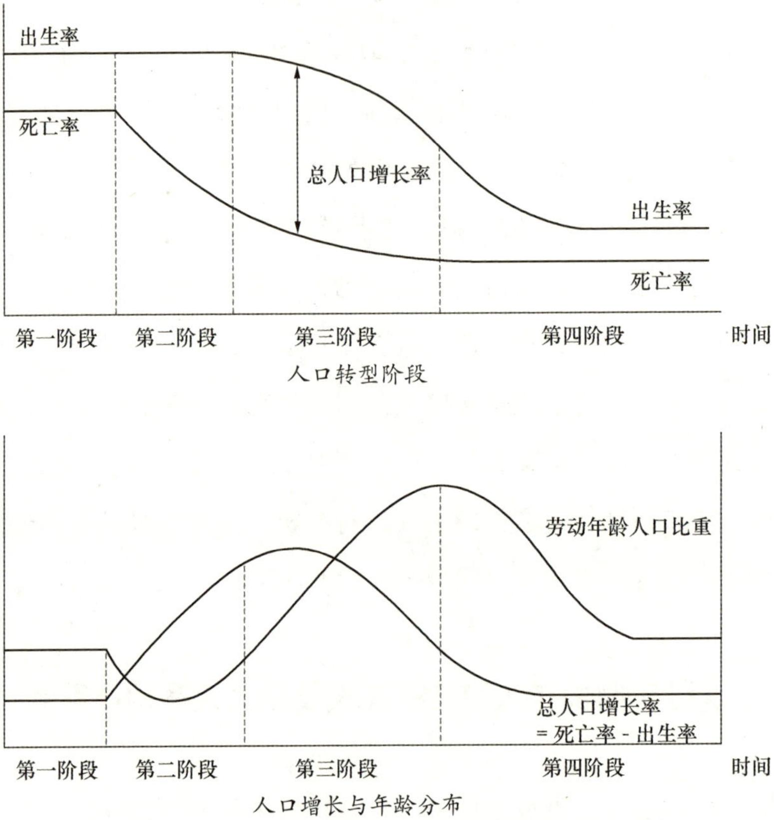

图9-1　人口结构转换的不同阶段与年龄分布

段，仍然处于一个非常高的水平。

在第二阶段，潜在生产力随着工业化推进逐渐超过了人口增长率，富余生产力逐渐改善人们的卫生和营养条件，儿童死亡率快速下降。需要注意的是，在最初的15~20年里，因为儿童人数快速增加，总抚养比会上升，劳动年龄人口占比会下降。而此阶段人口结构对经济造成的主要负担体现于抚养儿童减少国家的储蓄率。在某些国家也存在这样的反馈机制，出生率过高占用经济发展资源，而经济不发展又使得出生率保持在高位。

第三阶段的标志是出生率下降。新生儿数量减少，加上在高出生率时期儿童成年，劳动年龄人口占比进入快速上升通道。经济增长受益于劳动力增加和储蓄率提高的人口红利，潜在增速提高。针对亚洲各国[①]的研究显示，家庭储蓄率在这个阶段也会上升。而这也会提高国内总储蓄率，加快资本积累，推动经济增长。由于预期寿命相对较短，在前三个阶段的人口结构都非常年轻。

第四阶段的标志是由预期寿命的持续增长带来的劳动年龄人口占比下降。经济发展主要的负担由儿童转变为老人。劳动力的减少会在一定程度上拖累经济增长，但先行发展的西方发达国家以资本替代劳动率的模式在很大程度上缓解了此冲击。在不同的养老保险体制下，人口老龄化对经济会有不同的冲击。在现收现付养老保险制度下，随着劳动年龄人口的减少、老龄人口的增加，需要从劳动年龄人口工资中征收更高比例的养老金。除了养老负担变得日益沉重外，国民储蓄率也会因为储蓄人口可支配收入的下降而下降。在基金积累养老保险制度下，人口变动对储蓄的影响比较复杂：一方面随着预期寿命的增加，养老时间变长，在工资和退休年龄不变的情况下，理性人为了平滑消费，就会在年轻时候多存钱，储蓄率上升；而另一方面，如果进入养老阶段的人口大于进入劳动年龄阶段儿童的人口，储蓄率会下降。

从历史表现上来看，从18世纪末期至今，西欧各国的和东亚国家第二次世界大战后在快速现代化过程中经历的人口变化都是按照这个规律进行的。从地域上来看，非洲大部分地区由于卫生条件差等因素仍然处于马尔萨斯均衡中，而像印度、南亚各国和一些拉美国家还处

① 东亚储蓄率本来就高，但在第三阶段随着经济快速增长，家庭储蓄率还会进一步提升。对此现象有多种解释，从生命周期理论角度可以参见 Modigliani 和 Cao（2004），从受信贷约束的企业家会将收入的大部分存起来用于拓展经营的角度可以参见 Buera and Shin（2013），从消费习惯延续的角度对比可以参见 Carroll 和 Weil（2000）。

于低死亡率和高出生率的阶段。中国相比而言比较特殊，计划生育政策的实施使得中国迅速通过了高出生率阶段，进入了劳动年龄人口占比快速增长的阶段，并面临着迅速的人口老龄化。

二、劳动年龄人口占比对经济增速影响的定量分析

（一）文献综述与研究思路对比

20 世纪 60 年代，国外对人口及其结构变化与经济增长关系的研究开始增多。早期的研究受数据限制，重点在于探索人口总量变化与经济增长的关系。早期的研究如 Caole 和 Hoover（1958）、Ehrilich（1968）认为人口总量增长加速会通过边际效应递减规律稀释现有的技术和资本，减缓经济增长。后来 Kuznets（1967）、Boerup（1981）发现人口增长加速会通过规模效应以及加快科技和制度创新，提高经济增速。之后更细致的研究，如 Kelley（1988）则发现总人口增长速率对经济增长几乎没有影响。

人口结构数据的逐步丰富，促进了人口结构变动对经济增长贡献的研究。Bloom 和 Williamson（1998）利用全球 78 个国家，在 1965 ~ 1990 年间数据分析劳动年龄人口数量变化对经济增长的影响，结果发现劳动年龄人口增长速度每增加 1 个百分点，人均 GDP 增速平均会加快 2 个百分点。以此回归结果为基础，他们发现东亚经济奇迹期间的高速经济增长的 1/3 可以归功于劳动年龄人口高速增长。此项研究重新引起学术界对人口结构变化带来经济效应的兴趣。Bloom、Canning 和 Sevilla（2002）分析了世界各国人口结构变化的情况和面临的挑战，探讨了各国应当如何运用医疗、劳工、人口、人力资本投入和养老等各方面政策来积极应对劳动年龄人口数量变化对经济的冲击。Ito 和

Rose（2010）收集了一系列这方面针对东亚各国非常详细的研究。比如其中的 Hahn 和 Park（2010）的研究显示，一个国家的人口结构变化越迅速，其人力资本积累的速度越快。

在中国，这方面的研究主要集中在利用时序数据分析过去人口结构变化对经济增长的贡献，比如蔡昉和王德文（2005）、Bloom 等人（2010）的研究。到目前为止，学界针对中国的研究主要有以下两方面的缺失。

一是缺少根据中国人口转型特点进行的国际对比研究。根据各种预测，中国劳动年龄人口结构转折有幅度大、速度快、占比高的特点。现有研究几乎没有探讨过具有不同转折特征的国家受到人口冲击的效果是否也会有所不同。从原理角度来讲，一个国家人口结构转折速度越慢，个人和国家就会有更充分的时间来调节其行为与政策，以缓和相应的冲击。而如果在增速向下转折出现时，一个国家的劳动年龄人口占比比较高，那么同样幅度和速度的冲击应当比抚养比高的国家要小。

二是缺少探讨处于不同发展阶段、采取不同发展模式的国家其经济增长受劳动年龄人口占比影响的渠道与程度是否也会有所不同。对于长期处于全球技术前沿、经济体系成熟、制造业机械化程度高的发达国家而言，人口结构的冲击主要体现在储蓄率的变化和人口老龄化所带来的经济与社会负担。而对于大多数发展中国家来说，能否成功追赶，很重要的是能否利用好人口红利等后发优势。拉美、类拉美东南亚国家凭借其丰富优质的矿产资源等有利条件实现过一段时间的高速经济增长，但没有利用人口红利来拓展制造业，加快科研创新，后来都陆续陷入了中等收入陷阱。而成功利用好人口红利等后发优势、由发展中国家转型为发达国家的经济体，在人口红利快速消失时如果没做出适当的政策调整，其经济增长也会受到较大的负面冲击。

本文的实证分析将注意力更多集中在上述两个方面，试图通过国际经验研究经济增速转换期人口结构变动对中国经济增长的影响。

（二）模型设定与数据准备

测算劳动年龄人口占比与GDP增长的基本关系采用式（1）模型，采用面板数据分析时选择固定效应（Fixed Effect Model）。

$$g_{it}^{人均GDP} = \beta_1 g_{it}^{劳动年龄人口占比} + a_i + c + \mu_{it} \quad (1)$$

此模型理论基础为拉姆齐增长模型，a_i 代表不可被观察得到的固定个体特性。具体来说，是每个国家特有的影响经济增长的因素，比如说独特的文化和经济制度。这些因素难以被直接观察到，也难以量化。但此类因素很有可能会同时影响经济增长和人口结构变化，从而使得普通最小二乘法和随机效应模型回归结果产生内生性偏倚。因此，在计算固定效应模型时会通过内部转换：用一个国家每年的人均GDP增长率减去这个国家增速平均值来消除个体特性。c为常量，衡量长期技术进步等因素。

模型选取21个世界主要经济体作为分析对象，分析数据来自于世界银行数据库，样本区间为数据库函括的全部时间：1960～2014年。样本按地域分类。亚洲国家有中国、日本、韩国、印度尼西亚、泰国、新加坡、印度、马来西亚、菲律宾、越南；欧美国家有美国、英国、德国、法国、意大利、加拿大；拉美国家有墨西哥、巴西、智利、阿根廷。大洋洲国家为澳大利亚。使用的变量分别为人均实际GDP增长率、劳动年龄人口（15～64岁）占比的增长率、老龄人口（65岁及以上）占比和其增长率、国内储蓄率。

（三）计量模型的结论和启示

根据不同国家增长绩效和人口结构变动程度两个标准，本研究对

21个国家以两种方法（3组分类对比和1组针对老龄化的回归，分别按经济类型、人口结构转折速度、转折幅度分组和一个老龄化开始时劳动年龄人口占比高低对转折冲击的回归）分别构建模型进行分析。总体看来，劳动年龄人口占比对后发追赶型国家经济增长影响最为显著；人口结构变化越迅速、幅度越大，经济增长受到的冲击也越大；如果在人口老龄化开始时，劳动年龄人口占比较高，每个百分点的人口结构变化对经济的冲击就越小。分组依据见附件一，回归结果见附件二。

1. 按不同国家的发展特点进行分组

根据各国经济增长的历史表现，样本被分为3组：①根据世界银行定义，在1960年达到发达国家标准的经济体；②后发追赶型国家，包括成功实现追赶以及处于高速追赶中的国家，包括日本、韩国、智利、新加坡、中国和印度；③剩下的样本都出现过为期10年以上的高速增长期，而随后经济增长都出现过大幅度的波动，且近10年增速都在6%以下，这些统一归为追赶受阻型国家。

回归结果显示，从总体看，劳动年龄人口占比增长速度提高1个百分点，将对人均GDP增长速度平均贡献1.47个百分点。从分组回归结果看，在后发追赶型国家这种效应非常明显，劳动年龄人口增速每增加1个百分点带来人均GDP增速提高2.37个百分点。相比而言，发达国家和追赶受阻型国家GDP增速受到的影响仅为后发追赶型国家的33%和27%，分别为0.79个和0.63个百分点（追赶受阻型国家回归统计不显著）。

劳动人口占比对经济增长最直接的渠道是通过影响储蓄率影响经济增长。为了反映这种机制，在回归中考虑了式（2）模型，用国内储蓄率作为代理变量将人口结构变化通过储蓄渠道的影响与其他渠道区分开来。

$$g_{it}^{人均GDP} = \beta_1 g_{it}^{劳动年龄人口占比} + \beta_2 国内储蓄率_{it} + a_i + c + \mu_{it} \qquad (2)$$

在控制了储蓄渠道后，后发追赶型国家的系数下降了0.3个百分点。这说明劳动人口占比通过储蓄渠道对后发追赶型国家的影响是正向的。

计量回归总的结论如下：劳动年龄人口占比变化对后发追赶型国家增速影响最大，其次是发达国家，最后是追赶受阻型国家。储蓄率是劳动年龄人口占比发挥该机制的渠道之一，但并不是唯一渠道。

2. 按劳动人口占比变动速度和幅度的大小分组

人口结构变化的幅度和速度会影响到政府和企业对人口结构变动的适应能力，进而影响到其对经济的冲击。利用增速变化的方差可以衡量劳动年龄占比变化的速度。

根据变化幅度分组的回归显示，劳动年龄人口转折幅度大的国家（大于10%）劳动年龄人口占比增长率每加快1个百分点，人均GDP增速会增加1.28个百分点，而此效果对于幅度小的国家来说仅有0.64个百分点，且显著程度不高。

根据速度分组的回归显示，在劳动年龄人口转折最快的组里，劳动年龄人口占比增长率每加快1个百分点，人均GDP增速会增加2.14个百分点，在速度适中的组会增加0.7个百分点（10%显著，5%不显著），而在转折缓慢的组只会增加0.42%（不显著）。Bloom、Canning和Finlay（2010）分析发现，人口老龄化除了会导致的劳动力减少外，也会导致一系列的对经济增长有益的变化，比如女性劳动参与率的上升、退休政策的改变、储蓄和教育的增加等，因此老龄化在不同国家对经济增长的影响是由这些行为变化和政策调整的强度决定的。他们的研究也从一个侧面支持了上述回归的结果。

3. 劳动年龄人口占比高低与其变体的影响

在劳动年龄人口占比向下转折开始时，老龄人口占比越低（意味着劳动年龄人口占比越高）则经济受到的冲击越小。这是因为，如果一个国家的老龄人口占比低，则经济的负担也轻，同样速度和幅度的老龄化对经济的冲击也会小。而此效果在后发追赶型经济体表现得更加明显。为更加清晰测算这种影响，采用式（3）模型。

$$g_{it}^{人均GDP} = \beta_1 g_{it}^{老龄人口占比} + \beta_2 \varphi_{it}^{老龄人口占比} + \beta_3 \varphi_{it}^{老龄人口占比} g^{老龄人口占比} + a_i + c + \mu_{it} \quad (3)$$

其中上式（3）中符号代表占比。此处使用老龄人口占比而不使用劳动年龄人口的目的是回避劳动年龄人口占比非单向变动对结果带来的干扰。

回归结果显示，当老龄人口占比高低不同，老龄人口占比增速每个百分点的变化对经济增长的影响不同。对于全体样本来说，当老龄人口占比提高1个百分点时，老龄人口占比增速对比人均GDP增长的影响就会减少0.04个百分点。而对于后发追赶性经济体而言，此效果为0.26个百分点。例如中国的劳动年龄人口峰值出现时老龄人口占比比日本大概低4个百分点，同样速度和幅度的人口老龄化对中国人均GDP增速每年的影响就会小1.04个百分点。

三、东亚国家经济增速转换过程中的劳动年龄人口占比

东亚后发追赶型国家的经济发展模式较为相似，都在发展过程中充分利用了劳动年龄人口快速增长带来的优势。而这些国家在后续发展中遇到的问题也相同——随着刘易斯拐点的出现和人口红利的消失，各国不得不摒弃劳动密集型出口产业，在科技创新和扩大服务业方面寻找新的增长动力。日本与韩国的历史经验对中国非常有借鉴价值。

（一）日本与韩国的人均 GDP 增长与劳动年龄人口占比变化有很强的相关性

通过图 9－2，可以直观看出日、韩两国劳动年龄人口占比增速与人均 GDP 增长率存在着很强的相关性。日本经济增速分别于 20 世纪 70 年代和 90 年代初期下降到一个较低的平台，而这两次增速放缓的开始都伴随着劳动年龄人口占比增速的减慢。韩国 20 世纪 60 年代经济增长的加速和 90 年代的放缓也都相应伴随着劳动年龄人口占比

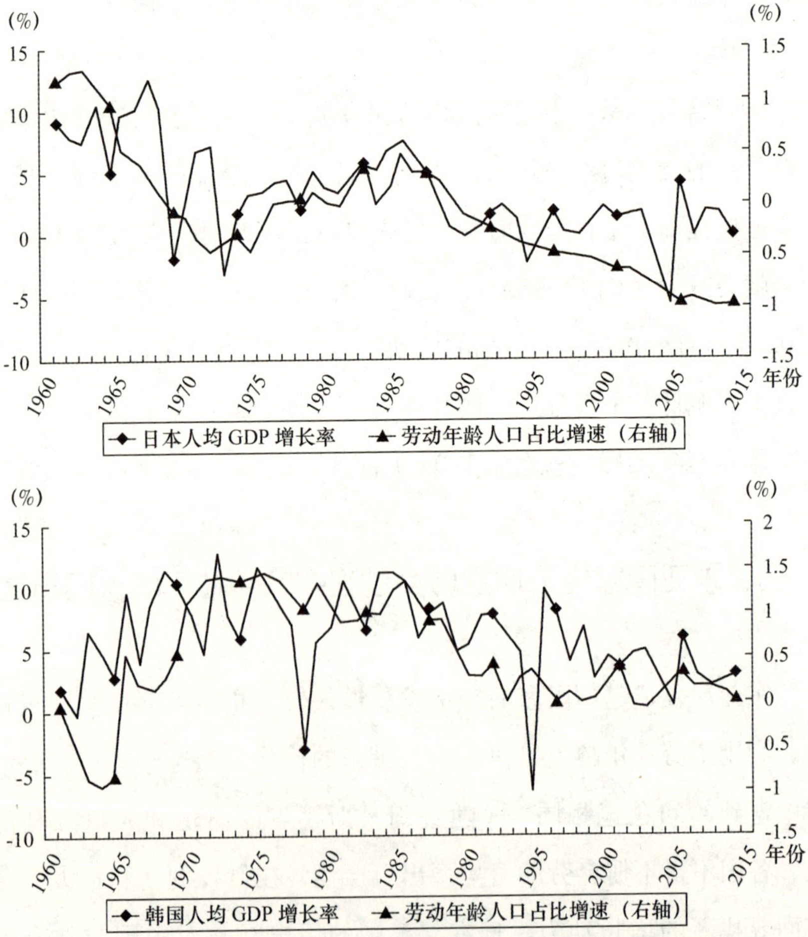

图 9－2　日本、韩国人均 GDP 增速与劳动年龄人口占比增速

资料来源：世界银行数据库。

增速的提升和下降。

（二）日本与韩国的总储蓄率与劳动年龄人口占比有很强的相关性

从图9-3可以看出，日本和韩国的总储蓄率与劳动年龄人口占比有着较强的相关性。日本的总储蓄率在样本区间整体呈下降趋势，但在80年代随着劳动年龄人口上升也有一定的回升，但进入90年代之后随着劳动年龄人口占比一直下降。战后韩国储蓄率随着劳动年龄人

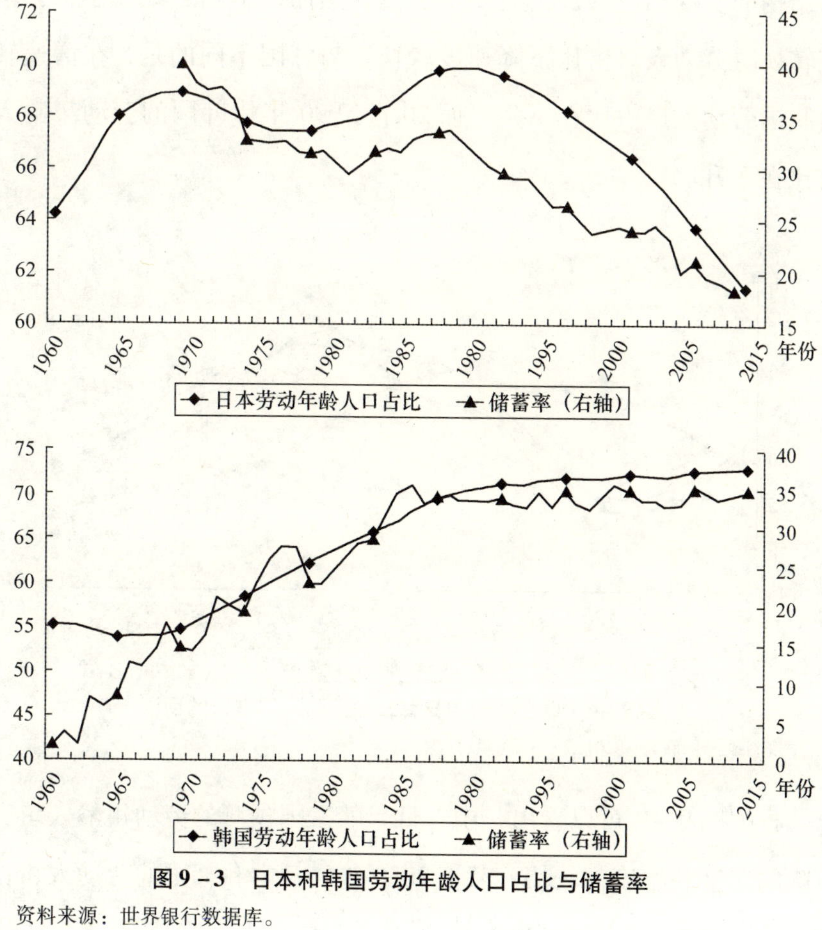

图9-3　日本和韩国劳动年龄人口占比与储蓄率

资料来源：世界银行数据库。

口占比迅速上升，当劳动年龄人口占比在 20 世纪 90 年代进入一个平台后，韩国储蓄率也维持在了一个相对较高的平台。

（三）劳动人口年龄占比处于高位，是中国人口结构和经济增速转换发生时较为有利的基础性条件

中国当前发生的劳动年龄人口占比的变动与日本 20 世纪 70 年代或者 90 年代增速转换时的相同点在于占比在下降，但不同的是，我国发生转换时劳动年龄人口占比较高。根据之前的测算，占比较高时人口结构的变动相应的冲击就要小一点。然而，不利之处在于，我国增速转换时劳动人口占比下降速度较快。与韩国不同的是，在增速转换对我国劳动人口占比在下降，而 20 世纪 90 年代韩国的劳动年龄人口占比在上升。

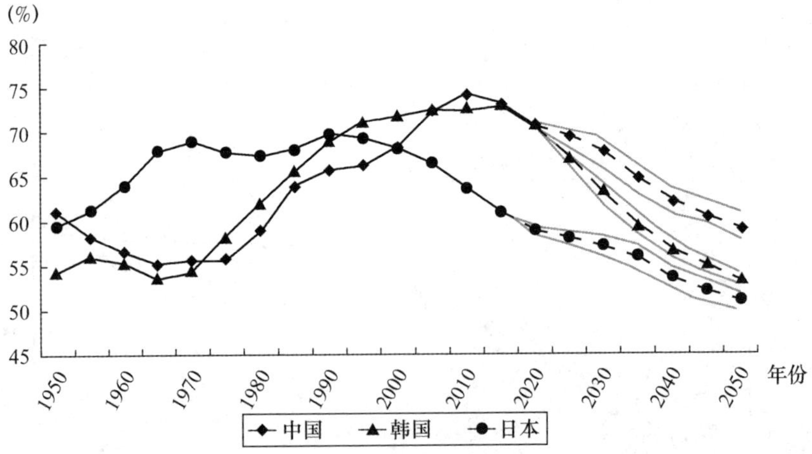

图 9 –4　联合国对中日韩三国劳动人口占比的预测

资料来源：联合国 2015 人口展望数据库。

根据图 9 –4 可以看出，中、日、韩三国预测的劳动年龄人口占比下降的速度和幅度都较快。截至 2050 年，日本和韩国的劳动人口占比都会从各自位于 1990 年和 2010 年左右的最高点下降 18 个百分点，相当于下降了 26% 和 24%。而中国面临的情况稍微好一些，在未来 34 年里只会从 2010 年左右的最高点下降 15 个百分点①，相当于下降了 20%。而从速度上来看，中国在 2010～2035 年劳动年龄人口占比预期会下降 11.2%，平均每年 0.45 个百分点，远高于日本在 20 世纪 90 年代后的 25 年的年均 0.36 个百分点的下降速度。而韩国在 2010 年后的年均下降速度更快，为每年 0.51 个百分点。图 9－5 显示了劳动年龄人口占比变动的速度。

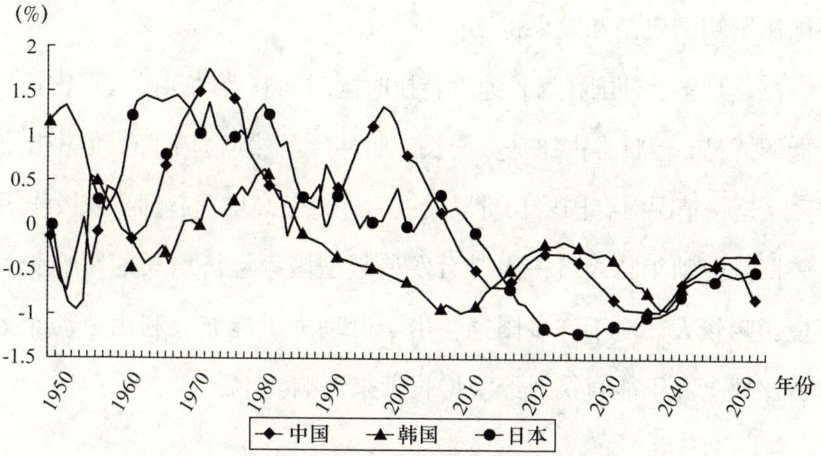

图 9－5　劳动年龄人口占比变动的速度

资料来源：世界银行数据库。

四、重要结论和启示

通过对全球不同类型的 21 个国家的经济增长和人口结构数据的模型分析，可以看到劳动年龄人口占比对经济增长具有重要的基础性作用。但是对不同类型的国家，其影响程度和重点渠道有所不同。重要

① 按照我国统计局数据，我国劳动年龄人口高点出现在 2011 年。

的结论如下。

一是由于中国的劳动年龄人口峰值出现时老龄人口占比比日本大概低 4 个百分点，同样速度和幅度的人口老龄化对中国人均 GDP 增速每年的影响就会小 1.04 个百分点。

二是劳动年龄人口占比变化对后发追赶型国家增速影响最大，其次是发达国家，最后是追赶受阻型国家。储蓄率是劳动年龄人口占比发挥该机制的渠道之一，但并不是唯一渠道。其对于发达国家和追赶型国家影响的机制和效果也不同。

三是日本、韩国在增长速度转换时同时面临劳动年龄人口占比增速降低的情况。但日本占比是负增长，而韩国虽然增速下降，但占比仍在提高。这一情况对韩国增长阶段转换后保持较高增速起到了积极作用。

四是劳动年龄人口占比对后发追赶型国家经济增长的影响受发展环境影响较大。对于许多国家，由于劳动力不能充分利用劳动年龄人口占比提高并不能直接对经济增长带来影响。

附件一　计量回归时不同国家分组情况

1. 按照经济增长情况划分

附表 1　　不同样本国家发展情况及其分组

分类	国家	是否为发达国家	近十年人均 GDP 增速（%）	增长最快的十年	最快十年增速（%）	增长最慢十年	最慢十年增速（%）
1960 年发达国家	美国	是	0.72	1964～1973	3.47	2005～2014	0.72
	英国	是	0.60	1964～1973	3.04	2004～2013	0.57
	德国	是	1.52	1964～1973	3.73	2000～2009	0.85
	法国	是	0.32	1962～1971	4.49	2005～2014	0.32

续表

分　类	国　家	是否为发达国家	近十年人均GDP增速（%）	增长最快的十年	最快十年增速（%）	增长最慢十年	最慢十年增速（%）
1960年发达国家	意大利	是	-1.09	1961～1970	4.99	2005～2014	-1.09
	澳大利亚	是	1.27	1963～1972	3.37	1974～1983	1.00
	加拿大	是	0.83	1964～1973	3.53	2005～2014	0.83
后发追赶型	中　国	否	9.42	2002～2011	10.03	1961～1970	2.73
	印　度	否	6.19	2003～2012	6.27	1965～1974	0.35
	韩　国	是	3.17	1968～1977	9.15	2005～2014	3.17
	新加坡	是	3.06	1965～1974	9.41	2000～2009	2.89
	日　本	是	0.66	1961～1970	7.98	2000～2009	0.44
	智　利	是	2.92	1988～1997	6.26	1967～1976	-0.77
追赶受阻型	墨西哥	否	0.97	1972～1981	4.27	1982～1991	-0.66
	巴　西	否	2.36	1967～1976	6.91	1981～1990	-0.32
	阿根廷	否	3.94	2003～2012	5.40	1981～1990	-0.32
	泰　国	否	3.13	1987～1996	7.95	1997～2006	2.06
	印度尼西亚	否	4.35	1987～1996	5.84	1997～2006	1.25
	马来西亚	否	3.22	1988～1997	6.39	1998～2007	2.23
	菲律宾	否	3.65	2004～2013	3.67	1983～1992	-1.54
	越　南	否	5.06	1992～2001	5.94	1978～1987	1.08

2. 按照劳动年龄人口占比的变化速度和幅度来划分

附表2　　不同样本国家人口结构变动情况

分　类	国　家	劳动年龄占比增速的方差
人口结构变化迅速	新加坡	0.65
	越　南	0.57
	韩　国	0.4
	中　国	0.39
	日　本	0.34
	泰　国	0.33
	德　国	0.3

续表

分　类	国　家	劳动年龄占比增速的方差
人口结构变化中等	印度尼西亚	0.25
	墨西哥	0.22
	加拿大	0.21
	马来西亚	0.2
	意大利	0.16
	英　国	0.12
	法　国	0.11
人口结构变化缓慢	智　利	0.1
	美　国	0.1
	印　度	0.09
	巴　西	0.08
	阿根廷	0.08
	菲律宾	0.07
	澳大利亚	0.05
劳动年龄人口占比变幅＞10%	新加坡	20.38
	越　南	19.67
	泰　国	19.61
	韩　国	19.41
	中　国	19.28
	马来西亚	18.67
	墨西哥	16.18
	巴　西	16.10
	菲律宾	13.91
	印度尼西亚	13.53
	智　利	13.23
	加拿大	11.03
	印　度	10.08
劳动年龄人口占比变幅＜10%	日　本	8.57
	美　国	7.48
	德　国	6.92

续表

分类	国家	劳动年龄占比增速的方差
劳动年龄人口占比变幅<10%	澳大利亚	6.48
	意大利	5.03
	法国	4.42
	英国	3.86
	阿根廷	3.61

附件二 面板数据计量回归的结果

劳动年龄人口占比对经济增长的影响：1961~2014年

因变量：人均实际GDP增长率

固定效应模型：21个国家

自变量		劳动年龄人口占总人口比增长率	国内储蓄率	常量
模型一	全部样本	1.5*		2.65*
		(0.23)		(0.13)
	先行发展	0.79*		1.95*
		(0.29)		(0.11)
	后发追赶	2.37*		3.70*
		(0.42)		(0.28)
	追赶受阻	0.63		2.61
		(0.43)		(0.26)
模型二	全部样本	1.29*	0.02*	2.62*
		(0.23)	(0.04)	(0.13)
	先行发展	1.14*	0.27*	1.87*
		(0.23)	(0.02)	(0.23)
	追赶受阻	0.58	0.02*	2.62*
		(0.43)	(0.01)	(0.26)

续表

自变量		劳动年龄人口占总人口比增长率	国内储蓄率	常量
模型二	后发追赶	2.07*	0.01	3.69*
		(0.44)	(0.01)	(0.29)
人口结构变化迅速		2.14*		3.07*
		(0.33)		(0.43)
人口结构变化适中		0.7		1.27*
		(0.42)		(0.57)
人口结构变化缓慢		0.41		2.96*
		(0.61)		(0.82)
劳动年龄人口占比变幅 >10%		1.28*	0.02*	3.06*
		(0.29)	(0.05)	(0.20)
劳动年龄人口占比变幅 <10%		0.63	0.02	1.83*
		(0.39)	(0.22)	(0.15)

注：括号内为标准误差，标有“*”意味着回归系数有显著性（95%）。

第十章

工业化迂回生产对投资和经济增长的贡献

工业部门与农业和服务业的典型区别在于其生产的迂回性。生产同等价值的最终产品，工业部门所要用到的中间投入品多，生产工序长。在投入产出关系中就体现为中间部门在总产出中的占比较高。这种结构性的变化反映在宏观上就是投资会加速增长。中间部门扩张的典型例子是为了扩大钢铁生产，需要建设新钢铁厂，而建设新钢铁厂又会进一步提升钢铁需求。工业在GDP中占比提升的流量变化，反映在存量上就是中间部门资产扩张。在经济高增长阶段，上述效应表现得非常典型。与此同时，增长阶段转换后，服务业占比上升、工业占比下降，上述效应反过来又会拉低投资增速。追赶型国家增速转换后，投资增速降幅往往大于GDP降幅，上述原理就是一个重要机制。

测算中间部门扩张对投资的影响是分析我国增速下降后投资和经济增长关系的重要环节。然而，由于投入产出表每五年才编制一次，且发布时间往往滞后，年度分析难度较大。利用统计局发布的1987~2002年可比价投入产出表系列以及2007年、2010年和2012年的投入产出表，可以对中间部门扩张影响投资的相关参数进行估算，进而结合前几章对消费、出口、产业结构变动的研究，对我国增速下行后的宏观运行情况进行分析。

一、中间部门扩张是工业占比提高的典型结构特征

（一）我国工业占比提高伴随着中间部门显著扩张

中间部门是指其产品仅作为下游的中间投入品，并不用于最终需求的那些部门。也就是说，其产品不进入消费、投资，存货也不直接用于出口。需要指出的是，中间部门是一个经济学抽象概念，不是具体一个特定的部门。对绝大多数具体的生产部门来说，其产品既可能是中间投入品，也可能会作为最终产品被消耗。计算中间部门时，本文将所有这些生产中间投入品的成分综合起来，作为一个概念上的整体看待。

利用我国 1987 ~ 2002 年 6 张投入产出表以及 2007 年、2012 年投入产出表和 2010 年延长型投入产出表，可以计算出相应年份中间部门在生产体系中的占比。

考查中间部门的好处在于，我们可以清晰地知道生产过程中有多少产品是为下道工序投入做准备的。同时，我们也可以知道资本存量中有多少是为了支撑中间部门的。中间部门的体量大，当最终需求发生变化时，其会大幅波动；而当最终需求发生转折性变化时，正如当下所经历的增长阶段转换，中间部门大量资产就面临闲置的风险。

工业占比和中间部门占比的比较如图 10 – 1 所示。过去的 20 多年里①，随着工业占比提高，中间部门在生产体系中的占比也逐步提高，呈现出明显的相关性。

---

① 投入产出表每五年编制一次，2012 年投入产出表是最新的数据。

（二）影响中间生产部门占比变化的三个主要因素

图 10－1 中间部门占比曲线上每个点都反映当年有多少产品作为中间投入品被生产出来，其与工业占比变动趋势基本一致，但波动情况不同。影响中间部门占比主要有三个因素。

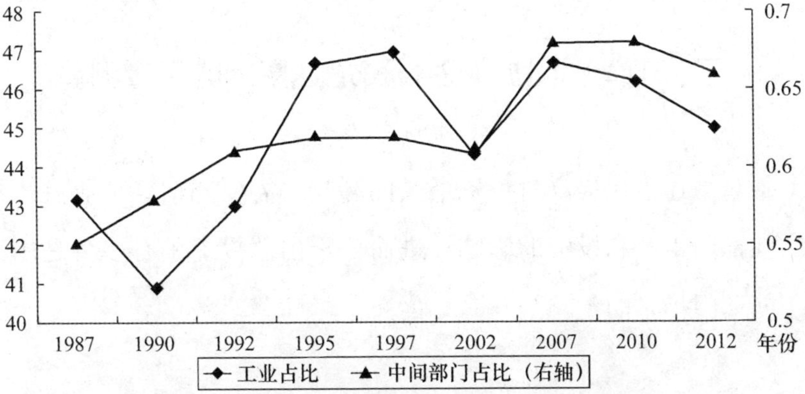

图 10－1　工业占比和中间部门在生产体系中的占比

资料来源：1987～2002 年投入产出表系列，2007 年、2010 年、2012 年投入产出表。

一是经济运行的景气波动。受终端需求波动影响，中间投入品的占比在年度间会有差异。比如，房地产市场的波动会影响到建材等产品的生产，对中间投入占比年度波动带来影响。这种影响是景气状况的反映。

二是技术水平提高增加了生产复杂性，从而提高中间投入在生产体系的占比。比如，农业生产在早期可能只需要简单的工具和劳动力投入。技术进步后，农业生产需要投入机械和化肥，中间部门也就相对扩张。技术水平提高也可能会减少生产过程，但总的趋势是分工深化、部门向投入产出关系更加密切。

三是工业占比的提高。工业部门中间投入占比高于农业和服务业。如附表 1 所示，农业部门的中间投入占比略高于 40%，服务业部门的中间投入占比大约在 40%～50% 之间，而工业部门的中间投入占比大约在70%～80%之间。工业部门在整个经济体系中占比提升，必然会推动整体经济中间部门投入占比提高。

上述三种机制，第一种随景气状况波动，在不同年份采样可平滑其影响，后两种是中长期影响，可设定相关模型进行测算。

二、中间部门扩张对投资增速影响的定量测算

估算工业占比提高对投资增长的影响，需要先估算工业占比提高对中间部门生产和投资的影响，进而分析出总投资中有多少是用于保障中间部门扩张的。

（一）工业占比对中间部门扩张的影响

影响中间部门占比的主要因素有经济景气波动、技术进步、工业占比。考虑到第一个因素可通过年度间平均消除影响，构建简单的时序模型如下：

$$M = \alpha G + \beta T + \varepsilon \quad (1)$$

其中：M 为中间部门占比，G 为工业占比，T 为时间，用于表示技术进步情况。

利用 GDP 构成数据以及 1987 年、1990 年、1992 年、1995 年、1997 年、2002 年、2007 年、2010 年、2012 年共 9 张投入产出表计算出的中间部门占比，进行回归测算出下：

$$M = 1.29G + 0.88T \qquad R^2 = 0.73$$

其中工业占比和时间变量的系数统计上均显著。从回归情况看，工业占比和技术进步解释了中间部门占比73%的波动情况。工业占比每提高1个百分点，会引起中间部门占比提高约1.29个百分点。

（二）中间部门扩张对投资增速的影响

工业占比提高引起中间部门扩张需要资本存量调整作为支撑。精确估算不同部门资本存量难度较大。利用投入产出表各部门固定资产折旧数据可以估算出各部门资产相对关系，结合本部门中间产出与总产出数据，可以计算出用于中间投入品生产的资产。具体计算流程如下。

1. 中间部门生产占比与其资产占比的关系

以最新公布的2012年投入产出表为基础。其中间产品生产所需要的总资产如式（2）所示：

$$K = \sum \left(\frac{\sum_{i=1}^{n} x_{ij}}{x_i} \right) \times I_i \times \eta^{-1} \tag{2}$$

其中 K 为中间产品生产占用的总资产；I_i 为本行业固定资产折旧；η^{-1} 为折旧率，平均设为5%；$\left(\frac{\sum_{i=1}^{n} x_{ij}}{x_i} \right)$ 为本行业中间产出合计占总产出的比重。

在计算中，如果最终目的是揭示新增投资多大比例是用于扩大中间部门所占用的资产，可以不具体计算出各部门的资产，而仅通过比例和行业加权测算出中间部门资产占总资产的比重。

由于一部分中间投入是进口产品，而进口品不需要相应的资产作为其生产保障。在计算中需要将这一部分中间产出对应的资本存量剔除。假设进口产品与国内产品的投向一致，利用中间产出在总产出中的分配系数可以将进口产品分拆到相应的使用领域。接下来，可在计算中剔除进口的影响。

最终计算结果显示，2012年中间产品占全部产品的比重为66.5%；剔除进口，本国生产的中间产品占总产品的比重为58.9%；用于生产中间产品的资产占到总资产的比重为54.2%，产量与资产占比的一致性比较好，其间差异反映出不同行业的资本强度不同。利用2010年、2012年投入产出表的计算情况如表10－1所示。

表10－1　　工业化水平与中间部门资产占比　　单位：%

	工业占比	中间产品占比	国内中间产品占比	中间部门资产占比
2010年	46.2	67.8	59.7	55.1
2012年	45	66.5	58.9	54.2

资料来源：2007年、2010年、2012年投入产出表，作者计算。

从测算结果看，2010～2012年，工业占比下降1.2个百分点，中间产出占比下降1.3个百分点，同期中间部门资产占比下降0.9个百分点。工业占比下降与中间部门产出下降的弹性为1.08，略小于上节测算出的长期平均值1.29。中间部门占比下降1个百分点引起其资产占比下降0.69个百分点。考虑到农业和服务业对资产变动幅度起到了平均效应，此值是处于合理区间的。

2. 工业占比对投资增速与GDP增速关系的影响

考虑如下简单的均衡增长的模型：$Y = f(K)$，不考虑劳动力等其他生产要素的投入变化，设定f为线性函数。其增长率可表述为：

$$\frac{\dot{y}}{y} = \frac{\dot{k}}{k} \cdot \beta_{技术} \tag{3}$$

其中$\beta_{技术}$为保障一定GDP增速而需要的资产增量所对应的固定系数，其值会并受统计误差、折旧等因素影响。

2002～2007年，我国GDP增速均稳定在10%以上。为了将问题集中在工业占比与投资增长关系上，我们专注研究这一时期的投资与GDP增速表现。式（3）可改写为：

$$\bar{g} = \frac{I_t - I_{t-1}}{I_t} \cdot \frac{I_t}{K_t} \cdot \beta_{技术} \tag{4}$$

其中$\bar{g}$为GDP平均增速。进一步改写为：

$$\frac{I_t - I_{t-1}}{I_t} = \bar{g} \cdot \frac{K_t}{I_t} \cdot \beta_{技术}^{-1} \tag{5}$$

式（5）说明为保持固定的 GDP 增速$\bar{g}$，投资增速取决了$\frac{K_t}{I_t}$和 $\beta_{技术}$ 的值。这两者的值均大于 1，如不考虑其他要素投入，投资增速必定高于 GDP 增速。以 2010 ~ 2012 年之间的情况为例估算参数如下：

$\bar{g} = 0.093$（GDP 同比平均值）

$\frac{I_t - I_{t-1}}{I_t} = 0.183$（全社会资本投资实际同比平均值）

$\frac{K_t}{I_t} = 4.11$（2010 年、2012 年均值）

则：

$$\beta_{技术}^{-1} = 0.48 \tag{6}$$

得到式（6）的值，我们假定了在 2010 ~ 2012 年不考虑周期性因素，资本与投资之比是恒定的。如上节所述，在工业化占比上升的过程中，中间部门的资产会膨胀，这会影响到$\frac{K_t}{I_t}$的估算值。所以：

$$\frac{K_t}{I_t} = \frac{\bar{K}_t}{I_t} \cdot (1 + \tilde{\beta}_{结构}) \tag{7}$$

其中，$\tilde{\beta}_{结构}$在不同时期是可变的，反映工业占比变动对投资及资产的影响。

式（5）进一步改写为：

$$\frac{I_t - I_{t-1}}{I_t} = \bar{g} \cdot \frac{\bar{K}_t}{I_t} \cdot \beta_{技术}^{-1} \cdot (1 + \tilde{\beta}_{结构}) \tag{8}$$

通过 2010 年、2012 年全社会投资和资产的值，可计算出的值为 -0.13。也就是说，由于中间部门膨胀，使得投资增速下降 13%，换算为绝对量约为 2.4 个百分点。

2010～2012 年中间部门占比下降 1.3 个百分点，在当时的 GDP 平均增速下，引起投资增速下降了 2.4 个百分点。

三、未来工业占比变动趋势及其对投资的影响

（一）2012 年以来，工业占比下降已对投资增速带来明显影响

最近两年，工业占比快速下降，已从 2012 年的 46.1% 降为 2014 年的 42.7%，降幅为 3.4 个百分点。按上节工业占比与中间投入占比变动的弹性计算，中间部门占比可能已下降 3.7 个百分点。

2010～2012 年，两年间 $\tilde{\beta}_{结构}$ 下降了 13%，沿用这样的下降趋势。如果仍然使用 $\frac{K_t}{I_t}$ 的平均值，则 2012～2014 年间需要再对系数进行缩减 13%。

2013～2015 年间 GDP 增速为 73%，沿用 2010～2012 年的系数，则可以得到下式的计算结果。

$$\triangle \frac{I_t - I_{t-1}}{I_t} = \frac{0.073}{0.093} \times \frac{2.4\%}{1.3\%} \times 3.4 \times (1 - 0.13) = 4.26$$

不考虑周期性因素的影响，由于工业占比下降，使 2012～2014 年全社会投资实际增速下降 4.26 个百分点。从真实的统计数据看，2012～2014 年，全社会投资名义增速下降了 5 个百分点，实际下降 4.3 个百分点，计算值与统计值基本一致。

现实投资会受到景气状况、宏观政策等多种因素的影响，从估算的工业占比对投资的影响看，由于工业部门占比下降，导致中间部门生产收缩，进而需要收缩投资的效应在过去的两年是投资增速下降的重要原因。

（二）“十三五”产业结构目标对投资增速的影响测算

“十三五”规划目标预期我国服务业增加值比重在 2020 年达到 56%。我国第一产业占比 2015 年为 9%，过去 5 年平均每年下降约 0.12 个百分点，到 2020 年预期占比为 8.4%。如果服务业占比为 56%，那么第二产业占比需要比 2015 年下降 4.9 个百分点，为 35.6%。这将是改革开放以来的新低。

我国未来 GDP 增速目标大于 6.5%。工业占比下降 4.9 个百分点，根据前面的系数测算，将使得中间部门占比下降 5.3 个百分点。以规划值作为未来 5 年的平均增速，大致估算出对投资增速的影响为：

$$\triangle \frac{I_t - I_{t-1}}{I_t} = \frac{0.065}{0.093} \times \frac{5.3\%}{1.3\%} \times 3.4 \times 0.87 = 5.5$$

从计算情况看，由于服务占比上升，工业占比下降将使 2015 ~ 2020 年全社会投资增速每年下降 1.1 个百分点，累计下降 5.5 个百分点。这将对我国投资稳定增长带来很大压力。

四、“十三五”目标增速下的经济结构及协调

综合前面几章对宏观指标的分析，可以初步得到以下的判断。

一是消费增速下行的压力较大。长期来看，消费增速需要与 GDP 增速相一致。如果以严格的方式计算，1978 ~ 2008 年，GDP 平均增速 10.03%，社会消费品零售总额实际增长 10.02%，那么“十三五”期间消费增速也应该回归到 6.5%。

以乐观方式计算，2010 ~ 2015 年 GDP 增长 8.3%，社会消费品零售总额实际增长 11.9%，消费比 GDP 增长高出 43%，“十三五”期间，对应 6.5% 的 GDP 增速，消费增速为 9.3%。

二是工业占比下降将对投资增长带来较大压力。如上节所计算，仅仅考虑服务业占比上升、工业占比下降对投资的影响，2015~2020年间，全社会投资每年需要下降1.1个百分点。2015年，全社会投资实际增长12%。按此增速计算，“十三五”期间平均增速约为8.7%。此值高出GDP增速约2个百分点。比较日本、韩国、印度尼西亚等经济体增速转换后投资增速与GDP增速的关系，这样的情况仍是比较乐观的。

三是出口增长有一定程度恢复，将对GDP增长形成支撑。1995~2014年全球贸易平均增长为5.15%，2010~2014年全球贸易平均增长5.5%。1995~2014年，中国出口增长是全球出口增长的2.3倍，2010~2014年，中国出口增长是全球出口增长的2.8倍。欧洲经济复苏是未来全球贸易以及中国出口增长最主要的不确定因素。从目前情况看，其经济复苏难度较大。“十三五”期间，全球贸易平均增速可设定为长期历史平均水平5%。考虑到中国竞争力相对增长阶段转换前有一定程度的下降，可设定我国出口增长基准情况为平均5%，乐观情况为平均10%。

在这样的背景下，沿用出口、消费和投资与GDP增长的历史关系可以计算出预期增速与目标增速间的缺口。表10-2列出了根据2000~2015年进度指标与GDP增速间计量回归关系所计算的情境（回归情况见附表2）。

表10-2　“十三五”增速与主要宏观变量的关系　单位:%

	2015年值	“十三五”平均值	
		基准情况	乐观情况
消费增速	10.6	6.5	9.3
投资增速	12	8.7	8.7
出口增速	-2.8	5	10

续表

	2015 年值	“十三五”平均值	
		基准情况	乐观情况
GDP 增速	6.9	5.5	7.2
缺口	—	–1	0.7

注：2015 年的缺口已作为标准差加入后面的预测中。

从 2000~2015 年宏观指标与 GDP 增长间的关系看，“十三五”期间随着投资率下降、消费率上升，投资对经济增长的权重可能下降，消费增速将是决定 GDP 增速最重要的变量。由于出口恢复不乐观，而且随着工业占比下降，投资增速难以再保持在高位。如果是在相对悲观的基准情况看，GDP 增速与目标增速会有约 1 个百分点的差距。

为实现“十三五”GDP 增长预期目标，在经济结构存在约束的条件下可以从两个方面入手。其一，可以加快社会保障体系建设，消除居民的后顾之忧，从而降低储蓄率、提高消费率。同时，应降低流通成本、净化消费环境，鼓励居民消费。其二，在投资增速难以保持在高位的基础上，以提高全要素生产率为核心，提升增量投资的产出效率，在调整经济结构的同时保证一定的经济增长速度。

附表 1　　不同行业中间投入占比

行业名称	占比（%）	行业名称	占比（%）
农林牧渔产品和服务	41.4	仪器仪表	77.4
煤炭采选产品	50.7	其他制造产品	79.3
石油和天然气开采产品	38.9	废品废料	22.7
金属矿采选产品	61.0	金属制品、机械和设备修理服务	79.2
非金属矿和其他矿采选产品	55.8	电力、热力的生产和供应	74.2
食品和烟草	76.5	燃气生产和供应	78.3
纺织品	81.1	水的生产和供应	54.1

续表

行业名称	占比（%）	行业名称	占比（%）
纺织服装鞋帽皮革羽绒及制品	78.6	建筑	73.4
木材加工品和家具	77.3	批发和零售	30.9
造纸印刷和文教体育用品	76.2	交通运输、仓储和邮政	63.0
石油、炼焦产品和核燃料加工品	81.4	住宿和餐饮	59.1
化学产品	80.8	信息传输、软件和信息技术服务	53.0
非金属矿物制品	74.7	金融	40.4
金属冶炼和压延加工品	82.0	房地产	25.4
金属制品	80.2	租赁和商务服务	67.4
通用设备	78.8	科学研究和技术服务	63.2
专用设备	78.5	水利、环境和公共设施管理	58.5
交通运输设备	80.1	居民服务、修理和其他服务	48.1
电气机械和器材	83.4	教育	26.6
通信设备、计算机其他电子设备	83.0	卫生和社会工作	56.8

附表 2　　宏观进度数据与 GDP 增长回归关系

Dependent Variable：GDP				
Method：Least Squares				
Date：03/23/16　Time：19:57				
Sample：2000～2015				
Variable	Coefficient	Std. Error	t－Statistic	Prob.
EX（出口）	0.095527	0.015810	6.042301	0.0001
Con（消费）	0.441684	0.074158	5.955963	0.0001
INV（投资）	0.116834	0.046511	2.511943	0.0273
T（虚拟变量）	3.849865	0.990739	3.885851	0.0022
R－squared	0.816033	Mean dependent var		9.537500
Adjusted R－squared	0.770041	S.D. dependent var		1.972435

注：T 为虚拟变量，为平滑 2007 年金融危机的影响，当年为 1，其他年份为 0。

第十一章

经济再平衡的四个重要机制和未来增长趋势

追赶型国家经济增速转换显现出丰富的形态。然而，增长速度从一个平台转换到另一个平台的模式却具有典型的意义。这也被认为是我国增长阶段转换或新常态最可能出现的模式。增速转换最有可能发生在什么时期？为什么转换是从一个平台到另一个平台，而不是缓慢持续的下降抑或其他形态？是什么机制决定了高增长结束后的均衡增速？当前，第一个问题似乎不再引人注目，而后两个问题仍然没有得到充分的讨论。

影响后发国家不同阶段增长绩效的原因很多，人均 GDP 所代表的发展水平、全球经济和贸易增速决定的外部需求、城市化、工业化水平蕴藏的增长前景、劳动年龄人口所包含的人口红利、制度建设水平所蕴含的效率改进空间，都是决定一国经济增长速度的重要变量。在分析增长速度转换形态和幅度时，难以找到适用于所有国家的决定性规律。面对增速转换的历史、地域特点，研究其若干重要机制和关键指标是更加有效的方法。

选取增长阶段转换比较清晰的日本、韩国、印度尼西亚和我国台湾地区，跟踪其结构和宏观指标的表现，结合理论分析可以发现四个相对重要的影响机制。劳动年龄人口占比变动在决定增长阶段转换以及新平台增速上具有基础性的作用；GDP 增速下降后影响到城镇化率提升速度，并通过反馈机制又进一步拉低增速是形成增长平台的重要原因；工业化快速推进期中间部门扩张的投资加速效应在 GDP 增速下降后会拉低投资增速；高增长时期大规模投资降低了劳动者报酬占比，对增速转换期提高消费率形成制约。

为深入分析上述机制，针对不同问题前几章分别选择了投入产出模型、时间序列横截面模型、CGE 模型等分析工具。作为最大的发展中国家，中国经济增长会展现出全球宏观和结构调整的一般性变化。上述机制体现在中国增长阶段转换的具体现实时，必然是通过影响重要的宏观变量。本研究就消费、进出口、投资和产业结构四个方面的变动规律和内在驱动机制进行了分析。

一、影响经济再平衡均衡增速的四个重要机制

（一）劳动年龄人口变动趋势是影响经济增速转换的基础性变量

劳动年龄人口占比的变化在四个典型的追赶型经济体，日本、韩国、印度尼西亚和中国台湾地区的阶段转换中都起着基础性作用。劳动年龄人口占比增长速度越快，GDP 增速也越高。GDP 增速从一个平台下降到另一个平台，往往是由于劳动年龄人口占比增速发生明显转折。如果增长速度的转折发生在劳动年龄人口占比上升期，其后期增长绩效就好，如韩国和印度尼西亚的情况；而如果发生在劳动年龄人口占比下降期，后期增长绩效就差，如 1992 年之后的日本。此外，分析更多国家的数据也发现，如果增速转换时劳动年龄人口占比较高，那么经济受到的冲击就较小。

1970 年，日本劳动年龄人口占比首次下降。3 年后，在外部冲击的影响下，日本平均增速从 9% 下降到 4%。1988 年，日本劳动年龄人口占比提高了 0.42 个百分点，当年其增速高达 6%。1990 年前后，日本劳动年龄人口占比重新回到阶段性高点。同期，日本储蓄率也达到阶段性最高点。1992 年之后，日本劳动年龄人口占比开始负增长，并一直持续到现在，其经济增速也就一直在 1% 左右徘徊。日本在追赶进程中，劳动年龄人口的占比表现为双峰形态，其经济增速经历了两次增长平台的转换。这是劳动年龄人口占比变动影响经济增长最典型的案例。劳动年龄人口占比是增长平台转换过程中的重要变量，但对发展水平较低的国家，经济中有大量闲置劳动力，其对经济增长影响并不显著。

我国劳动年龄人口占比已进入下降通道，这必然会对我国未来保持中高速增长带来压力。然而有利的是，在增速转换期，我国劳动年龄人口占比明显高于东亚各国，受到的冲击影响相对有限。

（二）工业占比提高引起中间部门扩张的投资加速效应在增长阶段转换后会抑制投资增长

工业部门与农业和服务业典型的区别在于其生产过程更加迂回。生产同等价值的最终产品，工业部门所要用到的中间投入品多，生产工序长。在投入产出关系中就体现为中间部门在总产出中的占比增加。这种结构性的变化反映在宏观上就是投资加速增长。在经济高增长阶段，工业占比提升，上述效应表现得比较典型。然而，增长阶段转换后，服务业占比上升，工业占比下降，上述效应反过来又会对投资增速形成制约。追赶型国家增速转换后，投资增速降幅都高于 GDP 降幅，上述机制是主要原因。

按“十三五”规划要求，2020 年我国服务业占比达到 56%，相当于第二产业占比要下降到 35% 左右，这种结构效应将每年拉低投资增速 1.1 个百分点，五年累计 5.5 个百分点。

（三）GDP 增速放缓后城镇化速度降低，对经济增长形成反馈，强化了增速下行的趋势

城镇化率会影响到经济增速，反过来经济增速也对城镇化速度有显著影响。高增长阶段，城镇化速度较快；GDP 增速放缓后，城镇化速度明显降低。从变化发生的时间顺序上可以清晰地观察到，GDP 增速变化在前，城镇化速度变化在后。这一情况既会发生在城镇化水平较高的经济体，也会发生在城镇化水平较低的经济体。这显示了追赶进程中经济与社会发展相互影响，固化经济增速的重要机制。

我国城镇化水平仍然较低，提高城镇化率是未来经济增长的重要动力来源。如果经济增速下降后，对城镇化速度影响过大，将会对稳定增长带来压力。同时，这也说明当前守住经济增长的底线具有重要现实意义。

（四）高增长时期大规模投资降低了劳动者报酬占比，对提高消费率形成制约

转变经济发展方式、培育经济增长新动力，迫切需要提高消费在总需求中的占比。提高消费在需求中的占比，关键在于提高居民消费需求，其又取决于居民收入的增长，也就是说劳动者报酬增长。然而，高增长时期，大规模投资积累了大量资产，虽然资本边际投资收益在降低，但是由于其总量扩大，资本收益在 GDP 中的占比持续上升，挤压了劳动者报酬的份额。改变这种状态需要的时间要长于一般性的流量调整。

二、未来消费、投资和进出口领域的重要变动趋势

（一）消费率未来增长的趋势和特点

1. 根据经验数据，我国未来均衡消费率不低于60%

1978～2000年的消费率反映了我国均衡消费率水平。在此阶段，我国经历了两个完整经济周期。在这两个周期里，经济的扩张期消费率往往降低，而衰退期消费率逐步上升。通过宏观经济周期性的运行，消费、积累间不匹配的关系得到调整和修正。2001～2010年我国消费率持续下降主要是周期性因素的影响。2011年，我国经济进入衰退期，消费率进入上升周期。受服务业占比提高、人均GDP水平上升等因素影响，60%将是未来我国均衡消费率的底线。

2. 受存量因素的制约，消费率上升速度较慢，预计到2020年恢复到接近60%的水平

市场经济条件下，我国有两段持续时间较长的消费率回升期。在这两段时间，消费率年均增长在0.8～1个百分点之间。日本在1970～1976年间和1991～2003年间，消费率持续上升。在这两段时间，消费率平均增速为1.1个和0.8个百分点。如果恢复期消费率年均上涨1个百分点，到2020年，我国消费率可能达到57.4%的水平。考虑目前投资增速快速降低，供给侧改革推进力度加大，结构调整速度可能加快。如果恢复顺利，到2020年消费率可能接近60%的水平。

3. 消费增速与GDP增速明显背离，社会消费品零售总额增速可能明显回落

消费的最终驱动力来源于收入增长。从历史数据看，我国消费与收入增长是一致的。国际比较也反映消费实际增长与GDP增长之间会

保持一致性。最近几年，我国社会消费品零售总额实际同比增速超过11%，而GDP增速略高于7%，两者之间存在明显的缺口。随着房地产市场带来的杠杆效应及其对消费刺激作用减弱，收入水平下降对消费的影响会进一步显现，中长期看，消费实际增速应该回落到与GDP增速接近的水平。

4. 受城镇化水平制约，2000年以来城乡结构转换提升消费率的结构效应未充分释放

由于城镇居民人均消费能力是农村居民的3倍，伴随城镇化率提高，城镇居民消费率也稳定提升。1978~2000年，我国城镇化率提高了18.3个百分点，城镇居民消费率提升12.9个百分点。但是，2001~2014年，我国城镇化率提高17.1个百分点，城镇居民消费率反而降低了1.7个百分点。2015年，我国常住人口城镇化率为56.1%，但户籍人口只为39.9%，城镇化实际水平不高。随着农民工市民化等政策的推进，城镇居民消费率有望进一步提升。

（二）投资率增长的趋势和特点

1. 高投资率是我国增速转换阶段面临的重要排比

2001~2010年，投资高增长的10年间，投资率没有经历充分的周期性波动修正[①]。2011年，我国投资率达到47.3%的极值，这比日本、韩国等国增速阶段转换时的投资率高。我国城镇化水平仍较低，第二产业占比也还处于高位，相对较高的投资率有一定的合理性。投资率较高意味着经济增长更多依靠投资，这样的经济体更容易实现中高速增长。然而，投资率过高也会固化经济过渡依靠投资拉动的结构

① 2008~2010年反危机政策维持了高投资率。

特征，宏观经济运行的稳健性和可持续性变差。改变这样的局面，在保增长与调结构之间取得平衡，只能更多地依靠全要素生产率的提升。

2. 从国际经验和我国产业结构变动规律看，我国未来投资增速下降压力较大

国际经验显示，增长阶段转换后，投资增速降幅大于 GDP。2015 年我国服务业占比超过第二产业，该趋势在未来仍将持续。服务业占比上升、工业占比下降，中间部门资产相对收缩，会拉低投资增速，进一步影响到经济增长。近年，我国服务业内占比提升较快的行业是资本密集度低的行业，如批发零售业和金融业。这也将会影响到我国投资增速，进而影响到 GDP 的增长。

3. 从历史数据看，目前我国基础设施投资占固定资产投资的比例处于 20 年来的低位，加大基础设施建设仍有空间

当前我国基础设施投资占比处于 1995 年以来的低位。基础设施投资占比在 2010 年之后明显的下降。2013 年以来，基础设施投资占比略有上升，2015 年达到 24%，但仍低于过去 20 年平均 28% 的水平。当前，受制于地方政府财力，在制造业和房地产投资快速下降的同时，基础设施投资增速没能充分发挥平抑经济波动的作用。应发挥中央政府负债率较低的有利条件，有效利用中央财政加大基础设施建设力度，缓解内外需不足的压力。

4. 出口增速恢复是制造业投资增速企稳回升的基础

利用投入产出表分析，制造业最终使用从价值量看，接近半数产品均用于出口。由于出口增速快速下降，2007 ~ 2012 年，制造业投资被拉低了 10 个百分点，全社会固定资产投资被拉低了 5.7 个百分点。总体来看，出口增速快速下降，对制造业投资增速下降的影响超过一半。未来制造业投资回升的基础仍取决于出口增速的回升。

（三）我国进出口增长的趋势和特点

1. 欧洲经济回暖是全球贸易增速恢复的关键变量

2014 年欧洲占全球出口和进口的比重分别为 40% 和 38%，均高于亚洲市场，也远高于北美市场。2007 ~ 2014 年，其在全球市场上进口占比收缩了 7 个百分点，而同期美国只收缩了 1 个百分点，从总量和收缩的程度看，欧洲都是全球贸易增速下行的主要原因。

全球贸易增速回升取决于欧洲经济复苏。但欧盟内部货币一体化与财政一体化进程不协调，结构性矛盾突出，短期内难以改善。欧洲经济复苏进程可能较为缓慢，全球贸易增速恢复期可能比历史上其他时期要长。

2. 未来全球出口占 GDP 比重仍将持续提升，但贸易增速将低于之前的平均水平

全球商品和服务出口总量占 GDP 的比重从 1960 年以来一直持续提升。金融危机后，此值稳定在 31% 左右的水平，2014 年下降为 30%。当前，互联网技术大幅降低信息传递成本，国际运输效率仍在提升，资金、货物、人员的国际流动更加频繁，促进全球贸易的因素仍在增加。从结构上看，不同收入水平的国家贸易都在深化。金融危机后，主要是中等收入国家，特别是中等偏上收入国家的商品和服务出口占 GDP 比重下降较快，拖累了全球出口占 GDP 的比重。随着全球经济逐步恢复，贸易在 GDP 中的占比仍将持续上升。

2002 ~ 2008 年是全球过去 30 多年平均 GDP 和贸易增速最高的时期。这一时期的全球景气，一方面受到美国宽松货币政策和低利率的影响，另一方面也受中国高速增长的影响。随着中国经济增速放缓，短期内难以预见全球经济和贸易会再次恢复到危机前的高水平。

3. 全球制造业出口占比持续下降将对我国出口增长带来压力

1995 年，制造业出口占全部商品出口比重为 76.5%，到 2014 年此值下降了约 10 个百分点，降幅明显。另一方面，随着服务贸易占比的提升，商品贸易本身在全球贸易中的占比同时也在下降。制造业出口是我国出口的主体，2008～2014 年占比高达 94%。全球制造业在贸易中占比下降的趋势，将对我国未来出口增长带来压力。

4. 我国未来均衡贸易增速将低于危机前水平，但贸易占 GDP 的比重仍将提升，对外贸易的重要性相对上升

金融危机后我国出口在全球市场上的份额一直在提升，反映我国仍保持了国际竞争力。我国出口增速快速回落主要是全球贸易增速回落带来的结果。从全球 GDP 份额和出口份额过去 20 余年的变化看，我国在未来面临的国际竞争将明显大于金融危机前。

从后发国家增速转换前后进出口增速变化的经验看，未来我国出口增速将会明显低于高增长阶段，但进出口在 GDP 中的占比将提升，对外贸易对经济增长的重要性相对提高。

5. 金融危机以来，我国出口回归亚洲是一种暂时性现象，未来对外贸易的重点方向仍在欧洲

国际金融危机前，我国对欧洲市场出口的份额持续上升。1999～2007 年，我国向欧洲出口占总出口的比例上升了 6 个百分点，而同期北美市场收缩了 2 个百分点，亚洲市场份额下降了 5 个百分点。即便如此，在 2007 年我国向欧洲出口占我国出口比重为 24%，而同期，欧洲在全球进口中的比例为 43%。这就是说，与欧洲在全球市场上的重要性相比，我国向其出口占比是偏低的。

金融危机后，我国向欧洲出口占比下降、向亚洲出口占比增加是暂时性现象，不符合过去 20 年我国逐步扩大发达国家市场的发展趋势。随着全球经济形势好转，扩大我国向欧洲出口的份额既有空间，也与我国产业升级、提高出口产品附加值的大趋势是一致的。

三、未来经济增长的重要判断和政策建议

（一）从影响增长阶段转换的几个关键因素看，我国有可能实现比日本、韩国等经济体更高的新常态均衡增速

我国劳动年龄人口占比已经开始下降，但我国劳动年龄人口占比的绝对值明显高于日本、韩国增速转换时的水平，所受到的负面影响较小。我国增速转换时的工业占比高于韩国、日本。增速转换时，我国城镇化率低于韩国 79.7% 的水平，与日本 1974 年 56.1% 的水平相当。但是我国城镇化实际水平较低，户籍人口城镇化率仅为 39.9%，蕴藏的增长潜力还未充分释放。我国增速转换时投资率高于日本、韩国、中国台湾地区和印度尼西亚，高投资率是与高工业化率、低城镇化率相联系的，说明我国增长潜力要高于日本、韩国增速转换时的水平。

（二）依靠消费拉动增长仍有潜力，但受存量因素制约，转变经济发展方式进度可能较慢

居民消费率上升是总消费率上升的核心环节，而其又受劳动者报酬占比大小的制约。要扭转劳动报酬占比，实质性问题是要改变资本存量与劳动供给的相对关系。其方法一是淘汰落后产能，兼并重组，调整存量；一是控制新增投资，优化投资结构。这两种办法都会对短期经济增速带来负面影响，所以调整过程比较缓慢。于是，劳动者报酬占比和消费率难以在短期内大幅提升。

2000年以来，我国城乡结构转换提升消费率的结构效应未得到充分释放。城镇居民消费率没有随着城市人口增加、收入增加而同比例上升。这一方面是由于宏观结构不平衡导致劳动者报酬占比过低，另一方面也反映2000年以来城镇化的深化不够，大量常住人口并未真正融入城市生产和消费体系。

（三）保增长、调整结构的内在矛盾倒逼我国必需更加依靠全要素生产率提高促进经济增长

国际经验显示，增长阶段转换后，投资增速的降幅明显高于GDP降幅，这种情况在我国高投资率的结构背景下将对增速带来更大的冲击；“十三五”规划我国服务业增加值占比要累计提高5.5个百分点，这会引起中间部门收缩，进而拉低投资速；2008年之后，我国消费增速明显快于GDP增速，消费增速向收入增速回归是必然趋势；受全球贸易影响，我国出口增速恢复缓慢。外部增长条件不利的情况下，既要实现不低于6.5%的经济增长，又要调整经济结构。未来宏观政策的重点应该放在扩大消费和提高效率两个方面。其一，可以加快社会保障体系建设，消除居民后顾之忧，从而促进储蓄率降低、消费率提高。同时，应该降低流通成本、净化消费环境，鼓励居民消费。其二，在投资增速难以保持在高位的基础上，以提高全要素生产率为核心，提升增量投资的产出效率。

（四）改革进度宏观数据统计体系和质量

国际金融危机前，进度宏观经济数据，如社会消费品零售总额、城镇固定资产投资与年度GDP构成数据，如最终消费同比、资本形成同比等数据存在稳定联系。通过季度或月度的进度数据，大致可以反演出年度 GDP 结构与增量信息。2008 年之后，其间差异越来越大。2014 年，城镇固定资产投资实际同比 15.1%，全社会投资实际同比 14.7%，而 GDP 构成中资本形成总额实际同比仅 7.2%；社会消费品零售总额实际同比 10.9%，而 GDP 构成中最终消费实际同比仅为 7.4%。除了经济指标的增速，其总量匹配的情况也在变差。统计口径差异、经济结构变化难以解释如此大且无稳定趋势的差距。通过进度数据解释经济运行中 GDP 的结构和总量变动，进而对年末最终情况形成合理预期，是进度统计的应有之义。然而，这种逻辑关系在当前的数据中无法得到体现，严重影响经济运行分析效果和调控政策的制定。

第十二章

经济再平衡中宏观调控面临的挑战与对策

2008 年国际金融危机之后，受多种因素综合影响，中国经济逐步呈现出与高增长阶段不同的运行规律和特点。其典型表现就是经济实际增长情况与调控目标间传统关系被打破。例如，我国 GDP 增长的预期目标在过去 20 年间平均比实际增速大约低 2.2 个百分点，然而，2012 年以来预期目标与实际增速基本接近。这既反映我国经济潜在增速下降，也体现了预期目标的功能发生转变，由留有余量的调控低限转变为与潜在增速接近的中位数。再比如，近年的进出口预期目标均未能实现，反映国际市场和国内竞争力的变化超出预期。经济运行的种种变化对新形势下确定合理的宏观调控目标提出了新的要求。

在宏观调控总量目标出现变化的同时，目标间相互协调的关系也正在发生变化。比如由于服务业在 GDP 中的占比持续提高，工业增加值增速与 GDP 增速的传统关系被打破；GDP 每增长 1 个百分点拉动的就业人数也发生变化。随着经济结构升级优化，总量目标间的协调关系会进一步变化。

高增长时期，虽然宏观经济总量指标表现较好，但经济结构却累积了风险，增长的可持续性受到影响。比如，投资率持续提高，投资的边际收益下降；劳动者报酬在总收入中的占比较低，影响到消费能力的提升。进入新常态，原有的外延式增长模式不可持续，必须通过提高经济运行质量来促进增长，这就需要优化调整不合理的经济结构。调整结构也将与宏观总量目标发生冲突。

从高增长转向中高速增长，不仅仅是速度的变化，而是增长机制、增长动力的系统性变化。宏观总量目标间的协调、总量目标与结构目标间的协调问题，本质上反映的是新旧增长理念的冲突。需要根据经济发展新形势调整设定总量目标的思路，更加关注经济增长的质量和效益，在结构优化和保持经济平稳增长间取得平衡。

一、宏观调控总量目标协调面临的挑战

（一）高增长时期，宏观调控总量目标实现了良好匹配

作为后发追赶型国家，高增长时期生产要素供给充分、价格低廉，需求空间接近无限，技术引进的空间大、成本低，这些有利条件推动经济在高增长水平上实现均衡，总量目标间形成良好的互动关系。

1. 经济持续高增长的同时，物价维持在较低水平

2000～2014 年，我国 GDP 平均增长 9.7%，CPI 平均增长 2.3%。受周期性因素影响，GDP 增速最高达到 14.2%，最低为 7.4%，相差超过 7 个百分点；CPI 最高 5.9%，最低 -0.8%，相差 6.7 个百分点（见图 12-1）。虽然波动较大，但极端年份持续时间均没有超过 1 年。从总体上看，经济增长和物价上涨相对稳定。

中国是过去十几年中唯一在 GDP 高增长的同时而将物价上涨控制在较低范围的大经济体。图 12-2 列出同时段（2000～2014 年）一些

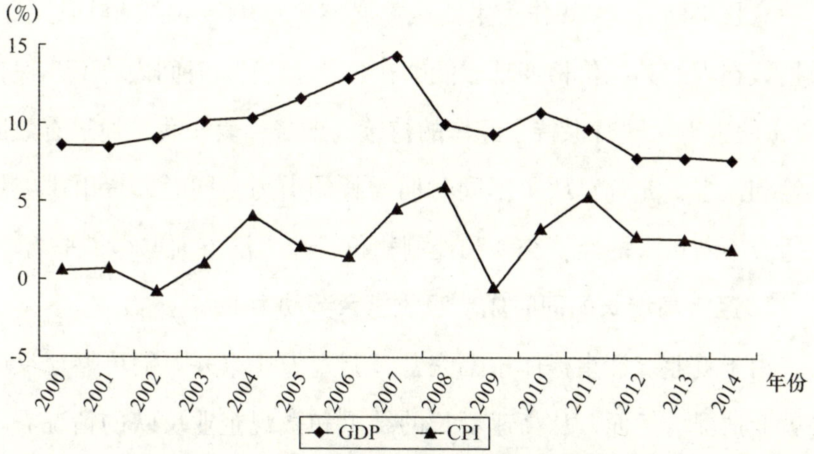

图 12－1　GDP 和 CPI 波动情况（2000～2014 年）

资料来源：wind 资讯。

重要经济体 GDP 增长和 CPI 上涨情况。除中国之外，金砖国家 GDP 平均增长 5%，而同期 CPI 上涨了 8.2%。虽然新兴市场经济国家和发展中国家的后发优势为其在低通胀水平实现高增长提供了支撑。然而，这些国家 GDP 平均增长 6% 的同时，物价增长达到 6.6%，远超出了中国的水平。

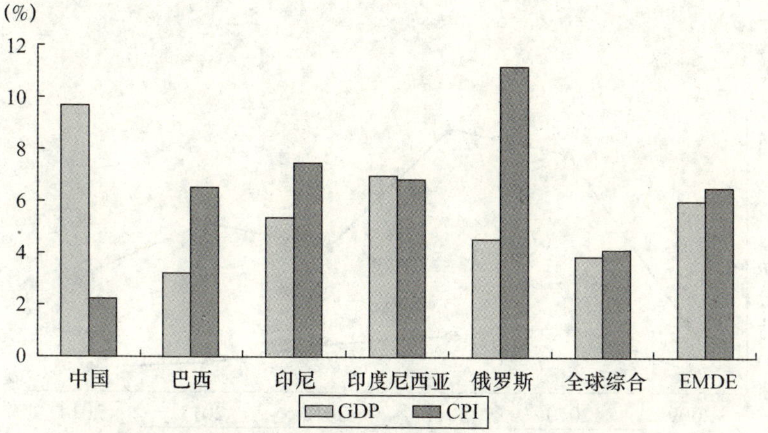

图 12－2　GDP 增速与 CPI 增速的对比（2000～2014 年平均）

注：EMDE 为新兴及发展中经济体。

资料来源：wind 资讯。

从长周期看，CPI 作为生活成本必然会影响到包括 PPI 或 GDP 平减指数在内的其他价格变动。能够在长达 15 年的时间内将 CPI 保持在 2.3% 的水平，同时保持了经济的持续高增长，表明我国通过有效匹配供给和需求，充分释放了不同时期增长的潜力。同时，货币供应增长在适应不断扩大的经济交易和控制物价普遍上涨方面取得了平衡。

2. 经济高增长的同时成功吸收富余劳动力

由于就业统计指标体系不完善，调查失业率并不能可靠地反映我国就业情况。然而，从高速增长的结果和微观企业反映的情况看，我国经历了一个快速吸收劳动力的过程，并且有些年份还面临总体上劳动力紧缺的问题。2009 ~ 2014 年，农民工的月平均工资平均上涨 13.6%，同期农民工人数年平均增长 3.4%，收入增长速度是供给增长速度的 4 倍（见图 12 -3）。与此同时，2009 ~2014 年我国全员劳动生产率平均只上涨了 8.2%（见图 12 -4）。农民工群体工资增长远高于供给量增长和劳动生产率的增长，说明就业总体看是卖方市场。这与微观企业反映的劳动力紧缺的情况是相符的。

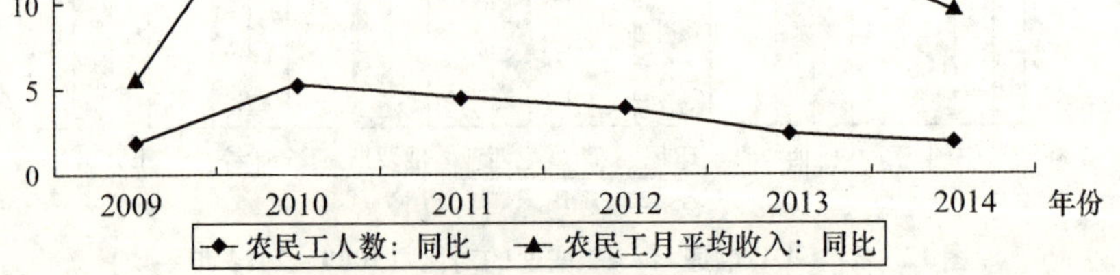

图 12 -3　我国农民工就业和收入情况

资料来源：wind 资讯。

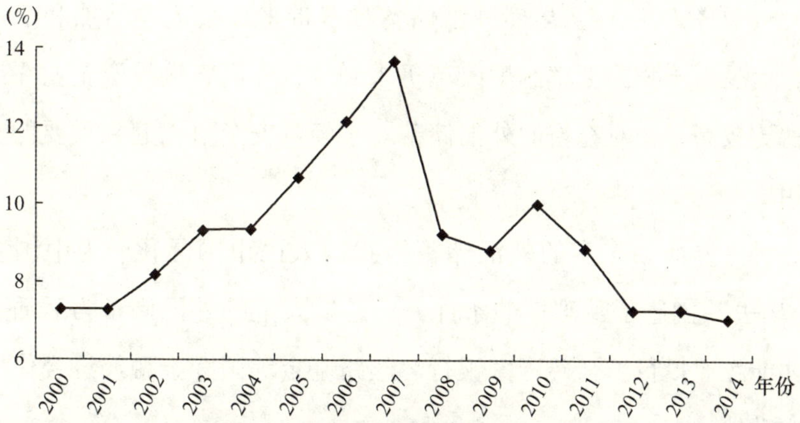

图 12－4　我国劳动生产率增长情况

资料来源：wind 资讯。

这种情况与拉美高增长时期形成鲜明的对比。由于产业结构单一，拉丁美洲在高增长时期过多依靠资源出口，产业对劳动力的吸收不够，最终使得社会收入分化，影响到持续增长的能力。

3. 国际收支盈余持续扩张，为经济转型升级准备了条件

2000 年以来，进口和出口均快速增长，并持续保持了贸易顺差，2014 年净出口达到 3825 亿美元，外汇储备 27 万亿元，大约 3. 84 万亿

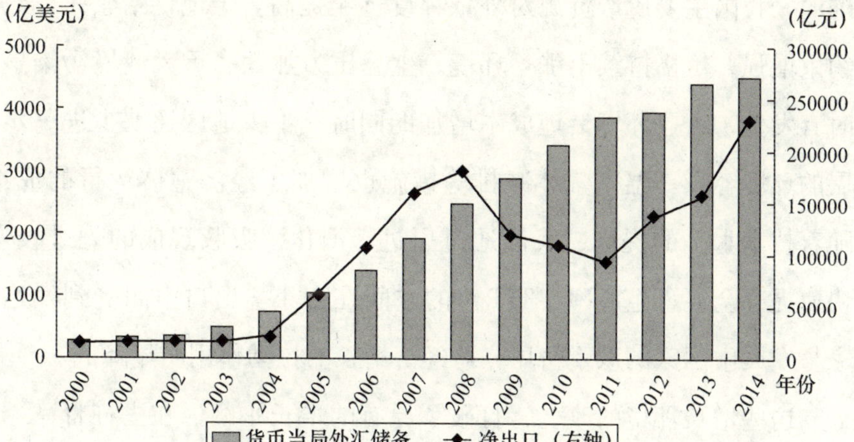

图 12－5　净出口和我国外汇储备情况

资料来源：wind 资讯。

美元（见图 12－5）。虽然外汇储备过多带来机会成本增加和汇率风险，但是由于我国汇率制度改革仍未到位，外商直接投资企业在出口中占比较高，相对充裕的外汇储蓄对于经济安全可以起到重要的支撑作用。

另一方面，充实的外汇储备为我国人民币国际化、为中国企业“走出去”创造了基础性的条件。正是以大量的外汇储备为后盾，我们才能在亚投行、金砖国家银行、丝路基金等国际金融经济合作中占据主动地位。

（二）新形势下，传统宏观调控总量关系面临挑战

1. 供需条件改变，保持宏观平衡所能支撑的 GDP 增速下降

经过持续多年的外沿式高增长，我国用于发展经济的资源快速减少。从供给条件和需求空间看，支撑经济高速增长的因素正在发生变化，潜在增长率已下降。2012 年，我国劳动年龄人口比上年净减少 345 万人，出现改革开放以来首次下降，低劳动力成本优势正在逐步削弱。我国主要矿产资源对外依存度逐年提高。土地供给紧张，数量约束增强，价格持续上涨。环境、生态压力加大，重大环境污染事件时有发生，企业环境治理成本增加的同时，不少地区还缺少进一步发展的环境容量。温室气体减排等措施也增加了经济整体运行的成本。随着技术水平的提高，我国通过引进、消化、吸收现成的先进技术，快速提升全要素生产率（TFP）的空间在变小。出口空间受到发达国家与发展中国家的双重挤压，对经济增长的拉动作用明显降低。

这些增长环境的改变，打破了原有的增长平衡。在去杠杆率、压泡沫、保持商品和资产价格稳定可控、不影响汇率制度改革和人民币国际化进展的基础上，经济增长目标需要适当下调，以反映经济潜在

增长率的要求。

2. 保持价格稳定的压力在增加，资产价格膨胀的风险加大

近两年，在过剩产能和国际原材料价格等因素的综合影响下，我国PPI持续负增长，CPI增速落在2%左右，经济面临一定的通缩压力。然而，与高增长时期相比价格大幅波动的可能性在增加。

从供求关系看，虽然需求有所收缩，但除了工业原材料之外的生产要素成本价格上涨较快。我国劳动力成本每年涨幅超过10%，基础农产品价格超出国际市场30%～50%。即便是经济处于紧缩状态，生产要素成本上涨的趋势也没有明显缓解，未来将对价格上涨带来压力。

从货币供应看，我国M2与GDP之比2015年年底高达206%，超量供应的基础货币成为价格上涨的重要推动力。一旦经济景气周期转好，货币流通速度加快，物价很可能以较快的速度上行。

近年，通过银行按揭的支持，房地产需求集中释放，导致房地产价格高企。在剔除可售型保障性住房后，2013年中国35个大中城市房价收入比均值为10.2，远高于普遍认为的6～7的安全水平。虽然由于收入统计问题，该指标有扭曲我国房价的可能性，然而房屋的空置率、存货等数据反映房地产市场已经存在资产膨胀的情况。

在关注物价的同时，宏观调控应该对于资产价格上涨带来的风险有所警惕，防止经济泡沫化可能带来的不良影响。

3. 经济增长的就业带动力增强，但结构性失业成为主要矛盾

随着我国经济总量持续扩大，服务业占比逐步提高，GDP每提高1个百分点提供的就业岗位由2010年的110万个提高2014年的170万个，求人倍率从2010年的1.01上升到2014年1.12。农民工的工资也以每年超过10%的速度上升，说明劳动力市场总体上正转向供不应求的局面。然而，在就业总量压力降低的同时，结构性失业问题比较突出。产业升级、技术水平提高对高素质劳动力的需求增加，但以农民工为主体的劳动力供给情况难以在短期内改变。过剩产能调整过程中，矿业、制造业原有工人难以适应新的就业岗位，存在隐性失业的问题。大专院校扩招的同时，教育质量提升不够，专业设置与实际需求不相符的情况比较严重，大学生就业问题较为突出。

4. 国际竞争力削弱，GDP 增速下降的同时，国际收支平衡的压力加大

2012 年以来，我国出口增速快速回落，与改革开放以来平均超过 20% 的增速形成明显对比。虽然我国出口商品在全球市场中份额仍持续上升，但与我国 GDP 全球占比的情况相比，相对增速是在下降的（见图 12 -6）。2011 年之前的 10 年，我国出口占全球市场份额一直超过 GDP 的全球占比，2012 年，GDP 占比份额首次超过出口，说明相对于 GDP 占比提高，我国出口竞争力的增长已放缓。

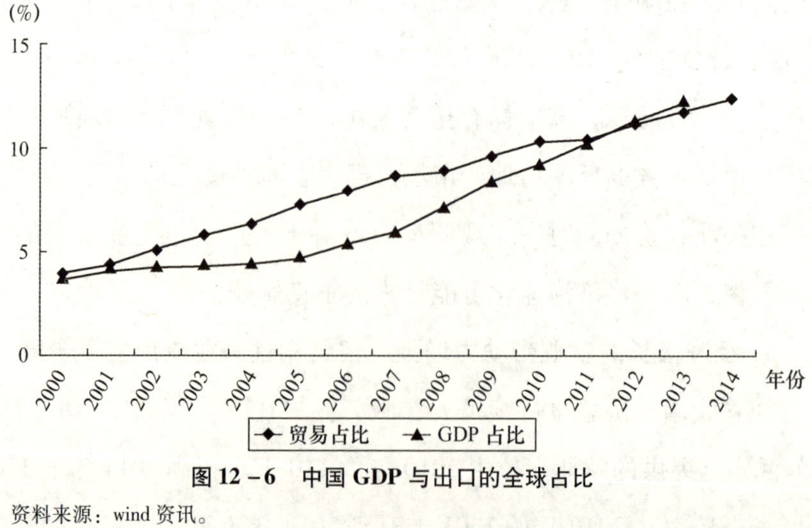

图 12 -6　中国 GDP 与出口的全球占比

资料来源：wind 资讯。

由于国内生产成本上升，我国对外商直接投资的吸引力有所下降。我国在全球 FDI 中的份额由 2012 年的 9.1% 下降到 2013 年的

8.5%。一些外商直接投资项目开始向综合成本更低的东南亚、印度、墨西哥等地转移。2012 年我国吸收 FDI 是印度的 5 倍，而到 2013 年此值下降到 4.4 倍。

2015 年我国外汇储备比 2014 年下降 5000 多亿元。由于我国 FDI 存量达到 9567 亿美元，随着经济增速下降，国内投资和盈利机会减少，外商直接投资企业的利润汇出以及资金的撤离对国际收支平衡的冲击将会很大。

（三）关注宏观调控目标和内涵的变化

新形势下，虽然宏观调控四大基本要求没有发生变化，但是同样的调控目标其内涵与关注的重点已经发生变化。

一是目标预期性加强，应扩大最终实际值离散程度的接受度。高增长时期，增长机制相对稳定，从总需求的变化、各行业的增长、政府支出等因素能够相对准确地预计未来宏观经济运行情况。然而，进入新常态，增长机制、增长动力正在发生变化，增长目标受预期、需求、国际冲击等不确定性因素影响的敏感度增强。增长目标对经济运行的引导意义与过去已经有所不同。总体来看，在增长阶段转换期，无论是 GDP、物价还是进出口，作为一个预期性指标，其所包含的概率分布范围应该更广。政府对于其最终实现值的离散程度接受度也应提高。

二是地区间增长机制差异变大，全国目标对地方的指导性降低。高增长时期，全国的增长动力基本一致，增长绩效趋同。全国宏观指标对各地的指导意义较强。增长阶段转换期，经济结构调整、动力转换在各地推进的难度和进程不同，各省经济运行情况差异较大。此种现象在 2014 年年中已经有所显现，到 2015 年表现的更加突出。在这样的背景下，全国性的目标具体到各个地方，其指导意义会出现较大的变化。

三是目标的内涵和着力的重点方向发生变化。由于潜在增速下降，近年保增长的压力要高于以往。同样的经济增速目标过去可能倾向设定偏低，以防止地方层层加码，目前设定合理目标引导预期的成分就会较多。实现经济增长目标，过去可能需要重点关注需求侧的变化，当前可能需要更多关注供给侧的情况。过去物价稳定的压力主要在商品和服务价格，而目前资产价格的影响在加强。在总量相对稳定的同时，结构性失业的问题成为稳就业的重点。

二、协调总量和结构性目标面临的挑战

宏观总量目标间协调关系改变的同时，总量目标与结构目标的矛盾凸显，成为未来宏观调控需要应对的重要挑战。

（一）外沿式增长导致经济结构性矛盾持续累积

1. 高投资率、低消费率的经济结构不可持续

1978～1999年，我国的消费率平均为62%。2000年以来，消费率从62.3%快速下降到2010年的低点48.2%，最近几年，消费率有所回升，2013年为49.8%，但仍处于低位（见图12－7）。发达国家75%左右的消费率对应2%～3%的增长率。也就是说，其中新增财富的25%用于积累，从而推动消费低速增长。近两年，我国消费率50%左右，新增财富中一半将用于积累。这些积累需要主要被国内消费吸收。这带来两个问题，一个是如果资本深化过程不再起主要作用，仅依靠消费是否能够吸收如此高的生产扩张速度。另一个是50%左右的

投资率将使资本收益占比进一步提高，不利于劳动者报酬占比提高，从收入分配角度会制约消费能力的提升。无论是从国际经验还是理论分析上看，这样的结构都是不可持续的。

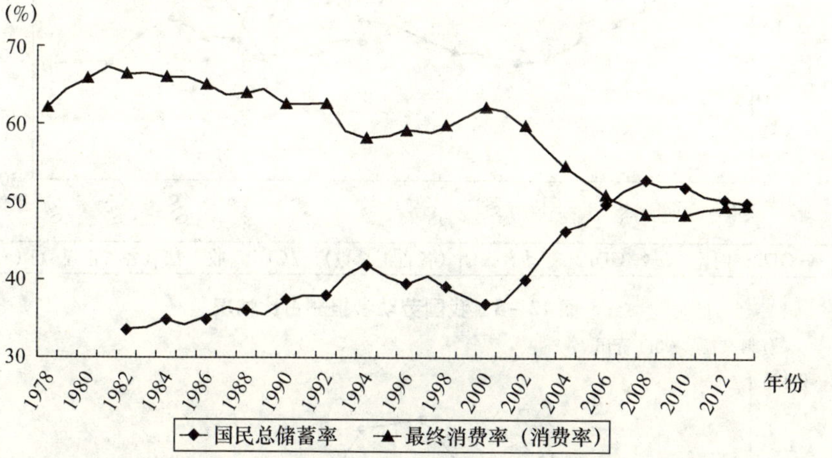

图 12－7　我国消费率与投资率的变动情况

资料来源：wind 资讯。

2. 劳动者报酬在收入分配中的占比处于低位

2000 年之前，我国劳动者报酬占 GDP 的比重保持在 53% 左右的水平，之后劳动者报酬下降较快，到 2007 年仅为 40%；金融危机后，劳动者报酬占比略有提高，2012 年达到 46%（见图 12－8）。劳动者报酬占比偏低主要是由于长期高投资率导致资本在国民收入分配中的占比越来越高。劳动者报酬较低，使城乡居民收入增长速度受限，进而影响到消费的增长。

3. 收入分配差距较大，影响到社会稳定和消费增长

2014 年我国基尼系数为 0.47，比 2008 年 0.49 已下降 0.02 个百分点（见图 12－9）。然而与国际平均水平相比，我国收入分配水平仍然不容乐观。2013 年，我国基尼数为 0.473，比欧盟平均水平高大约 1.7，比美国还要高 0.25（见图 12－10）。即便如此，一些学者的研究

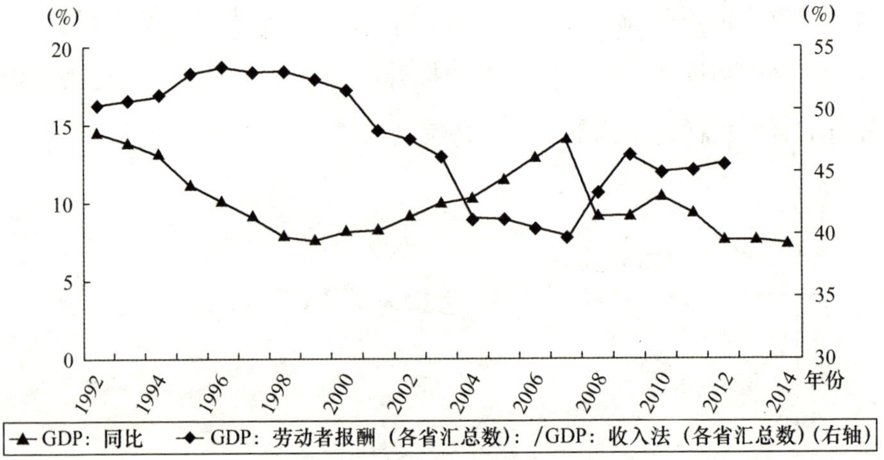

图 12－8　我国劳动者报酬占比情况

资料来源：wind 资讯。

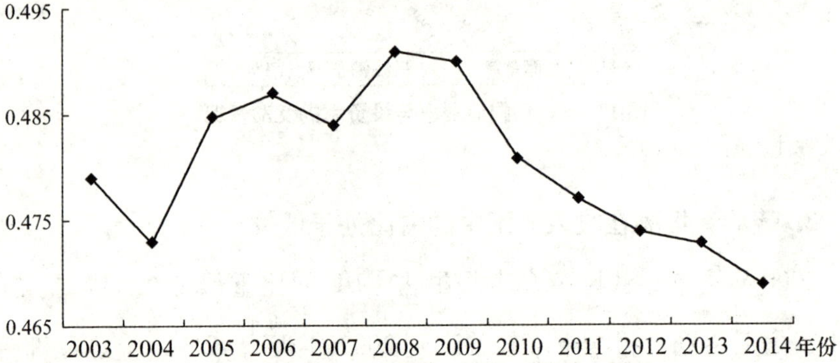

图 12－9　我国居民收入基尼系数

资料来源：wind 资讯。

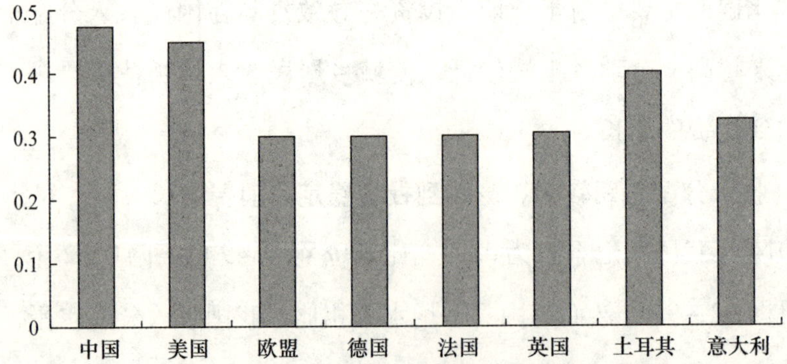

图 12－10　2013 年不同国家和地区的基尼系数

资料来源：wind 资讯。

认为中国统计局公布的数据低估了收入差距的程度，实际情况比这还要严重。收入差距拉大使得财富向少数人集中，带来社会问题的同时也不利于居民消费的增长，从而难以推动 GDP 增长。

（二）优化经济结构与宏观总量目标间的矛盾加剧

1. 提高消费率的同时，将经济保持在中高速增长水平难度较大

进入新常态，消费对经济增长的拉动作用日益增强，但伴随积累率下降，如果不能在有限的生产资源上实现更大的产出和收入增长，消费增长就不可持续。图 12 - 11 显示了我国 1990 年以来，最终消费支出对 GDP 增长的贡献和 GDP 同比的 5 年平均值情况。经验数据显示出两者间存在明显的交替关系，即消费贡献增加的时候，GDP 增速就处于低位。发达国家消费率一般在 70% 以上，其经济增长也维持在 2% ~3% 左右。提高消费在经济增长中的贡献，需要与经济内生增长动力的培育协调起来。用更少的投资带来更高的收入增长，需要消费率的提高与增量资本产出率的变化相协调。

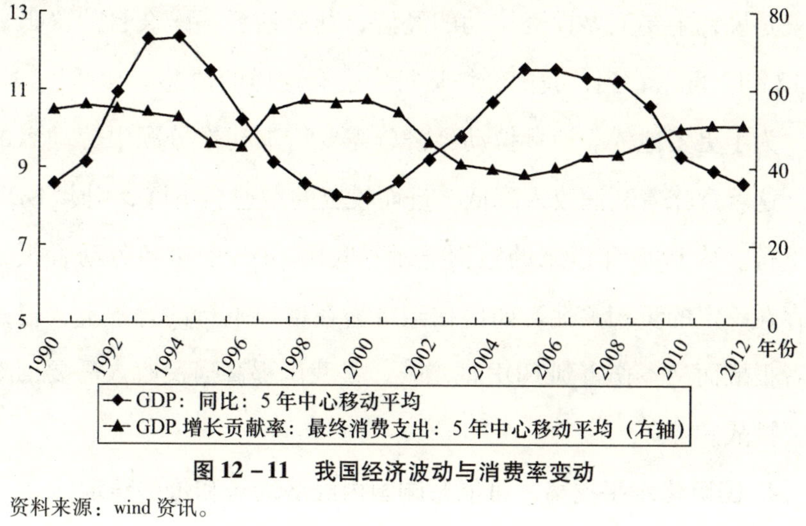

图 12 - 11　我国经济波动与消费率变动

资料来源：wind 资讯。

2. 提高企业生产效率可能对就业总量和结构带来影响

通过提升经济运行效率，在提高消费率的同时，将经济增长保持在中高速水平。这样的目标重点是通过“机器换人”提升制造业的生产效率。据有关国际机构统计，2013 年我国已超越日本和美国，成为工业机器人最大采购国。这也是应对劳动力成本不断上升的必然选择。

然而，机器替代劳动力会造成大量工人失业，生产效率提升和保障就业间的矛盾将更加突出。虽然从总体上看，劳动力供给赶不上需求的增长，但是由于制造业与服务业对劳动力的需求存在差异，制造业升级导致的劳动力再就业比较困难。同时，由于农民工年龄结构中 40 岁以上的比例持续提高，这一部分人掌握新技能的能力较差，难以适应自动化生产。

3. 增加劳动者报酬可能降低投资率，进而降低经济增速

按新剑桥学派的观点，利润在国民收入中所占的比例取决于投资率和资本家的消费倾向。在资本家消费倾向不变化的前提下，较高的经济增长率来自较高的投资率，而高投资率需要较高的利润收入。这也就是说，主要依靠投资拉动的经济，其劳动者报酬会自然降低。从图 12 - 12 可以看到，我国经济运行中也有这样的情况。

为了更多地依靠消费拉动经济，需要增加初次分配中劳动者的报酬。这就意味着利润收入降低，进而投资的增速会下降，引起 GDP 增速下行。从 1990 年以来的数据显示，我国 GDP 增速和劳动者报酬占比存在一定的负相关性。如何在经济潜在增速下行的背景下，提高劳动者报酬而又不伤害到 GDP 的增长，是我国提高居民收入需要面对的重要挑战。

4. 国际化水平提高，可能影响国内经济增长和价格稳定

2008 年国际金融危机对中国经济的冲击主要通过外部需求收缩途

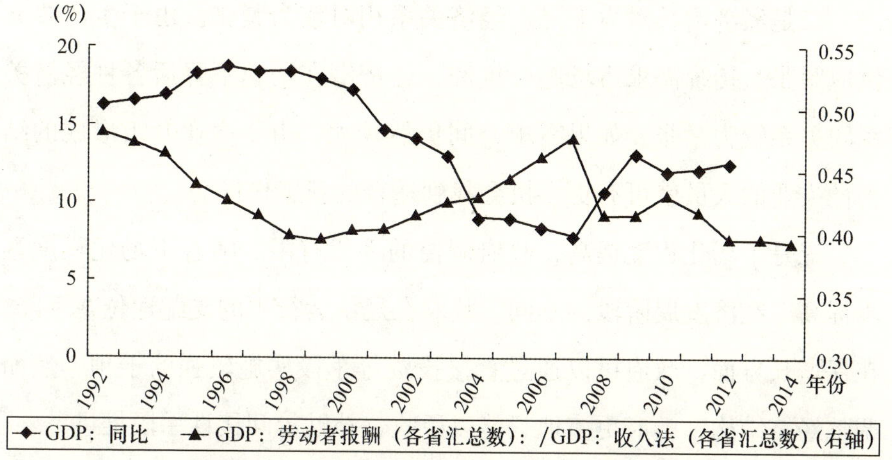

图 12－12　劳动者报酬占比与 GDP 增速的关系

资料来源：wind 资讯。

径。然而，随着国际化水平提高，国际经济波动对我国经济的影响途径更加多元化、程度更强。“走出去”“国际产能合作”等措施以及利率、汇率市场化水平提高，加大了国内经济与国际经济联系的程度。2015 年下半年以来，国际原材料价格下降对国内经济短期波动造成明显影响就反映出这样的变化。与此同时，中国经济对全球经济运行的影响程度也在提高。中国货币、财政政策对全球经济金融市场运行的影响越来越大，同时对我国提升宏观调控能力也带来新要求。

（三）结构调整与宏观目标间矛盾凸显的主要原因

一是新增长模式与传统增长模式间存在差异。现有的结构是旧增长模式遗留下来的，培育新的增长模式必然需要调整原有的经济结构，这也是经济寻找新平衡的应有之义。旧模式主要依靠投资，自然会降低消费率和劳动者报酬的占比。旧模式比较看重总量的扩张，自然对于效率的提升和技术进步关注不够。旧模式只关注国际市场份额的扩张，对于整合国际资源的能力培育较少。

二是经济增长潜力下降，经济关系相对较为紧张。由于生产要素供应紧张，传统需求市场趋于饱和，经济潜在增速下降后各种经济关系间关系较为紧张。如果需求空间仍然较大，由于产业升级形成的结构性失业的人员就可有更多机会找到适合的新工作机会。

三是市场化程度提高，政府调控的手段有限。随着市场化程度逐步提高、经济发展阶段的不同，政府在经济运行中的支配地位在下降。在保增长方面，政府可以通过直接投资等手段实施较强的干预，然而调整经济结构，政府更多地只能以税收、补贴等间接性手段推进。

四是对外经济合作的强度和内容发生变化。高增长时期，我国主要的对外经济合作为商品贸易和吸引外资。当前，我国正逐步从商品市场的全球竞争转向包括商品生产在内的全产业链的国际竞争。这种转变一方面可以获取更广泛的国际生产资源，另一方面也需要面对更激烈的国际竞争。

三、适应新目标的宏观调控政策体系

（一）通过改革创新培育内生动力，为经济运行创造新的平衡

宏观总量目标之间、总量目标与结构性目标之间的矛盾，本质上反映的是新、旧动力之间的矛盾。化解这样的矛盾就是在寻找经济运行的新平衡，也就是经济最终达到新常态的目标。实现这样的目标，需要依靠改革激发市场经济的活力，需要创新培育经济增长的新动力。主要有以下几个方面。

第一，通过改革激发市场活力，提高市场运行效率。与发达国家相比，我国市场经济不完善，市场机制的力量还有新的空间。关键是要通过改革为这一潜力的释放创造更加有利的条件。一是要深化垄断

行业和国有经济部门的改革，打破一些领域实际存在的行政垄断，在更多领域放开竞争，为民间资本开辟更加广阔的投资空间。二是要进一步推进简政放权，减少不必要的行政审批，为投资创业提供更大的便利性。三是要认真清理针对企业的收费、检查等事项，提高透明度和规范性，减少政府自由裁量权，为企业发展创造更加有利和宽松的环境。

第二，营造良好的创新环境，更多依靠技术进步促进经济增长。总体上，应进一步研究改进政府资金支持科技研发的途径和方式，切实提高资金使用效率。加大知识产权保护力度，形成切实尊重知识、尊重人才的社会氛围和法制环境。要从国家技术标准制定、产业扶持政策等方面，为各类企业、各种技术路线的产业化创造公平的竞争环境。近期重点可以在以下两方面。

一是，促进先进技术与传统领域结合，释放增长新动力。随着发展水平提高，我国消化、吸收先进技术的能力不断提高。利用新技术变革与传统产业结合，形成新商业模式促进经济增长的机会在增加。互联网对传统零售行业带来巨大冲击，也为中小企业发展开辟了新的空间。与此同时，互联网与金融、制造业领域的结合才刚刚开始，蕴藏着大量机会。大数据革命对传统生产、流通领域的效率提升方兴未艾。

二是，发展前沿技术突破，打开新产业发展机遇。全球技术进步速度明显加快，相比于传统领域，我国在新技术应用方面没有沉没成本，后发优势明显。基因技术、卫星遥感、非常规油气资源、新材料技术等前沿领域的突破蕴藏千亿甚至万亿级的产业机会，并通过其上下游发挥巨大影响。在革命性技术领域，资金、人力资本的重要性相对上升，专利和标准陷阱、产业经验等制约较弱，后发国家集中优势资源有可能在若干领域占据领先地位。

（二）适应新变化，调整宏观调控的政策取向

面对宏观调控目标间的矛盾，需要调整宏观调控的政策取向，从目标设定、操作重点和思路等方面做出相应的修正。

一是供需条件变化和资源环境约束降低潜在增长率，宏观调控目标选择应更加关注经济运行质量。新阶段，确定宏观经济增长目标，应该更多关注效益性指标。只要企业盈利增长平稳、就业总体压力不大、金融财政风险没有恶化、增长质量有效提升，预期目标定的低一点并不会耽误长远的发展。相反，如果速度定得过高，则可能对结构转换、风险控制带来不利影响。克服高增长时期形成的思维惯性，需要注意两种错误倾向。一种是没有认识到增长阶段转换的全局性影响，通过透支增长潜力、扩大泡沫的方式将本区域经济增速推高，最终引起新的产能过剩和风险累积。另一种是虽然认识到潜在增速的变化，但对增速下降幅度有抵触心理，试图通过政府干预延缓区域增速回调，结果在累积风险的同时影响到增长方式转变和产业结构升级。

二是经济发展目标间平衡难度加大，需要创新宏观调控方式，更多实施差别化、精准化调控。当前既需要面对全面化解过剩产能的任务，又需要通过市场机制培育和发展新产业。财政货币政策过紧，可以加快过剩产能的淘汰速度，但又会影响新产业发展的需求动力和资金供给；政策过于宽松，落后产能、低端产业升级改造的动力又会不足。新阶段，潜在增速下降、生产要素价格上升，提高经济增速和平抑物价的矛盾将会更多显现。消费对经济增长的拉动作用日益增强，但伴随积累率下降，如果不能在有限生产资源上实现更大的产出和收入增长，消费增长就不可持续。机器替代劳动力会造成大量工人失业，生产效率提升和保障就业间的矛盾将更加突出。资源环境约束加剧，经济发展与生态保护间的矛盾凸显。面对经济发展和运行目标间的矛盾，需要更多采用差别化、精准化的调控手段，发挥其非对称的或者局部性的调控作用。同时，也需要统筹使用各种调控手段，发挥政策组合效应，不断提高宏观调控有效性。

三是供求关系发生趋势性变化，宏观调控需要更加关注供给侧的政策措施。高增长阶段，面对广阔的国际和国内市场，企业只要将未充分利用的资源和生产要素组织起来投入生产，就可以获取丰厚利润。国内外需求扩张速度放缓后，经济增长的制约因素越来越转向供给侧，全要素增长率在促进增长中的作用日益提高。与发达国家相比，我国生产率提升的空间仍较大。提高生产要素的配置效率、提升高新技术研发和应用能力，将进一步释放我国后发优势。在做好需求管理的基础上，宏观调控应更多关注供给侧效率和能力提升，在人力资本提升、知识产权保护、科技和创新等方面加大投入和支持，切实将增长的驱动力更多转换到创新上。

四是市场竞争加巨，优胜劣汰增多，宏观调控应树立风险意识和底线意识。新技术、新产业蕴藏投资新机遇，但技术路线和商业模式选择也暗藏风险。国际市场增速放缓，部分外向型企业将更多产品投向国内市场，加巨了市场竞争。传统产业高速扩张期过后，通过整合产业链提高生产集中度和经营效率的趋势越来越明显。伴随优势企业成长，被淘汰企业的不良贷款、员工失业等问题增加了经济社会稳定运行的压力。实施宏观调控时，应积极化解各类风险，通过局部风险有序释放保持整体经济金融的健康运行；应树立底线意识，防止就业状况恶化和风险集中暴发带来严重的经济和社会问题。

五是经济运行国际化水平大幅提高，宏观调控需要有全球视野和更强的国际经济政策协调能力。随着我国进一步开放市场以及人民币国际化、汇率市场化进程推进，国内外商品和资金流动将更加频繁。国内经济与世界经济互相影响的程度将加大，国际宏观调控政策的协调越来越重要。作为全球第二大经济体，宏观调控应有全球视野，加强与主要经济体的政策协调，实现经济增长的双赢和多赢。

后记

2008年国际金融危机爆发后，国际、国内经济环境发生深刻变化，中国经济增长呈现诸多新特点。无论是从结构性还是从周期性角度看，经济运行的核心问题是都要建立起新平衡。消费与投资要协调、人口结构变动会带来产业结构调整、城镇化进程与经济增长将形成新的互动关系。再平衡对经济社会运行各方面都会带来深远影响。本书以国务院发展研究中心招标课题“经济结构再平衡对宏观运行和调控的影响”为基础，充实了作者近年相关的研究。课题成员包括本书作者、国务院发展研究中心宏观部李承健博士和剑桥大学经济系侯牧天博士等人。书中第四章由余斌研究员和作者共同完成，第八章由作者与张文魁研究员共同完成，第九章由侯牧天博士与作者共同完成，其余各章由作者独立完成。

围绕经济再平衡，本书涉及的议题包括消费、投资、对外贸易、产业结构、所有制结构、人口结构等多个方面，在分析方法上强调了历史与国际的视野，研究中涉及的素材多、领域广，如有疏误之处请读者谅解。书中大量数据和计量分析可能影响到可读性，但希望能够对该议题的讨论提供更多基础性的原创信息。

参考文献

[1] 白重恩，路江涌，陶志刚．国有企业改制效果的实证研究．经济研究，2006（8）

[2] 陈晓玲，连玉君．资本－劳动替代弹性与地区经济增长——德拉格兰德维尔假说的检验．经济学（季刊），2012（12）

[3] 田卫民，景维民．最优所有制结构安排：中国所有制结构与经济增长关系的实证研究．经济问题，2008（8）

[4] 国家统计局国民经济核算司．中国国民经济核算．北京：中国统计出版社，2004

[5] 高莉．非国有经济投资减缓分析：通货紧缩微观机制．改革，2000（6）

[6] 黄险平，李平．国有企业规模与经济增长：基本中国各地区的经验研究．产业经济评论，2008，7（2）

[7] 江小涓．服务业增长：真实含义、多重影响和发展趋势．经济研究，2011（4）

[8] 刘伟，李绍容．所有制变化与经济增长和要素效率提升．经济研究，2001（1）

[9] 刘瑞明，石磊．国有企业的双重效率损失与经济增长．经济研究，2010（1）

[10] 刘树成．论中国的菲利普斯曲线．管理世界，1997（6）

[11] 刘玉红．存货投资对宏观经济波动作用加强．上海证券报，2013－2－7

[12] 刘世锦等．陷阱还是高墙：中国经济面临的真实挑战和战略选择．北京：中信出版社，2011

[13] 刘世锦．中国经济十年展望．北京：中信出版社，2013

[14] 王文成．不同所有制形式对经济增长的影响．中国软科学，2011（6）

[15] 沈利生．经济增长与通货膨胀的周期联动：兼中国的菲利浦斯曲线解读．宏观经济研究，2009（6）

[16] 王慧炯，李泊溪等．中国实用宏观经济模型 1993．北京：中国财政经济出版社，1993

[17] 于刃刚等．主导产业论．北京：人民出版社，2003

[18] 张建华．美国复兴制造业对中国贸易的影响．上海：上海人民出版社，2014

[19] 艾伯特·赫希曼．经济发展战略．北京：经济科学出版社，1991

[20] 简·欧文·詹森. 服务经济学. 北京：中国人民大学出版社，2013

[21] 哈瑞尔达·考利，克劳迪奥·洛瑟等. 2040 年的拉丁美洲. 北京：中国大百科全书出版社，2014

[22] Bloom, D. and Jeffrey G. Williamson. (1998). "Demographic Transitions and Economic Miracles in Emerging Asia," The World Bank Economic Review 12 (3), 419 ~ 455

[23] Bloom, D.; David Canning and Jaypee Sevilla. (2002). The Demographic Dividend: A New Perspective on the Economic Consequences of Population Change (RAND)

[24] Bloom, D.; David Canning; Linlin Hu; Yuanli Liu, Ajay Mahal and Winnie Yip. (2010). "The Contribution of Population Health and Demographic Change to Economic Growth in China and India," Journal of Comparative Economics 38 (1), 17 ~ 33

[25] Bloom, D.; David Canning, and Jocelyn Finlay. (2010). "Population Aging and Economic Growth in Asia," The Economic Consequences of Demographic Change in East Asia (Chicago and London: The University of Chicago Press)

[26] Boerup, E. (1981). Population and Technological Change: A Study of Long – Term Trends (Chicago: University of Chicago Press)

[27] Buera, J. and Yongseok Shin. (2013). "Financial Frictions and the Persistence of History: A Quantitative Exploration," Journal of Political Economy 121 (2), 221 ~ 272

[28] Cai, F. and Dewen Wang. (2005). "Demographic Transition: Implication for Growth," The China Boom and Its Discontents (Canberra: Asia Pacific Press)

[29] Caole, Ansley J. and Edgar Hoover. (1958). Population Growth and Economic Development in Low – Income Countries (Princeton, N. J.: Princeton University Press)

[30] Carroll, D.; Jody Overland, and David Weil. (2000). "Saving and Growth with Habit Formation," American Economic Review 90 (3), 341 ~ 355

[31] Ehrilich, R. (1968). The Population Bomb (New York: Ballentine)

[32] Kelley, C. (1988). "Economic Consequences of Populations Change in the Third World." Journal of Economic Literature 27, pp. 1685 ~ 728

[33] Kuznets, S. (1967). "Population and Economic Growth," Proceedings of the American Philosophical Society 111 pp. 170 ~ 93

[34] Hah, H. and Chang – Gyun Park. (2010). "Demographic Transition, Human Capital Accumulation, and Economic Growth: Some Evidence from Cross – Country and Korean Microdata," The Economic Consequences of Demographic Change in East Asia (Chicago and London: The University of Chicago Press)

[35] Ito, T. and Andrew K. Rose. (2010). The Economic Consequences of Demographic Change in East Asia (Chicago and London: The University of Chicago Press)

[36] Modigliani, F. and Shi L. Cao. (2004). "Chinese Saving Puzzle and the Life – Cycle Hypothesis," Journal of Economic Literature 42 (1), 145 ~ 170

[37] Grandville, O. D. L. In Quest of the Slutsky Diamond. American Economic Review, 1989, 79 (3), 468 ~ 81

[38] Klump, R.; Grandville, O. D. L. Economic Growth and the Elasticity of Substitution: Two Theorems and some Suggestions. American Economic Review, 2000, 90 (1), 282 ~ 291

[39] Irmen, A.; Klump, R. Factor Substitution, Income Distribution, and Growth in a Generalized Neoclassical Model. German Economic Review, 2009, 10 (4), 464 ~ 479

[40] Palivos, T.; Karagiannis, G. The Elasticity of Substitution as an Engine of Growth. Macroeconomic Dynamics, 2010, 14 (5), 617 ~ 628